表象の光学

小林康夫

未來社

表象の光学　目次

I
表象装置と主体の光学
デカルト的透視法——表象装置としてのコギト……8
オルフェウス的投影——オペラの光学の誕生……27
ヒステリー的投影——近代的プロジェクシオンの構造……47

II
インファンスとしての身体
無の眼差しと光り輝く身体——フーコーのインファンス……64
インファンスの光学——エクリチュールの身体……80
盲目の眼差し——フーコーの「マネ論」……88

III
死の光学
盲目の光学——デュラスにおける〈見ることができないもの〉……114
1 「苦悩」——戦争のエクリチュール……114
2 〈緑の眼〉——身体なき眼差し……122
墓の光学——デュシャンの〈完全犯罪〉……132

IV
転回の詩学
大地論序説——詩・技術・死……146
1 大地から/への転回——ハイデガーと大地の喪失……146
2 大地の委託と詩の出来事——リルケの樹と大地……167
3 ポプラの樹とパンの身——ツェランの〈大地〉……184
4 転回、空中にて——子午線と〈石〉としての〈名〉……200

V
物語の光学
物語の狂気/狂気の物語……220
1 現存在の〈誰〉——ハイデガーにおける物語の抹消……220

2 レシの狂気——ブランショ『白日の狂気』を読む……237
3 法と良心——誰／何が呼ぶのか？……262

VI 物語と実存
墜落と希望——ブルトン『ナジャ』における痙攣的実存……274
［補論］墜ちていくルシファー——ブルトンとグノーシス……303

あとがき……314
初出一覧……巻末

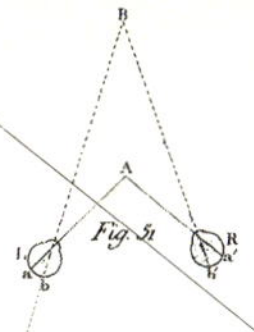

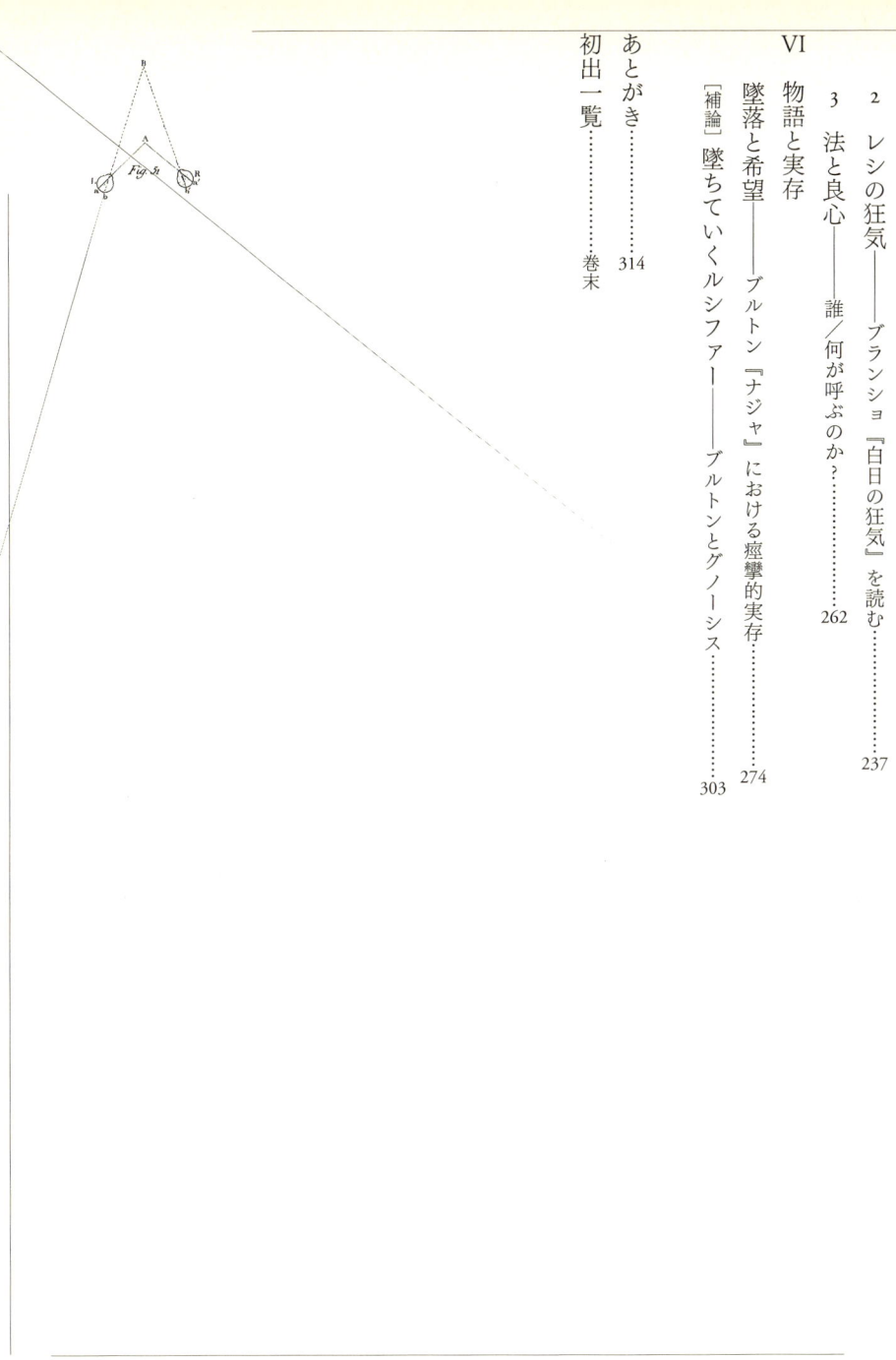

表象の光学

造本装幀——戸田ツトム　組版——TANC図書設計

I

表象装置と主体の光学

デカルト的透視法——表象装置としてのコギト

Nunc veritatis quam unice coluit
conspectu fruitur ★1

I　自然の光によって

「この点で、彼らのすることは、盲人が目明きに対等の条件で打ちかかるために、相手を真暗な洞穴《ほらあな》の奥につれこむのに似ていると私には思われる。そしてこういう人々には、私が、みずから用いている哲学の原理の公表をひかえることは、有利であるといってよい。なぜならその原理は事実きわめて単純できわめて明白であるゆえに、それを公表することによって私は、彼らが打ち合うために降りていった洞穴に、いくつかの窓を明けて光を入れるに似たことをするわけだからである」★2——と『方法序説』第六部のなかでデカルトは言う。盲人と洞穴という言わば二重に増幅された〈盲目性〉に対して、みずからが見出した原理が光であることをデカルトは強調している。洞穴というあからさまにプラトン的なメタフォールであるが、しかし注意しておかなければならないのは、プラトンの場合とは異なって、ここでは原理はけっして洞穴の外にあるなんらかのイデアのうちにではなく、あくまでも光そのもの、それが太陽から来るのであれそうでないのであれ、もはや光源とは無関係に規定された光そのものにおいてあるということである。原理は光なのであり、しかもそれは、デカルトにおいては、単なるメタフォールなどではない。

実際、デカルトの著作を少しでも読んだことのある者にとっては、デカルトの仕事の全体が、ある意味では、盲目性と明視性との――ときおりそう考えられているようには単に対立的であるのではなく、むしろ相補的な――入り組んだ関係性の上に構築されていることは明白である。きわめて簡略化してしまえば、デカルトの方法はまさに盲目性を徹底することによって、その極限に、突然――洞穴に窓が明《あ》くように――確実性の光が差し込むという経験そして実験であった。すなわち、そこにはデカルトのカメラ・オブスキュラとでも言うべき装置の発明があるのである。

たとえば『省察三』の冒頭――「いま、私は眼をとじ、耳をふさぎ、あらゆる感覚を退けよう。さらに、物体的事物の像をもことごとく私の意識から抹殺するか、これはほとんど不可能なことであるから、少なくともそれらの像を空虚で偽なるものとして無視することにしよう。そして、ただ自分だけに語りかけ、自己を深く掘りさげることによって、少しずつ、私自身を、私にとっていっそうよく知られたもの、いっそう親しいものとするように努めよう。／私は考えるものである。いいかえれば、疑い、肯定し、否定し、わずかのことを理解し、多くのことを知らず、意志し、意志しないものであり、さらには想像し感覚するものでさえある。というのも、さきに私の気づいたように、たとえ私が感覚したり想像したりするものが、私の外においてはおそらく無であるにしても、私が感覚および想像と名づけるあの意識様態は、たんにそれらがある種の意識様態であるかぎり、私のうちにある、と私は確信しているからである」。★3

眼をとじ、耳をふさぎ、あらゆる感覚的表象、非感覚的表象を排除した盲目状態を仮定すること、いわゆるデカルト的懐疑に対応するこの仮説的な装置においてこそ、「きわめて単純できわめて明白な」原理の光、すなわち「私は考えるものである」という第一原理の光が差し込むことができるわけである。言い換えれば、あらゆる表象を疑い、仮説的にそうした表象を排除した盲目状態を設定し、そのことによってはじめてそうしたもろもろの表象には還元できない確実なものに到達することが問題になっているのだが、しかしそこでなお残存しているものは、まさにそうしたいっさいの表象を可能にしている装置としての「私は考えるものである」ということないての分析的な命題ではない。それは「私」が何であるかということを言う命題ではない。それは「私」という主体についての言明ではないのだ。そうではなくて、それはただ、少なくとも確実に表象の装置が存在するのでなければならないということを言っているのである。表象は、それが表象である限りにおいて、偽であったり、真であったりする。だが、そのような真偽を超えて、あるいはそれ以前に表象装置があるのでなければならないのであり、そうした装置がまさに〈コギト〉(私は考える)と言われているのである。

ということは、コギトとはけっして自我や主体の別名ではないということである。デカルトが言わんとしているのは、コギトというひとつの審級、ひとつの装置が絶対的に確実に存在するということであって、このコギトとエゴとがどのような関係にあるのかということはまた別の問題なのである。むしろデカルトにおいては、このコギトとエゴの関係は曖昧なままで放置されていると言ったほうがよいだろう。デカルトの思考は、いわゆる近代的な意味での自我について問うよりは、はるかにこの表象装置としてのコギトから出発して世界にも私にも還元できないものとしての〈神〉の存在を論証することへと方向づけられている。そしてそのような神の存在証明の前提になるのが、表象の不完全性、より正確には、表象が〈もとの事物〉に対してより完全であるということはないということである。

デカルトは言う――「かくて、自然の光によって、私には次のことが明らかである。すなわち、私のうちにある観念は、あたかも映像のようなものであって、それがとってこられたもとの事物の完全性を失うことはたやすいが、もとの事物よりもいっそう大きいもの、いっそう完全なものを含むことはけっしてできない、ということ」。★4

表象装置は〈自然の光〉に照らし出されている。デカルトの固有語法といっていいこの「自然の光によって」という表現は、デカルトの思考がそこで表象ではなく、表象の成立、生起そのものを観察しているということを意味している。デカルトは自然学における観察の方法を、表象の装置としてのコギトに適用しているのであり、そこではコギトは文字通り〈自然の光〉に満たされているのである。そしてそこでは観念であれ、映像であれ、表象は不完全であるということが観察される。デカルトはその不完全性を「私の本性の不完全性」に帰着させる。そしてそのうえで、神という完全性の表象そのものはこの不完全な表象装置から生み出されることはできないはずであり、それゆえにこの装置、つまり多くの幻影と欺瞞とを生み出しもするこのコギトという装置の外、しかも絶対的な外部に神が存在するのでなければならないと主張するのである。

すなわち、神は私がもち得る幾多の表象のうちで唯一、世界と対になったその表象装置に還元できない特異な表象、しかも他のすべての表象が、〈完全さ〉に関して、その一点へと収斂されるべき一種の透視法の消失点のような機能を果たしていることになる。神は表象装置の外にあるが、それはまさに無限に外にあるような仕方で外にあるのである。そして、それゆえに同時に、神ははじめから私のなかにあるのでなければならない。というのは、この絶対的な外部が、それでも表象装置のなかにその表象をもつことができるとすれば、それはけっして他の表象の場合と同じように世界の方からではなく、なによりも私から、しかも生得的という意味において私から由来するのでなければならないからだ。おそらく、デカルトにおけるエゴの位置は、このいっさいの表象に先立つ起源における神との決定的な、絶対的な接触（つまり被造性）によって規定されている。コギトという表象装置のなかで、エゴは言わば表象の消失点である神と向かい合っており、そこで神とエゴとが相互に規定し合っているのである。

「それどころか、神が私を創造したというただこのことからして、私がある意味で神の映像と似姿にかたどってつくられているということ、そして、神の観念が含まれているこの似姿は、私が私自身をとらえるに用いると同じ能力をもって、私によってとらえられるのだということは、きわめて信じうることなのである」。★5

私が私自身をとらえる能力と私が神の表象をとらえる能力とは同じである。私という有限の、不完全なものと神という無限な、完全なものとが対応する。同一性ではなく、また差異性でもなく、同一とか差異とかということがあり得ないような次元の乖離において、しかし両者が対応し、一致すること——それをデカルトは「きわめて信じうること」と言い、そこではもはや「自然の光によって明らかだ」とは言わないのだが、しかしそれこそがデカルト哲学の最大の眼目なのだと思われる。言い換えれば、私——つまり表象能力をもつものとしての私、コギトという装置を可能にしているものとしての私——は神の作品であると同時に、神の表象なのである。コギトという表象装置において、私は神と同じ無限の一点の場所をしめるのである。

そしてこの向かい合いにおいて、私は神を凝視する。光を凝視する。というのは、神とはまさに光だからである。われわれがきわめて粗雑な仕方で読解のいくつかの目印を付してきた『省察三』はその最後に至って、この「はかりしれない光の美しさ」への賛嘆となる——「〔……〕ここでしばらく神そのものの観想のうちにとどまり、神の属性を静かに考量し、このはかりしれない美しさを、そのまばゆさにくらんでしまった私の精神の眼のたえるかぎり、凝視し、賛嘆し、崇敬するのがふさわしいだろう」。★6 ここには、文字通りの〈テオリア〉——つまり神への観想としての理論——の完成があると言えるだろう。コギトという表象の装置は、こうしてその最終的な段階においては、光の装置となるのである。

だが、忘れてはならないのは、このような光の特権性が、デカルトにおいてはなによりも徹底して具体的な光学によって裏打ちされているということである。光はけっして単なる形而上学的なメタフォールなのではなく、光学の対象となるような実体的な光なのでもある。よく知られているように、デカルトは哲学者であると同時に数学者（幾何学）、物理学者（光学、気象学、天文学）であった。というより、デカルトにおいては、世界を問う自然学と世界を超える超越者を問う形而上学とは表裏一体であったはずである。実際、『方法序説』は『三試論（屈折光学・気象学・幾何学）』への序説として出版されるのであり、また、その出版以前に彼は、結局出版をとりやめることにした『世界論——または光論』を書いている。デカルトの思想は、きわめて単純化してしまえば、世界への問いと神への問いとを同時に、同じような仕方で、つまり光学‐幾何学的な仕方で問うことに存していたようにすら思われるのである。そしてこの光学‐幾何学的なアプローチこそ、表象という問題を主体の装置として解明し、また逆に主体を表象の装置として確立することを可能にしたように思われるのである。

実際、『世界論』は奇妙な著作である。それは単なる自然学の論文ではない。そこでは世界がどのようにあるかということが、光から出発して論じられているのだが、しかし驚くべきことに、その世界とは必ずしもわれわれの〈この世界〉ではない。それは〈想像的空間のどこかに組み立てられた新しい世界〉なのである。そのことをデカルトは『方法序説』第五部でみずから説明している[★7]――「〔……〕しかもそのさい学者たちの間で受け入れられている意見に、賛成したり反対したりせずにすませるため、私はこの現にある世界のほうはそっくり彼ら学者の論争にゆだねてしまおうと決心した。そしてかりに、神が想像的空間のどこかに、新たな世界を組み立てるにたるだけの物質をつくったとし、しかも神がこの物質のさまざまな部分をさまざまにかつ無秩序にゆり動かして、詩人の想像するような混乱した混沌状態をつくりだしたとし、そしてそのうえで、神はただその通常の協力をのみ自然に与えて、彼の定めた諸法則に従って自然が動くにまかせた場合に、この新たなひとつの世界において起こるであろうところのもの、これらについてのみ私は語ろうと決心した」。[★8]

すでに現実の世界の方は学者たちにまかせられている。デカルトは、ここでは学者のひとりとして世界そして光を論じるのではなく、神と同じような能力をみずからに与えることによって世界を想像し、世界を表象するのだと宣言しているのである。すなわち、彼の『世界論』は表象された世界の理論であり、さらには世界の本質的な表象可能性についての理論なのである。実際――ここでその詳細な分析を試みる余地はないが――ここで〈物質〉と言われているもの、つまりこの『世界論』が導入する一種の原子論的な〈粒子〉は、〈空虚〉なしに空間を埋め尽くしているような粒子である。デカルトは言う――「この物質は、われわれの想像しうる限りのどんな形にでも、また、どんな部分にも分割することができるのだ、としよう。そしてまた、それら部分のおのおのは、どれもこれも、われわれの思い浮かべるどんな運動でも受け入れうるのだとしよう」★9と。ここには、のちの物理学の言う〈質点〉という操作概念がすでに明示されている。つまりデカルトの〈物質〉は、われわれが想像したり、思い浮かべたりする限りのどのような形態、運動にも対応しうる物質なのであり、言い換えれば、空間の各点において運動ないし力――ということは最終的には量あるいは数と言っていいだろう――と空間とを対応させる表象可能性としての物質、つまり幾何学の法則に従うものとしての物質、つまり表象可能性そのものであるような物質なのである。デカルトにとっては物質の本質とは、〈延長〉、つまり空間のなかで場所をもつということであったわけだし、その〈延長〉に〈数〉が対応することによってその空間は一挙に表象可能な〈物質〉として把握されることになる。★10しかも、それはわれわれのあらゆる表象の根底にある原基のようなものである――「[……]その物質の観念は、われわれの想像力が形成しうるところのものすべてに含まれており、あなたがたは必然的に、その観念を思い浮かべるか、さもなくば何ものをもけっして想像しないかの、いずれかであるようになっているのである」。★11

こうして空間と量(力)と表象とがはじめて一致する。表象と物体とが一致するのであり、この一致においてこそ、まさに〈光〉の特権的な位置が保証されていたのである。そしてこれこそが、後に〈近代〉と呼ばれるような時代――しかしいったいいつからいつまでなのか誰にもわかりはしないような時代ということだが――全体を貫いてひとつの〈規範〉として機能する表象装置となることは言うまでもない。〈光〉において物質化された表象、表象化された物質――それはデカルトのコギトのもうひとつの意味なのである。

2　世界の透視図法

さて、このような光学 - 幾何学的な表象装置はかならずしもデカルトの発明ではない。確かに、デカルトはこうした装置に、ひとつの形而上学的な——つまり人間の有限性を神の無限性と結びつけるという意味において決定的に形而上学的な——解釈を与えることによって、この装置の普遍性を根拠づけることになるのだが、しかしこの装置そのものはそれに先行するモデルをもっていないわけではない。というのは、こうした光学‐幾何学的な表象装置は、すでにこの当時、絵画の装置として知られていたからである。それは透視図法であり、この正確な表象の技法はすでにデカルトの言説《ディスクール》に先立ってこの時代の、とりわけデカルトが滞在していたオランダを中心とした文化圏に広く、深く浸透していたはずである。

そしてまた、デカルトがみずからの言説のモデルとしてつねに建築ないし絵画を要請していることも忘れてはならないだろう。実際、『方法序説』の第五部によれば、『世界論』の全体は画家の仕事にも比すべき意図によって貫かれているのである——「けれども、画家たちが、立体のさまざまな面のすべてを、みな十分に、平らな画面に描くことができないで、主要な面のひとつを選んでそれだけに光をあて、他の多くの面は陰におき、これらを、光をあてたひとつの面をわれわれが見るときおのずから眼にはいるかぎりにおいてのみ、部分的に画面にあらわすにとどめるように、私も、心にもっていたすべてのことをその論文にとても書きつくせまいと思ったから、光について私のもつ考えだけを、十分に詳しく説明しようと企てた」。★12

ここではデカルトはその世界論が光論として構想される理由を画家の透視図法になぞらえて語っている。彼は、画家が光のあたった主要な面を正面にして全体を描くように、まさに〈光〉に光をあてることによって世界の透視図を描こうとしているのである。すなわち、ここではデカルトはまさに〈見ること〉そのものを描こうとしているのであるが、しかしそれこそまさに透視図法の図解がおこなっていることなのである。確かに、デカルトにとっての絵画の重要性はこのような透視図法的な装置に尽きるわけではなく、それ以外にもたとえば〈確実さ〉の指標としての〈色彩〉の問題、あるいは〈自画像〉の問題、さらにはそれと重ね合わされた古代の画家アーペル（彼は世界最初の自画像の画家としても知られている）へのレフェランスなど興味深い問題は多いが、ここではその全体を検討することはあきらめて、★13むしろ透視図法そのものをデカルト的な問題圏のなかに置き直して再検討してみることにしよう。

透視図法そのものは、一般的に、クワトロチェント初期のフィレンツェの建築家ブルネレスキの発明ないし発見によるということになっている。透視図法に従って真向かいのサンタ・マリア・デル・フィオーレ教会の玄関内から見られたサン・ジョヴァンニ教会堂を描き、その絵の空の部分に銀を塗って鏡にし、その小板《タヴォレッタ》の視心の位置に円錐状の孔をあけ、そこに裏から眼をあてて、もう一方の手にもった鏡にその全体を映して、それを現実の像と比べることによって透視図法の原理を実証するといういわゆる〈ブルネレスキの実験〉（図1）が透視図法の誕生の逸話として残されている。この実験は、向かい合う教会、そしてそれを二重化している合わせ鏡の効果とともに、ほとんどプロトタイプの明証性をもって、以後の表象空間を支配することになる原理を絵解きしていると思われるが、しかしここでは、ユベール・ダミッシュによって実証的に、かつ思想的に徹底して問われ、解明されたこの〈透視図法の起源〉に直接赴くのではなく、★14それよりも少し下った時代に、大量に現われる透視図法の〈教本〉★15のなかから、単によく知られているだけではなく、象徴的な明晰さによって印象的な図版を召喚して、それをデカルト的考察と向かい合わせることにしたい。

それは、ブルネレスキの実験からはおよそ一五〇年ほど後、そしてデカルトの『方法序説』（一六三七年）にはちょうど一〇〇年ほど先立つ時代にデューラーが制作した透視図法の装置と原理を描いた一連の版画からの一枚、「横たわる婦人を描く」（一五三八年）（図2）である。デューラーの他の版画もそうだが、ここではすでに透視図法は建築に対して適用される建築家のための方法ではなく、言わば室内化され、女性や楽器といった対象を描く画家のための方法——見る方法と描く方法との一致としての表象の方法——となっている。さらに、この版画は、そうした原理と同時に、はからずもスクリーンで隔てられた裸体の女性の存在によって画家の表象の欲望までが図示されていて興味深い。その意味では多様な読解の可能性に対して開かれている作品だが、ここではわれわれはただいくつかの主要な表徴にだけ留意しておくことにしよう。

この版画がとくにわれわれの注意を惹きつける理由のひとつは、そこに奇妙な器械が登場しているからである。右側の画家——しかし画家だろうか？　彼が腰に帯びているのは剣なのではないか？　彼の風貌はむしろ技術者のそれではないか？——の眼の前に、屹立する尖塔状の突起物がそれである。否応なく屹立する〈男根《ファリュス》〉を想起させられざるを得ないこの器械は、明らかに画家の眼を固定するためのものである。画家はみずからの眼をこの器械の尖点にあて、その〈視点〉において見るのである。いや、むしろ光学的な厳密さに従えばそこで見ているのは、描く人の眼なのではなく、むしろこの異様な突起物の尖端、つまり〈点〉にほかならない。それにもまして、ここで問題になっているのは、実はもはや〈見る〉ことではなく、なによりも〈測る〉ことなのである。実際、デューラーの別の版画「リュートを描く」（図3）においては、視点は壁に固定された一点となり、もはやその背後に画家が立っているわけではないのだ。そこではもはや眼は存在しない。描く人は対象を見るのではなく、ただ位置を測定しているだけである。そして、この図においては、点を指示する突起物は今度は対象の方に用いられている。リュートの傍らに立つもう一人の男が、釘状の道具でリュートの一点を指定しているのであり、その対象上の一点と壁上の視点とを結ぶ〈糸〉が窓状の枠の平面を横切る点が印づけられなければならないのである。すなわち、ここでは対象の点と視点と表象点という三つの〈点〉が〈一対一〉対応的に同一性の関係

図1 ブルネレスキの実験

で結ばれることによって、表象から人間の眼差しを不要なものとして追放してしまっているのである。そして、見る者が不要であり、不在であるというこの意味においてこそ、逆説的に、透視図法は誰にとっても同一な表象を与える普遍的な方法・装置として確立し、すべての人に教育されるべき制度化された技術となるのである。

こうして透視図法は、なによりも〈点〉の発明であることになる。基準点の設定、そしてそれぞれの点のあいだの同一的な関係が正確に同一な表象を保証し得るということ、それが光学‐幾何学的な装置としての透視図法の原理なのである。この原理においては、だから、主体は〈点〉に還元されなければならない。というより、むしろ主体という概念そのものがおそらくはこうした点の確立ときわめて深く連帯しているのであって、主体とはまさにこの〈点〉にほかならないのだ。つまり私は主体となるためには、眼ならぬこの〈視点〉に私の眼を一致させ、その点をわがものとし、その点に同一化しなければならない。そのことによって、はじめて私は主体となるのである。

この主体は、第一義的には、見る主体であると同時に表象する主体である。というより、主体という概念が可能になるのは、見る主体と表象する主体との一致——それが〈見える通りに描く〉ということの意味である——においてこそある。尖塔状の突起物が示す視点は、まさにそのような一致の位置を示すものなのである。そして、この一致を保証しているのは、明らかに光と眼差しとの等価性である。視線と光線とが一致するということ——それが表象の光学的な取り扱いと幾何学的な測定とを可能にしているのである。

だが、言うまでもなく、一度そのような装置が確立してしまえば、そこではすでに見たように、見る者は必要ですらない。主体は見るのではなく、測定し、そして表象するのである。主体は、みずからの眼差しにほかならない光そのものを〈見る〉のだとしても、しかしいかなる対象も〈見る〉のではない。主体は盲目なのであり、その条件においてのみ〈線〉としての光＝眼差しを〈見る〉のである。

それは、主体がまさに表象の主体でしかないということ、つまり主体とは表象装置のなかの空虚な基準点にほかならないということを意味するのかもしれない。空虚な点――たとえばブルネレスキの実験における小板《タヴォレッタ》にあけられた〈円錐状の孔〉のように。あるいは、デカルトが『屈折光学』のなかで語っている〈死人の眼〉のように――「もし、死んだばかりの人間の眼、あるいはそれが無理ならば、雄牛あるいはなんらかの大きな動物の眼を取り出して、それを包んでいる三つの皮を奥のほうに向かって慎重に切り取り、〔……〕そして〔……〕その眼をこのために作った窓の穴に入れなければならない〔……〕そしてそこから見ると、あなたは、おそらく驚嘆と歓喜なしにではないだろうが、そこに外にあるすべての物をきわめて素朴に透視図法のうちに描いて〔表象して〕いる絵画を見ることになるだろう」。[★16]

絵画、しかも透視図法に従った絵画がここではっきりと視覚映像の決定的なモデルとなっている。〈死んだ

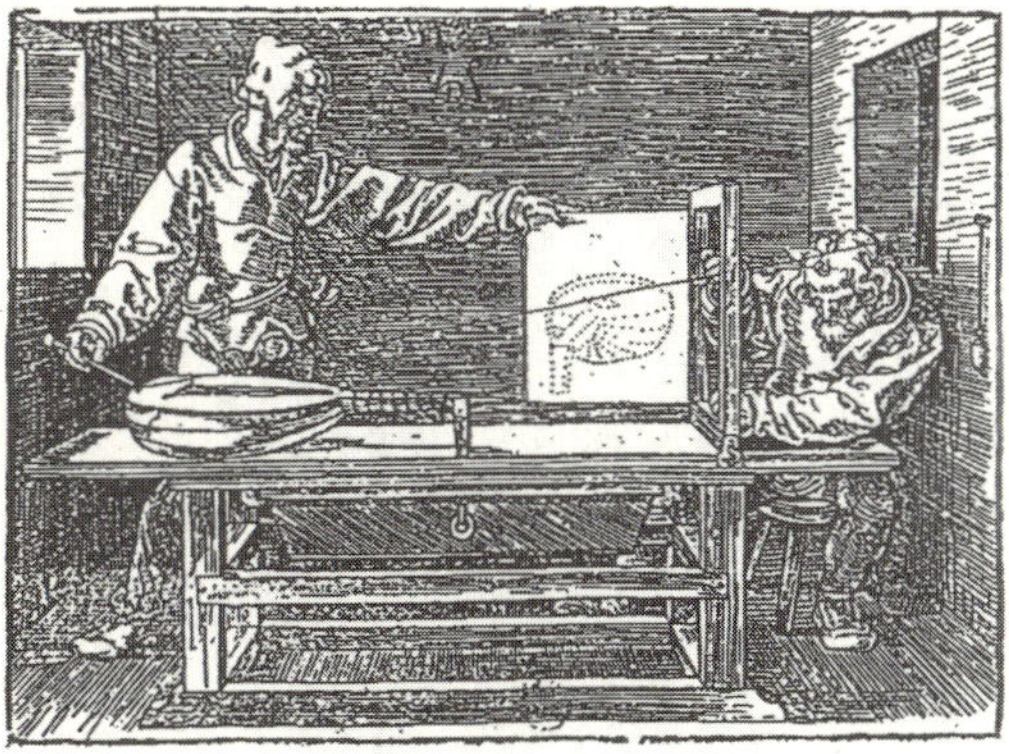

図2（上）　デューラー「横たわる婦人を描く」
図3（下）　デューラー「リュートを描く」

眼〉は透視図法に従う外部の映像を、きわめて素朴に、簡単に、見せてくれる。それを見るためには、われわれはその〈死んだ眼〉にわれわれの〈生きた眼〉を押し当てるだけでいい。だが、それは同時に、そのときわれわれはこの映像から独立しているということを意味している。実際、デカルトはこの説明に付け加えて、『屈折光学』全体を貫いて幾度となく反復される原型的な図を提出するのだが、そこでは見る者は、〈真っ暗な部屋〉のなかに閉じ込められている（図4）。それは文字通りの〈カメラ・オブスキュラ〉であり、見る者は表象の基準点、あるいは点となった主体である空虚な〈死んだ眼〉の背後の闇のなかに没しつつ、その〈死んだ眼〉を見ているのである。

こうして、おそらく表象の主体が位置決定され、対象と主体と表象との関係が明確化されることによってはじめて、われわれはその背後の闇の領域を引き受けなければならなくなるのであり、この闇の部分こそ、近代を貫く〈自然の光〉〔理性〕の徹底した表象可能性がその相関物として背後に隠していたものなのである。この闇は、すでにデカルトにおいては『情念論』として展開されるべき領域であったと思われるが、いまここではその詳細な関係には立ち入らない。いずれにせよ、主体はその近代的な成立と同時に、すでに闇のなかへともうひとつの主体を追放していたことになる。いや、むしろ表象関係から締め出され、追放された主体こそが、表象関係に対するその超越性によって近代的な主体概念を指導するものとなるのだと言うべきかもしれない。あるいは、同じことだが、主体ははじめから分断され、分裂させられていたのである。すなわち、それは主体の単一的な決定可能性と同時に、まさにそのことによって主体が光と闇に、可視性と不可視性とに、理性と情念ないしは欲望に分裂させられるということなのである。

ここで透視図法的な表象装置の確立にデカルトがもたらしたもうひとつの寄与にも触れておかなければならない。それは、主体の単一性の問題である。実際、透視図法的装置のすべては、視点の単一性にかかっている。その単一性を保証するためにこそ突起状の器械あるいは孔などの技術的な手段が必要なのであった。それは身体を拘束して、主体の位置を確定させる機能を果たしているのである。だが、それ以前に、透視図法的装置は、人間の本来的な複眼を単眼化しなければならなかった。本来の透視図法があえて無視し、余白に追いやっていたこの単眼・複眼の差異という微妙な問題は、デカルトにおいて解剖学的な仕方で解決され、根拠づけられ、そうすることによってこの装置全体が形而上学的な基盤を獲得するように思われるのである。よく知られているように、デカルトは身心関係の接点として松果腺という具体的な場処《トポス》を提起しているが、この器官はあくまでも感覚表象の統一の場として要請されているのである――「すなわち、われわれの脳の他の部分がすべて対をなしており、またわれわれは二つの眼、二つの手、二つの耳をもち、結局、われわれの感覚器官はすべて対をなしていること、しかも、われわれは、同一のことについて同じときにはただ一つの単純な思考しかもたぬのであるから、二つの眼からくる二つの像や、対になっているその他の感覚器官を通じて、ただ一つの対象からくるところの、二つの印象が、精神に対して一つの対象でなく、二つの対象を示すというようなことにならないためには、二つの視覚像や印象が精神に達する前に一つに合一するなんらかの場所が、どうしてもなければならないこと。しかも、この視覚像や印象が、脳の空室をみたしている精気を介して、この腺において合一するとはたやすく考えうるが、しかし、それらがまずこの腺において一つになるのでなくては、それらが一つになりうる場所は、身体の

図4 デカルト『屈折光学』より

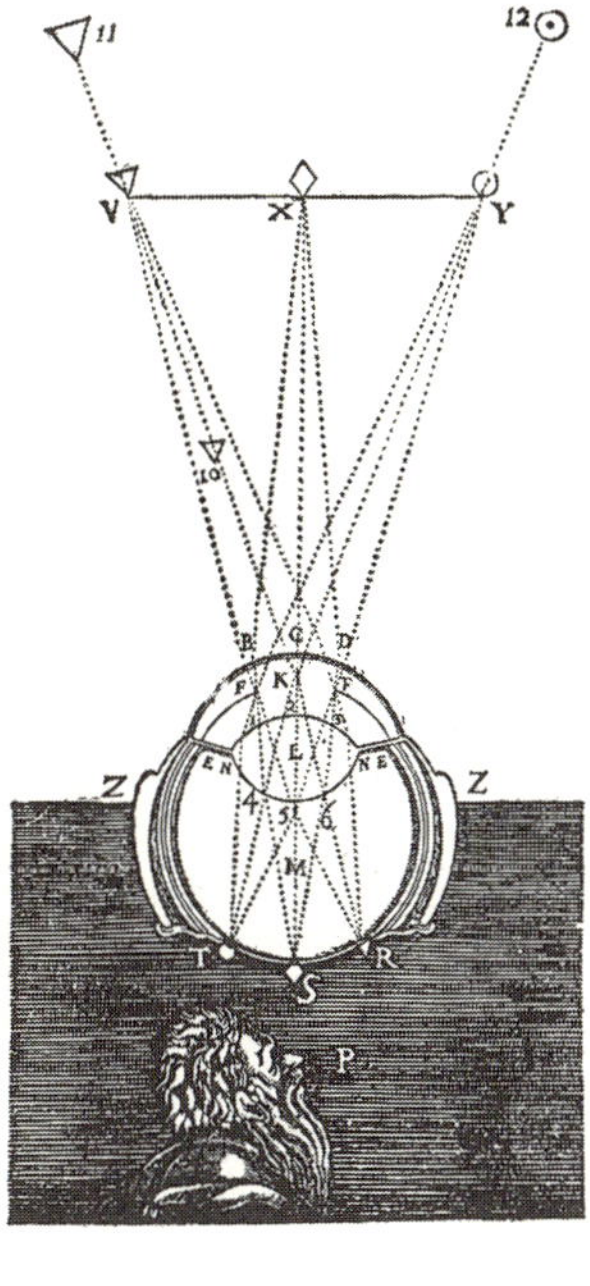

うちには見あたらぬということ」★17（図5参照）。

すなわち、松果腺とは——デカルトのデッサンによればまさに尖点をもつ形態をしているのだが——ちょうどデューラーの透視図法において突起物が果たしていた〈点としての主体〉を明示する器官なのである。それは身体と精神とが出会う場所なのであるが、しかしそうした特権が付与されるのは、あくまでもそれが表象装置の焦点であるからである。デカルトの議論のすべては、こうして光学的であれ、幾何学的であれ、さらには解剖学的であれ、位置決定の可能性に存している。主体はみずから位置決定されることによって、他のすべての物の位置決定を、そしてそこから出発して表象を可能にしているのである。

その意味では、透視図法とは、なによりも表象を位置へ、しかも本質的には〈点〉としての、つまり〈数〉としての位置へと還元するシステムであったということになる。実際、デューラーの版画がはっきりと説明しているように、透視図法による作業は、結局は、まさに通常〈デカルト座標〉と呼び慣わされているような格子状の座標系に点の位置をとっていくこと（「横たわる婦人を描く」）、あるいは対象の点と視点とを結ぶ糸（光線＝眼差し）が枠状の窓を通過する点を蝶番状の仕掛けによって別の表象面にうつしとること（「リュートを描く」）であった。

ここで注意しておきたいのは、表象の主体が、この装置の内部と外部とに分断されたのと同様に、表象そのものも二重化されているということである。すなわち、このような位置としての表象が可能になるためには、位置決定のための透明な枠と再現表象を描くための不透明な表象面とが必要なのである。このような二重性はすでにブルネレスキの実験においても小板《タヴォレッタ》と鏡という仕掛けの二重性によって告知されていたものであるが、デューラーの版画が示す装置においては、一方は〈数〉（座標）、他方は蝶番構造による〈厳密な一致〉がそこで導入されている二重性を同時に隠蔽し、解消してしまうのである。そして、また、そのことによって、表象と表象されるものを媒介していたあの窓枠の透明なスクリーンは、まさにその透明さの資格において忘れられ、表象によって完璧に代理されるようになる。表象はそのスクリーンに代わるものとしてそこに立つようになる。つまり、そのとき、おそらくは人間の歴史上はじめて、表象は視点と対象のあいだに〈窓〉あるいは〈舞台〉のように枠づけられつつ、垂直に屹立するものとなるように思われる。★18 視点—表象—物体という関係は、その意味ではけっしてそれ自体が自明なものではなく、あくまでも歴史的に規定された表象史のひとつの〈装置〉、そしてさらにはひとつの〈時代〉に対応するものにすぎないのである。実際、表象のこうした中間性は、その三項の関係そのものの直線性によって支えられている。そして、光線＝眼差しであるこの直線は、結局は現在時における空間的共存の可能性によって保証されているのである。表象はこうして〈現在〉に送り返される。そして、その〈現在〉は、言うまでもなく〈点〉としての〈現在〉となるのである。

　こうして、われわれは透視図法という技術が、コギトという装置によって二重化されつつ、いわゆる〈西欧近

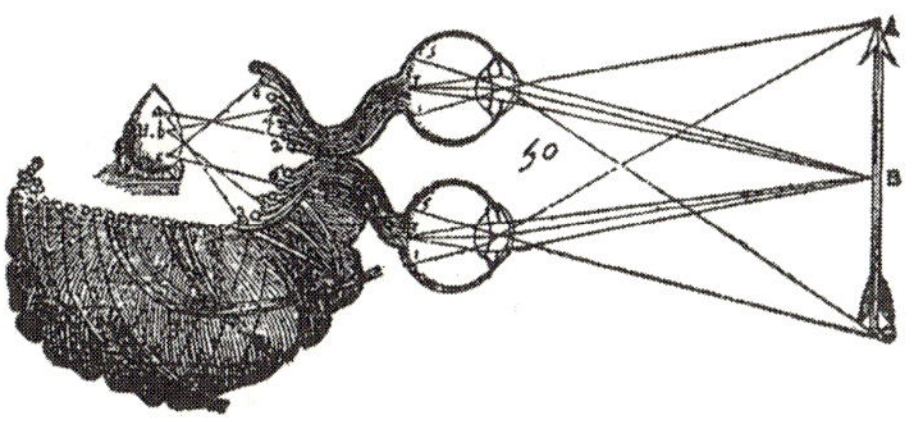

図5 デカルト『情念論』より

代〉のさまざまな構成的概念の鞏固な連帯性を表象という一点において集約していることを一瞥したわけだが、しかし最後に、デューラーの版画が提示しているもっとも魅力的な要素であるあの裸体に触れないわけにはいかないだろう。透明なスクリーン、あるいはヴェールないしは膜の向こう側に、わずかに下半身を覆いつつ、画家の欲望そして表象の欲望に身を晒し出し、差し出す女性、屹立するスクリーンの枠と尖塔状の道具——もはやデリダの『尖筆とエクリチュール』にならってそれを〈尖筆〉と呼ぶことを躊躇う必要はあるまい[★19]——つまりエクリチュールの装置の前に身を横たえる裸体の女性、それは誰なのだろうか？　デューラーにとっては、それは単なる一人のモデルであったかもしれない。だが、少なくともデカルトにとってはそうではなかったはずである。すでにデカルトは「科学は妻〔女性〕のようなものである」[★20]と書いていた。あるいは『精神指導の規則』においては、〈マテシス・ユニヴェルサリス〉に着物を着せること〔包被〕(integumentum)について語っていた——「私はむしろそれ〔学理〕が人間精神によりよく適合することができるようにそれに着物を着せ、飾り立てようと思う」。[★21]科学あるいは真理に、それにふさわしい〈着物〉つまり表象を与えること——それがおそらくデカルト的なエクリチュールの密やかな欲望なのである。そして透視図法の装置は真理の表象の装置にほかならないのであった。

★註

★1　サンジェルマン・デ・プレ教会にあるデカルトの碑銘の言葉——「カッテ自分ノ唯一ノ慰メダッタ真理、今ソレヲ彼ハ双眼デ享有スル」。この文を思い出させてくれたのは、Jean-Luc Nancy, *Ego sum*, Aubier Flammarion, 1979, p. 87（『エゴ・スム』庄田常勝・三浦要訳、朝日出版社）

であった。

★2 デカルト『方法序説』第六部、訳は中央公論社版・世界の名著22『デカルト』(野田又夫編) 一九六七年に依拠する。デカルトに関しては以下同様。邦訳、二一六―二一七頁。

★3 『省察』邦訳、二五五頁。

★4 同前書、二六二頁。

★5 同前書、二七一頁。

★6 同前書、二七二頁。

★7 すなわち『方法序説』という書物は、すでに書かれているが、しかし発表できないもうひとつの書物を紹介し(第五部)、それが発表できない理由を言う(第六部)ための書物ということになる。それは序説であるが、しかし同時に封印であり、またその意味で一種の追悼であると同時に約束であるような奇妙な文学である。

★8 『方法序説』邦訳、一九六頁。

★9 『世界論』邦訳、一〇〇頁。

★10 「しかしながら、哲学者のほうもまた、私の述べている物質の量は、〈数〉が〈数えられたもの〉と異ならないのと同様に、物質の実体と異ならないのだと私が仮定しても、また、私が、物質の延長または物質が空間を占めるという性質は、物質にとって付帯的なものではなく、物質の真の形相または本質であると考えても、こうしたことを奇妙だとすべきではないのである」(同前書、一〇二頁)。

★11 同前。

★12 『方法序説』邦訳、一九五―一九六頁。

★13 というより、こうした問題の錯綜に関しては、ジャン=リュック・ナンシーの『エゴ・スム』(前出)、とりわけそのうちの「LARVATUS PRO DEO」〔仮面ヲツケテ神ニ代ワリテ〕と題された章に全面的に委ねることにしよう。そこではとりわけ、ここで扱うことができなかった〈仮面〉という形象、そして〈舞台〉という構造の問題が分析されている。

★14 cf. Hubert Damisch, *L'origine de la perspective,* éd. Flammarion, 1987. とりわけ、pp. 91-110.

★15 透視図法の歴史は、なによりもまず、〈教本〉の歴史であった。アルベルティの『絵画論』からはじまって、フィラレーテ、ブラマンテ、ピエロ・デラ・フランチェスカ、ヴィクトール・セルリオ、ダ・ヴィンチ、ペルラン、クーザン、デューラーなどを経て十九世紀に至るまで西欧の各地で膨大な量の教本が出版されている。ひとつの表象の技術が、これほどの規模で、教育され、制度化され、規範化されたことはなかったのではないか。近代のエピステーメにおける「幾何学的な表象性」の規範として君臨していると思われる。

★16 『屈折光学』第五部「眼の底に形成される像について」(J. Vrin 版全集、VI. p. 115)、邦訳は筆者。

★17 『情念論』邦訳、四二九―四三〇頁。

★18 ここには表象の垂直性の制度的な確立という重要な問題があるが、ここではそれには立ち入らない。

★19 Jacques Derrida, *Eperons—les styles de Nietzsche,* éd. Flammarion, 1978. (『尖筆とエクリチュール』朝日出版社)――「女の真理というものはない、し

かしそれはまさに、このような真理の深淵のような隔たり、このような非‐真理こそが〈真理〉だからである。女とは真理のこうした非‐真理のひとつの名なのである」。透視図法の装置の構造は、こうして〈女〉の形象における真理、つまり非‐真理の真理の問題、知と欲望とのニーチェ的な運動形態の問題へと読み替えられるべきものとなるだろう。

★20 『緒言』(Préambule)——ナンシー前掲書による。

★21 『精神指導の規則』IV　邦訳は筆者。

オルフェウス的投影——オペラの光学の誕生

前を見よ！　ふりむくな！
いつも源を求めていれば
亡びてしまう
ニーチェ★1

彼に必要なものは、鏡だけであっただろう。鏡という簡単で素朴な装置を携えてさえすれば、彼は禁止というその罠をかいくぐることができただろう。実際、禁止以上に強力な誘惑があるだろうか。禁止は、まさにそれが禁じられているという理由だけで、ひとを侵犯へと誘う。彼が、圧倒的な欲望に打ち負かされてついに振り向いてしまうためには、まさに「振り向くな！」という禁忌が課されるだけで充分であったのだ。だが、禁忌というこの巧妙な罠に対して、彼は、もうひとつの罠で対抗することもできたかもしれないではないか。つまり小さな鏡の破片さえ手にしていたならば、彼は、振り向くことなく、後ろを見ることができたのではないか。禁忌に触れることなく、あれほど強く欲望していたその女を眼で貪ることができたのではないか。

だが、彼が手にしているのは、竪琴でしかなかった。見るための装置ではなく、聴くことを与えるための道具である。音楽の、そして詩の道具である。詩人オルフェウスとしては当然のことだ。それは見るための道具であるどころか、反対に、音楽の力によって眼を閉ざすための道具だったのである。そうだ。忘れてはならないが、彼が、肉体を失った死者たちの領分である黄泉の国に、肉体を携えたままで、入り込むことができたのは、なによりも彼の黄金の竪琴が、幽明を分けるステュクスの川を見張っている渡し守カロンの眼を眠らせたからなのであった。生死の境界、そして肉体の有無の境界を油断なく守り続けているこの強力な、〈至高の神〉(nobile Dio)までもが、その見張りの眼を閉ざしてしまったこと——そこにこそ、黄泉の国までも屈伏させる〈音楽《ムジカ》〉の途方もない力が顕示されていた。音楽の力の賞揚という文脈にとっては、その後の、冥界の王ハデスから、その妻ペルセポネの幇助を受けて、エウリディーチェを連れ戻す許しを得ることなどはむしろ副次的である。重要なことは、音楽が、強力な力で境界を守るものの眼を閉ざし、そしてその境界に刻まれている〈あらゆる希望を捨てよ、ここに入る者たちよ〉(Lasciate ogni speranza, voi ch'entrate)という厳しい法をかいくぐって、ひとつの壮大な希望を、もはや〈希望〉の神も随伴することのできないその暗黒の領土へと通過させたということなのだ。音楽は、生死という生きる者にとってもっとも恐るべき、至高の法すらも攪乱し、侵犯し、それを透過することを可能にしてしまう。音楽は、法の眼を眠らせてしまうのであり、その眠りの力によって法を超えてしまうのだ。

だが、この音楽の至上の力も、それを生み出す者のなかに激しく燃える見る欲望までは鎮めることはできなかった。そもそもオルフェウスの希望とは、「あなたをふたたび星を見るところへ連れ戻す」ことであり、また、「わたしの眼に昼の光をもたらす唯一のものである/あの喜びに溢れた瞳をふたたび見る」ことにほかならなかった。〈ふたたび見ること〉(riveder)、それがオルフェウスの冒険の賭金なのであった。それゆえに、彼は、昼の世界と永遠の夜の世界とを分けるこの境界を越えるためには、彼がカロンを眠らせなければならなかったように、まさに〈見ないこと〉が必要なのだということを忘れてしまうのだ。冥界の王ハデスは、なにも気紛れな意地悪からオルフェウスに振り返って見ることを禁じたのではないだろう。そうではなくて、ハデスは、ただ、生者と死者とを分かつ境界の法を顕在化させたにすぎない。黄泉の国に属するエウリディーチェが、境界を越えて昼の世界に戻るためには、彼女は見られてはならないのだ。見ること、それはあくまでも昼の世界の原理である。境界を超えるまでは、彼女は冥界の掟に従っていなければならないのであり、彼女は見えるものであってはならないのだ。

だとすれば、われわれがはじめに考えたように、鏡という装置を用いて振り返ることなく見る欲望を満たすというたくらみは、結局は愚かなものであるのかもしれない。それはいったい何かの役に立っただろうか。つまり、鏡を覗き込んだとしても、はたしてそこになにか見るべきものが映っていただろうか。死者であるエウリディーチェはすでに肉体を失っているのだとすれば、いったいそこに見るべきどのような肉体があると言うのか。肉体も見ることも、ともに昼の世界に属している——オルフェウスが忘れてしまうのはそのことだ。疑惑と嫉妬と欲望にかられて、まだ肉体をもたない存在である死んだ女の存在を確認しようとして、彼は振り返る。そして彼は見る。だが、何をだろう。

彼は歌う——

ああ、かぎりなく優しい瞳、わたしはまた、おまえを見るのだ。
わたしはまた……だが、いったいおまえを暗くするのは何の翳りか。★2

そう、オルフェウスが見るのは、彼があれほど切望していた瞳である。彼の眼は、わずかに一瞬、暗闇のなかに彼女の眼の輝きを見るのであって、はたしてその眼以外にそこに肉体を見届けたのかどうか、歌はなにも語ってはいない。「かぎりなく優しい瞳」(dolcissimi lumi)——それはたしかに単なる提喩だと理解するのが一般的だろう。だが、瞳があり、そしてそうであれば、そこに彼女の肉体の全体が現前していると考えるのは、あくまでも昼の世界の論理である。このときオルフェウスとエウリディーチェは、昼の世界に手が届くところにまで戻ってきていたのだとしても、しかしまだ、肉体をもたない者と肉体をもつ者とを分かつ境界は越えられていないのだということを考慮するならば、むしろわれわれは、ここでオルフェウスはかろうじてエウリディーチェの眼だけを見ることができたのだと考えるべきではないだろうか。そして、さらに、まるで眼から肉体がはじまるかのように、オルフェウスの眼差しの光が、肉体をもたない者に眼を与え返したのだと考えるべきではないのか。

ここで思い出しておかなければならないのは、われわれが参照している物語——より正確には〈音楽寓話劇〉(Favola in Musica)——によれば、オルフェウスは太陽の神アポロンの息子だということである。つまりオルフェウスは光と生命の原理を体現しているのであり、おそらくその力によってであろう、彼は——たとえ一瞬のことはいえ——死者の霊に光と生命とをさずけることができたのである。

オルフェウスは挫折する。それは、たしかなことだ。彼は、「みずからの情に負けて」、エウリディーチェをこの世界に連れ戻すことに失敗する。だが、もしこの物語が、死者を甦らせる物語ではないとしたら、あるいは、そうであっても、それと同時にもうひとつの物語が隠されているとしたら、つまりは、もしそれが、もっと簡単に、ただ「あの喜びに溢れた瞳をふたたび見る」という物語であるとしたら、実は、彼は、ごく密やかな、目立たない仕方で、みずからの欲望を成功に導いているのかもしれないのだ。オルフェウスは、みずからの眼差しの光に照らし出されたエウリディーチェの眼を見る。そして、エウリディーチェもまた、そのときはじめて——ほんの束の間だが——オルフェウスの姿を見る。そしてそのとき、彼女は歌う——


ああ、あまりにも優しく、あまりにもいたましい姿よ。

あまりにも大きい愛のため、あなたはこうしてわたしを失ってしまうのですか。


「かぎりなく優しい瞳」が「あまりにも優しい姿」を見ているのだ。そこでは誰の眼が誰を見ているのか、もはや不分明である。見るものと見られるものとが交錯し、互いに映し合っている。オルフェウスもエウリディーチェも、ほとんどひとつの同じ眼差しとなって見つめ合っている。彼の眼も彼女の眼も同じ眼なのだ。そこには、ある「あまりにも大きい愛」の一瞬がある。たしかにそれは、もう二度と取り戻されることのない決定的な別離と喪失の瞬間であり、その意味では悲劇的な、不幸な瞬間である。だが、同時に、それが互いの永久の喪失を含意している分有だからこそ、逆にそれは愛の至上の瞬間となってもいるのだ。おそらく愛の完成とは、単なる合一や融合なのではない。そうではなくて、合一と絶対的な分離とが表裏一体となっているような悲劇的な強度においてこそ、それは瞬時――ということは、現実にはありえない時間において――垣間見られるのである。オルフェウスの物語は、そのような意味で、愛の挫折のドラマであるよりは、むしろ、悲劇的な形態、つまりすでにもっとも真正な形態において演じられた愛の実現のドラマなのである。そして、それゆえにこそ、このドラマはオペラの誕生において特権的な役割を果したのだし、また、ある意味では、そのうちにすでにその後の三〇〇年あまりのオペラの全歴史を懐胎してもいるのである。

オペラ?――そうなのだ。もうそろそろはっきりさせておかなければならないが、われわれがここで扱っているのは、ギリシア神話にその原型をもついわゆるオルフェウス神話の標準形なのではなく、そこから出発して特定の時代に書き直され、変形され、演出されたある特定のヴァージョンなのである。われわれはそれに個別的な場所と日付を与えることすらできる。すなわち、一六〇七年二月二十四日、マントヴァ。この日、マントヴァの君主ヴィンチェンツォ・ゴンザーガ公爵の宮殿で、宮廷書記アレッサンドロ・ストリッジョの台本に基づいたクラウディオ・モンテヴェルディの〈音楽寓話劇〉『オルフェオ』全五幕が上演された。それはモンテヴェルディの最初のオペラというだけではなく、その力と完成度においてまさに史上最初のオペラと呼ぶにふさわしいものであった。つまり、われわれは言わばオペラの起源へと召喚されたものとしてのオルフェウスの物語について語っているのである。★3

厳密に言えば、モンテヴェルディの『オルフェオ』は音楽史上六番目のオペラということになるらしい。オペラ誕生は、一般的には、一五九八年フィレンツェで上演されたヤーコポ・ペーリの『ダフネ』に帰せられている。その楽譜は失われてしまっているが、同じペーリが世紀の変わり目である一六〇〇年に、フランス王アンリ四世とメディチ家のマリアの婚礼を祝って作曲した『エウリディーチェ』の楽譜は残されている。その楽譜によれば、その音楽は、フィレンツェの芸術家《カメラータ》たちが苦労して発明した〈モノディ〉と呼ばれる音楽様式に従ったかなり単調なものだったようである。そこでは、まだ、オペラはオペラ本来の劇的な空間の創出に成功していない。音楽と言葉の結合は、まだ、劇的な緊張の段階にまで届いてはいない。オペラという本質的に複合的な空間を支えるきわめて危うい特異点はまだ見出されてはいないのだ。オペラというジャンルの特徴は、それがけっして形式的な統一に到達しないところにある。それは、異種混淆的な空間を、相異なる次元のあいだの劇的な緊張によって支えるという、不安定で危険な方式に依存しているのである。

　そして、その劇的な方式が確立されるためには、フィレンツェにおける『エウリディーチェ』の上演に参列したゴンザーガ公爵が、当時、相次ぐ『マドリガーレ集』の出版によってバロックと呼ぶにふさわしい新しい音楽様式の世界を切りひらきつつあったモンテヴェルディに、同じ題材に基づく別の作品を生み出すように求めるということがなければならなかったのである。そして、ギリシアに起源をもつひとつの物語がこうしてフィレンツェからマントヴァへと書き直され、変容していくそのあいだに、オペラは、ほとんど文字通りの意味で、陽の目を見たのである。

　ペーリの『エウリディーチェ』は、婚礼というその上演の場にふさわしく、オルフェウスとエウリディーチェの結婚に焦点があてられており、しかもオルフェウスは黄泉の国から、いともあっけなくエウリディーチェを連れ戻してしまう。そこでは劇的な要素は、まだ典礼の空間という拘束を撥ね退け、それを打ち破ってはいない。そこでは、劇的な緊張がもっとも高まる、オルフェウスが振り返ってエウリディーチェを見てしまう場面は省略されているのである。ところが、ペーリにおいては排除されていたこの眼差しのドラマこそ、モンテヴェルディの『オルフェオ』がその構成の中心に据えたものなのだ。すでに見てきたように、この〈音楽寓話劇〉の全体は、言わば〈エウリディーチェの眼〉をめぐって展開するように組織されている。「あの喜びに溢れた瞳」こそ、オルフェウスを冥界下りへと赴かせ、そして彼に、ある意味ではそれを得ながら、しかしその同じ瞬間に、今度は永久にそれを失ってしまうようにさせるものなのだ。モンテヴェルディにおいて、『オルフェウス』は〈見ること〉のドラマなのである。★4

そして、おそらく、それゆえにだろう、このオペラはその第五幕で、それと名指されているわけではないが、もうひとり〈見ること〉のドラマを生きた人物の面影をギリシア神話から召喚して、それをオルフェウスに重ね合わせているのだ。すなわち、二度にわたってエウリディーチェを失い、ひとりトラキアの野に戻ってきたオルフェウスは、そこで絶望の苦しみを歌うのだが、そのとき彼の嘆きの歌に随伴するのは、エコー〔谺〕なのである。彼の嘆きの最後の言葉だけを繰り返すエコーに対して、彼は「しかしわたしが嘆いているとき、ああ、どうして最後の言葉にだけ、答えるのか」と歌いかけ、そうしてエコーを黙らせてしまう。ここで呼び出されているのは、明らかに、ナルシスである。つまり、オルフェウスは、ナルシスとなるのであるが、しかしこのオルフェウス―ナルシスの連合はけっして二次的な効果というわけではない。むしろそれは、暗示的にではあるが、このドラマの核を射抜いているように思われる。オルフェウスは鏡を所持していなかったが、しかし、黄泉の国の出口近くで彼が振り返ったとき、彼が見出したのは、ほとんど自分の眼ではなかっただろうか。振り返って、一瞬、互いに相手の眼を覗き込むオルフェウスとエウリディーチェは、そこで、まるで互いの鏡像のように向かい合っていたのではないか。このドラマ全体を通じて、エウリディーチェは、言わばオルフェウスによって見られる対象としてだけ存在している。実際、彼女が歌う場面は、極端に少なく、しかもそのわずかな機会においても、彼女はほとんどオルフェウスの歌に、控え目に応えるだけなのだ。その意味では、エウリディーチェははじめからオルフェウスの影にすぎない。そしてオルフェウスが振り返るとき、そこには、まるで鏡があるかのようなのだ。

モンテヴェルディにおいては、潜在的な構造にとどまっていたこの鏡――それこそが、それから三百数十年後に、ジャン・コクトーがふたたびオルフェウスの物語を、相次いで舞台そして映像へと書き直し、鋳直すとき、そのトポロジーの中心に現実化されて立ち現われるのである。そこでは、鏡は、まるで「水をくぐるようにして」、手から先に潜り抜けていく冥界への入口である。そして、登場人物たちは、鏡を通って幾度となく、こちら側とむこう側とを行き来するのである。そこでは、オルフェウスの経験は、一般化され、遍在化されている。「世界じゅうの鏡はみんなこの〈ゾーン〉につながっている」★5のであり、また、誰もが、オルフェウスとなることができるのである。こう言ってよければ、コクトーの『オルフェ』は複製技術時代あるいは大衆文化時代のオルフェなのだ。

こうして、少なくともわれわれの想像力にとっては、もはやオルフェウスの物語をナルシスの物語から完全に切り離すことは難しい。オルフェウスの〈見ること〉のドラマとナルシスの〈見ること〉のドラマは、まったく異なる物語を経由していながら、しかしどちらも、愛の対象が絶対的に不可能となるような危機的な特異点——つまりそこから出発してはじめて愛するべき肉体が、見えるものであるイマージュとして成立するような危うい起源——のドラマを指し示しているように思われるのである。

そして、そうであるならば、また、このような解釈の可能性が、その延長線上で、オルフェウスの物語のもうひとつの側面にも光を投げかけるのだということを指摘しておくべきかもしれない。ギリシア神話の原型的なヴァージョンによれば、エウリディーチェを二度にわたって失ったオルフェウスは、最後には、ディオニュソスを祀る女たちによって——やはりペンテウスがそうであったように——身体をばらばらに引き裂かれて死んでしまうのだが、少なくとも現代のわれわれの知にとっては、この途方もなく残酷な死の様態は、まさにジャック・ラカンが、〈鏡の段階〉に先行するものとして位置づけている〈分断された身体〉★6を想い起こさせないわけにはいかないだろう。つまり身体のイマージュ的な統一以前の身体。もはや人間的と言うことはできないような数々のばらばらな強度によって貫かれているだけの身体。それこそ、オルフェウスという物語の最終的な到着地点だったのではないだろうか。このような仮説は、オルフェウスの物語を限りない退行の物語として読解する。それに従えば、この物語は、オルフェウスが、父なる神アポロンと〈音楽《ムジカ》〉の女神（ないしは、ステュクスの河岸まで随伴する〈希望〉の女神）によって形成された安定した、象徴的なエディプス的構造から、〈鏡〉によって規定されるような身体つまりイマージュの原初的な、想像的な双数関係へと退行し、そしてさらに、そこから、もはやイマージュすらもが不可能となり、ただほとんど非人間的な強度だけが支配する極限的な〈分断された身体〉へと行き着いてしまう物語であるということになるだろう。オルフェウスの物語は、もはや人間にとってはそれ以上の後退が不可能であるような極限への退行の物語なのである。そして、こうした極限的な退行、そしていっさいのイマージュの彼方ないし手前にある狂気の領域――それこそが、あるいはギリシア神話において〈ディオニュソス〉という名前のもとに暗示されているものなのかもしれない。

だが、いったい誰が、名もイマージュももはや不可能となるようなこの領域にとどまることができるだろうか。そこではもはや見るべきもの、見えるものはないのではないか。実際、一六〇七年の上演に際しては、オペラの最後は、――それをどのように上演したのだろう？――ギリシアの原型通りに、身体をばらばらに引き裂かれるオルフェウスの死によって占められていた。ところが、一六〇九年に出版された楽譜においては、構成が変更され、いわゆるデウス・エクス・マキーナの仕掛けによって父なるアポロンが登場し、悲嘆にくれるオルフェウスを天上へと連れて行くことになるのである。★7 つまり太陽の神、光の神、芸術の神による詩人オルフェウスの聖別である。むき出しの強度だけが支配する闇の領域から、もはやいっさいの劇的な必然性を離れたところで――それがデウス・エクス・マキーナが意味することだ――〈見ること〉と光の原理がドラマを回収する。少なくとも一度は開かれたディオニュソス的な領域が、ふたたび、まるで大急ぎで取り繕われるかのように、アポロン的な機械仕掛け――たしかに〈機械〉とはアポロン的なものであるほかはない――によって覆われてしまうのである。

ある意味では、そこにはオペラの空間そのものを規定し、確立しているような一種の重層的な空間構造があって、しかもそれは、ほぼ正確にオルフェウスの旅の構造に対応しているのである。すなわち、オルフェウスが光の世界から地下の闇の世界に降り、そこから戻ってくるように、しかもそのとき、エウリディーチェを連れ戻すことに最終的に失敗することによってかえって光と闇の世界を分かつ絶対的な境界線をあざやかに浮かび上がせてしまうように、ペーリの『エウリディーチェ』においては光の世界の勝利として構想されたオペラの空間は、一六〇七年の『オルフェオ』で死の世界である冥界よりもさらに非人間的なオルフェウス自身の引き裂かれた死に触れ、それを刻み込み、しかしその二年後の版においては、機械仕掛けとしての光の原理を再導入することによってその死の強度を隠蔽してしまうというわけである。

光の勝利——とりあえずは、そうである。だが、その光は、みずからの明晰さに自足している素朴な光ではもはやない。そうではなくて、それはすでに一度は、闇と死と狂気の領域へと下降し、そうした強度の存在を知ってしまっている光である。光はみずからの原理に従って、みずからの領域とその外の闇の領域とのあいだに境界を確定する。境界を設定し、境界を見えるものとするのは、おそらく光の原理なのだ。この境界を確定するためにこそ、オルフェウス的な越境が必要だったのだ。違反の可能性がないところに禁止が成立しないのと同様に、越境がないところに境界線は引かれない。越境が行なわれ、そしてその越境が最終的に挫折し、罰され、不可能とされるところにこそ境界の成立がある。この意味では、オルフェウスの物語はすぐれて境界の物語、必然的に悲劇的なドラマの場としての境界の物語であったのである。

そして、それこそが、オペラの誕生という歴史的な出来事においてオルフェウスの物語が果たした役割ではなかったか。つまり、それは、太古の神話に訴えかけながら、光と闇との二重性を踏査しつつ、同時にその境界を定めるという歴史的な課題に応えることによって、バロックと呼ばれる空間、いや、それどころかまさに広い意味で〈近代《モデルニテ》〉と呼ぶことができる空間を、一挙に、開示していたのではなかったか。というのも——〈バロック〉の定義をめぐるあの膨大な論争から思い切って離れて言うならば——、あらゆる種類の不可視の強度に囲繞され、境界づけられているものとしての可視の空間の成立、その不均衡な二重性の意識こそがバロックであると思われるからである。それは、言うまでもなく、歴史的な空間である。しかし、だからといって、それは、ひとつの時代様式として、十七世紀のヨーロッパだけに該当するものでもない。それどころか、むしろそれは、〈近代《モデルニテ》〉と呼ばれる歴史的な概念とほとんど重なり合い、たがいに補完し合うような広がりをもった概念ではないかと思われる。〈近代〉は、〈バロック〉の部分空間なのではないか。あるいは、逆に言うなら、〈バロック〉とは、まさに〈近代〉の境界条件にかかわる空間、〈近代〉とその補空間とのあいだの絶えざるドラマの空間、見える存在〔もの〕と見えない力とのあいだの揺れ動きのダイナミスムの空間なのではないか。だから、もし〈存在すること、それは見ることだ〉という定式がバロックの公理なのだとしても、しかしそれはあくまでも、そのように言表しつつ、同時に、存在しないもの、不在であるもの、死であるものの見えない力におののくという条件のもとである。〈存在すること、それは見ることだ〉は、あのデカルトを〈コギト・エルゴ・スム〉にまで導いていった確実性の断言であると同時に、その確実性すらもが一瞬のうちにばらばらに引き裂かれるかもしれない不安の断言でもあるのだ。

音楽的な『オルフェオ』——それは続いて他のバロック・オペラを生み出すことになるのだが——のなかで、哲学以前のギリシアの神話を取り上げつつ、モンテヴェルディは、音楽とその声を、ちょうど見られないもの non-vu の国に向かう〈言語〉による掛け橋のように、見えるものと見えないものとの境界そのものに置くのである。そして、おそらく、ここに、われわれは〈音楽劇〉le drama in musica というこの異種混淆的なジャンルに固有の見ることの系譜を透かし見ることができるだろう。異種混淆的だと言うのは、そこでは〈声〉はまさにテクストを再現前化 représenter し、聴くことを通じてそれを〈見させ〉、それを舞台と肉体のうちに演出しなければならないからである。それゆえ、オペラは、一挙に、「存在すること、それは見ることだ」というバロックのあの偉大な公理を言表するのだ。そして、それは、愛そのものが、そこでファンタスムの眼が現実化されるあの〈光学的な装置〉となるほどなのである。

「存在すること、それは見ることだ」――ここにおいて、バロック的な眼は、その起源から、見えるものの新たな分割のうちにみずからを据える。そして、この分割が眼差しに存在論的な〈見る装置〉optikon、つまり認識論的で美学的な射程を賦与するのである。というのも、眼こそまさにグラシアンが語っているあの〈聖なる器官〉miembro divino、つまり〈万能とも思われるある種の普遍性のために働く肢体〉だからである。

バロックのシステムの中心的な器官であるこの眼‐世界は、もっとも無名な画家のそれから、またミゲル・マーシュ、ブリューゲル、リベラあるいはルーベンスといった画家のそれにいたるまで十六、十七世紀の絵画に満ち溢れているあらゆる〈見ることのアレゴリー〉のどこででも見出される。★8

こうして〈見ることの狂気〉のうちにバロックの美学の全体を位置づけようとする野心的なエッセイの冒頭で、まさに〈音楽的なプレリュード〉としてモンテヴェルディの『オルフェオ』を呼び出しつつ、ビュシー＝グリュックスマンは、一挙に、〈バロック的な眼〉の装置というその核心へと赴く。実際、すでにわれわれが指摘したように、モンテヴェルディの『オルフェオ』の中心には、もはやオルフェオのものともエウリディーチェのものとも区別することができないような、しかしそれでいてその両者の決定的な、絶対的な別離そのものを演出しているような眼があった。すべては、この眼を中心にして、この眼に到達するように仕組まれているのであった。だが、忘れてはならないが、この眼は、あくまでも冥界という見えないものの領域を巡ってきた眼であり、しかも見えないもの、見てはならないものをあえて見ようとする眼、境界を、そして法を侵犯する眼であった。つまりそれは普遍的な認識のための眼であるよりは、はるかに欲望の、情念の眼、ほとんど狂気の眼なのであった。『オルフェオ』は、おそらくは〈ある種の普遍性のために働く器官〉とは異なったもうひとつ別の眼をわれわれに差し出しているのだ。あるいは、〈聖なる器官〉である認識論的で美学的な眼が、同時に、欲望と情念の眼であること、そしてそれは、確実に存在するものの表象を超えて、もはや存在しないものの幻影をすら見ようと欲望し、さらに——たとえ一瞬のことにしても——それを垣間見ることがあるということを示しているのである。

そして、それこそがオペラの欲望なのである。オペラが音楽を〈見えるものと見えないものとの境界そのものに置く〉というよりは、むしろ——結局は同じことになるかもしれないが——音楽そのものが、そこでは見ようとするのだ。オペラの誕生は、音楽と劇との単なる婚姻なのではない。その意味で婚姻の典礼のために、婚姻の祝福に重点を置いて書かれたペーリの『エウリディーチェ』は、まだオペラの本質的なありようには達していなかったと言うべきだろう。オペラが生まれるのは、婚姻からではなく、むしろひとつの侵犯からである。それは、突然に、音楽に〈眼〉が生えたかのようなのだ。音楽は〈眼〉をもち、そしてその〈眼〉は見ようとする。見えないもの、見てはならないものを見ようとする。音楽は、人々の眼を閉ざし、冥界の門番であるカロンの眼すら閉ざし、そうしながらみずからはあくまでも見ようとするのだ。〈見る〉という灼熱の欲望に貫かれた音楽、見えるものと見えないものとの境界を越えてまで見ようとする音楽——それが、〈オルフェオ〉というアレゴリーに託されたものなのだ。

こうして音楽は、みずからのうちにオペラという異種混淆的な空間を懐胎することによって、一方では、この時代のすべての文化を貫く圧倒的な〈見る〉欲望に屈服するのであるが、他方では、そこで成立しつつあった普遍的で、認識論的な表象＝再現＝上演装置そのものを解体してしまうような危険な領域にまで、見ることを連れ出してしまうのである。われわれが前章で論じたように、この時代はまさに、見ることの発明の時代、見ることがひとつの精巧な表象＝再現＝上演装置と結びついた時代であった。見ることは、そこでは、同時に透視図法であり、劇場であり、機械であるようなひとつの空間構造によって支配されていた。だが、こうした表象空間の成立は、その反作用として、見えないものをその外部へと追放してしまう。見ることの領域は、再現可能なものと再現不可能なものとの境界によって画定されるようになるのである。つまり表象の可能性が、見えるものを新たに分割するのだ。とすれば、オペラの発明は、この表象空間の発明に、言わばその分身《ドゥーブル》のように取り憑いて、その境界画定そのものを危うくし、揺り動かし、結局は、それを劇化するのである。

だが、いったい、この劇化はどのようにして可能なのか。見えるものの舞台が、厳密に、再現可能性、表象可能性によって画定されているときに、いったい、どのようにして、その装置を維持し、それを利用しつつ、しかしそこにまったく別の原理、つまり見えないものを見るという原理を導入することができるのか。

困難な問いである。しかし、モンテヴェルディの『オルフェオ』はまさに、この物語に固有のある特権的な空間配置において、ひそやかにこの問いに答えているように思われる。というのも、オルフェウスのドラマのいっさいは、実は、ただひとつのトポロジーに集約されるからである。そこでは、見る欲望に駆り立てられたオルフェウスは、しかしながら、見るべきものを眼前にはもっていない。見るべき対象は、彼の眼差しには現前していない。対象は、——それが見えるものとして現前しているかどうかは別にして——彼の背後にあるのだ。見るものと見るべきものとは、言わば同じ側にあるのであり、それゆえに、それらは、もはや、透視図法の空間においてそうであったようには、単一の直線によって結ばれてはいない。「対象—表象—主体」という三項図式は、そこでは不可能になっているのである。そこには、表象はない。再現可能なものの表象はない。だが、にもかかわらず、眼はそこでなにも見ないわけではないのである。

実際、オルフェウスは歌うのだ——

おまえ〔＝竪琴〕のおかげでわたしは幸せがいっぱいで、
愛する人の顔を見るだろう（Vedro l'amato volto,）
そして妻の白く清らかな胸に

きょう抱かれるだろう★。

彼は、ほとんどすでにエウリディーチェの顔を見ているのである。彼は、まだ見えないものの姿、そのイマージュを見ている。それは、再現可能なものの表象ではなく、まだ、世界に現前していないもの、現前という形態においては存在してはいないもののイマージュである。しかもそれは彼に快楽と幸福とを約束しているイマージュなのである。このイマージュを見るオルフェウスの眼差しは、言うまでもない、欲望の眼差しである。ある意味では欲望がこのイマージュを召喚しているのである。欲望の対象は——対象としては——主体の背後にある。欲望が、この見えない対象、まだ所有していない対象、不在の対象を、ひとつのイマージュとして、主体の前に投影しているのである。

投影——そうなのだ。オルフェウスの物語の特異性は、それがまさに投影《プロジェクシオン》のトポロジーのうえに基礎づけられていることにある。オルフェウスが見ているのは、不可視の欲望によって投影されたエウリディーチェのイマージュである。実際、見る主体そのものは闇のなかに沈んでおり、しかしそのすぐ前に光の世界が開けているという構造、そしてそこでは見る主体の背後にあるものが、欲望の力によって、あるいはそれ以外の不思議な光学によって、前方へと投影されているという構造——それこそ、『オルフェオ』からほぼ三〇〇年後に——まるでオペラの衰退ないし終焉とほぼ時期を同じくして——〈映画〉の空間として技術化され、具体化される投影の空間の原型的なありようにほかならないのだ。だが、それはかならずしも、この投影の空間が、近代的な透視図法によってモデル化されるような表象の空間の後に来るものだということを意味しているわけではない。そうではなくて、投影の空間は、むしろ〈対象—表象—主体〉という三項関係によって支配された表象の構造から、対象を不在化し、そしてそれと相関して、表象面を〈窓枠〉から〈スクリーン〉へ、そして表象をイマージュへと変容させたものだと考えることができるだろう。投影は、表象の影であり、その分身《ドゥーブル》なのだ。いや、また、同時に、それは、とりもなおさず夢の空間の構造にほかならないのであれば、ある意味では、表象の空間の成立よりもはるかに古いのである。つまり、それはまさに神話的に古いのである。オペラ創成期における作品のレパートリーの多くは、オルフェウスをはじめとして、ダフネやアリアドネーといったギリシア神話の素材に依拠しているのだが、バロック的な意識の誕生におけるこうした太古の物語への回帰のうちには、世界と人間とのきわめて古い関係構造に対する願望がひそんでいるのである。

オルフェウスという物語が示しているのはこうした夢のトポロジー、投影のトポロジーである。だが、それだけではなく、それは、同時に、この投影のトポロジーがまさにひとつの禁忌によって統べられていることを物語っているのだ。投影の空間においては、対象は対象として現前していない。主体の眼の前にあるのは、イマージュ、まさに本質的に対象を欠いた表象であるイマージュである。それではこのイマージュはどこからやって来るのか。それは、ある意味では、主体の欲望がそこに生み出したものである。だが、それだけではない。それは、ちょうど映画館の闇のなかで観客の後ろから光が投射されるように、見る主体の背後の闇のどこからか差し込んでくるのである。つまり、そこでは、主体は、背後に闇を背負っているのだ。主体は、イマージュの起源を制御することができない。イマージュは、主体のコントロールを超えて、不可視の闇から生起しているのである。そして、主体は、そのイマージュをイマージュとして維持するためには、けっして振り返ってはならないのだ。

振り返ってはならない——それが投影の空間の禁忌である。イマージュの源泉、その暗い光の光源を求めてはならないのである。それは、オルフェウスの逸話が語っているように、その禁忌を破って振り返ったとたんに、われわれはイマージュを決定的に失ってしまうからである。そして、さらには、モンテヴェルディの最初のヴァージョンが舞台化していたように、そうすることによって、われわれは必然的に、見られ、見る身体と密接に相関したイマージュの次元そのものを突き抜けて、身体分断の錯乱にまで突き進むことになるかもしれないからである。そこでは、身体という究極の〈スクリーン〉そのものがずたずたに引き裂かれてしまう危険がある。そして、その意味では、オルフェウスは、すでにイマージュの運命を、その極限まで歩みきってしまったのである。
こうして、モンテヴェルディの『オルフェオ』は、その起源の強度において、のちの多くの作品が開墾し、開拓することになるオペラというドラマの領土を、徹底して踏査してしまっているのだ。それは、音楽という領域のただなかに、イマージュの劇という輝かしい暗い光線を解き放ったのである。つまり投影の光が、音楽を貫いたのである。

図6 カラヴァッジオ「マリアの死」

その『オルフェオ』の初演は、マントヴァの宮廷で、一六〇七年二月二十四日であった。これは、単なる余白の挿話にすぎないが、それから一月余り経った、同じ年の四月、領主のゴンザーガ公爵は一枚の絵画を購入し、それをローマの〈画家の大学〉で展示したあと、マントヴァに搬送する。それはカラヴァッジオの「マリアの死」であり、その二年前にサンタ・マリア・デラ・スカラ聖堂の祭壇のために描かれたものであるが、マリアの描かれ方が慎みを欠いているという理由で祭司たちによって拒否されたものであった。死せるマリアとその遺体を取り巻く悲しみにくれる人々を描いたこの絵に、言うまでもなく、『オルフェオ』と共通するいかなる要素もありはしないのだが、しかしその死の場面が、カラヴァッジオに特有のあの斜め横から差し込んでくる恐ろしいまでに劇的な光線に貫かれていることにわれわれは敏感にならざるをえないだろう。（図6参照）カラヴァッジオの光線はいったいどこからやって来るのか。そこでは宗教的な聖なる瞬間も、また残酷な犯罪の瞬間もともに、少なくともこの世の光とも思われない異様な光によって照らし出されているのである。眼差しと光線とは、もはや一致しない。絵画は、イマージュの劇の場と化している。一六〇七年マントヴァにおいて、モンテヴェルディの世界とカラヴァッジオの世界とが、こうして交錯する。この交錯のうちに、表象と投影の二重性によって規定された〈近代〉の劇の運命が、すでに、あざやかに浮かびあがっていたのだと考えたい。

★註

★1 ニーチェ『遺された断想』（一八八八年五月～八九年初頭）より。白水社版ニーチェ全集第II期第12巻、氷上英廣訳、七三頁。

★2 以下、モンテヴェルディ『オルフェオ』の翻訳に関しては、名作オペラブックス29『モンテヴェルディ・オルフェオ、グルック・オルフェオとエウリディーチェ』音楽の友社、一九八九年所載の対訳テクスト（あずさまゆみ訳）によるが、部分的に語句をあらためたところがある。

★3 なお、オルフェウスをはじめとして、ギリシアの神話の名の表記に関しては、さまざまな可能性があって、にわかには方針を決めがたいのだが、ここでは、厳密な一貫性というより、わが国においてもっとも人口に膾炙している表記を選んだ。
オルフェウスを主題としたオペラとしては、ガルザビージの台本にグルックが作曲した『オルフェオとエウリディーチェ』（一七六二年）を忘れるわけにはいかないだろう。一五〇年以上の時間を隔てて、同じ物語がオペラ化されたわけだが、しかしそこにあるのはすでに、徹底して心理化された劇である。劇の中心は、オルフェウスとエウリディーチェとのあいだの心理的な葛藤にあるのだ。実際、一六〇七年にはあれほど寡黙であったエウリディーチェは、ここでは執拗に「わたしを抱いてくださらないの？　話してくださらないの？　せめてわたしを見てください！」とオルフェウスに哀願するのである。オルフェウスが振り返ってしまうのは、疑惑からではなく、この愛の懇願に負けてしまうからである。法の侵犯の劇は、ここではなによりも人間の心理劇を通過しているのである。

おそらく、オペラという劇的な空間は、十八世紀にそのような心理劇の位相を通過するのだろう。そして、そこで一種の転回を果たし、十九世紀には、大きな弧を描いてもう一度、むき出しの劇の方へと返ってくると言えるのではないか。

とすれば、ここでは取り上げる余裕はないが、モンテヴェルディとグルックとの比較は、オペラの運命を考えるときに、きわめて興味深いテーマのひとつとなるだろう。

★4 この意味では、レーザー・ディスク（ポリドール・IP8811）で見ることができるジャン＝ピエール・ポネルの演出は卓越している。映像であることの利点を充分に生かして、徹底して、眼差しと〈眼〉にドラマの中心を描いた演出をしている。古楽器を使った、アーノンクール指揮による音楽も素晴らしいが、ポネルの演出は、このドラマの深層の構造をたくみに可視化しているのである。

★5 ジャン・コクトー「オルフェ」（映画）、東京創元社版コクトー全集Ⅷ巻、三五一頁。
よく知られているように、コクトーはまず一九二六年に戯曲「オルフェ」を書き、さらに、一九四九年にそこから出発してあらたに映画「オルフェ」（ジャン・コクトー監督）を制作する。その後も「オルフェの遺言」を書き残している。

なお、ここで言う〈ゾーン〉は生者の世界と死者の世界のあいだの中間領域のことである。

★6 Jacques Lacan, "Le stade du miroir comme formateur de la fonction du Je telle qu'elle nous est révélée dans l'expérience psychanalytique", in *Ecrits*, éd. du Seuil, 1966, pp. 93-100.——きわめて重要だと思われることは、〈鏡像段階〉を論じるこのあまりに有名な論文のなかで、ラカンが、〈分断された身体〉という概念を、——ほとんど何げない素振りで——ヒエロニムス・ボッシュの絵画と結びつけているということである。「この分断された身体は、〔……〕分析の力が個人の攻撃的な解体のある一定の水準にまで及ぶときには、きまって夢のなかに登場します。その場合、それは、分離された四肢という形態、あるいはちょうど、近代的人間の想像的な力がその頂点に昇っていく十五世紀に、幻視者ヒエロニムス・ボッシュが、絵画という手段によって決定的に定着してしまった〔……〕体内透視図法「エクソスコピー」によって形象化されたあれらの臓器という形態のもとに現われるのです。」

★7 この点に関しては、前述したポネルの演出では、太陽のしるしの上に横たわるオルフェウスの身体の上で女たちが赤い布を引き裂くという場面が挿入されていたことを記憶しておきたい。視覚的な効果として、ディオニュソス的なものが取り入れられているのである。

★8 Christine Buci-Glucksmann, *La folie du voir*, éd. Galilée, 1986, p. 29. クリスティーヌ・ビュシー＝グリュックスマン『見ることの狂気』谷川渥訳、

ありな書房、一九九五年。

★9　ここで言われている〈顔〉volto という言葉は、奇妙なことに、〈振り返る〉という言葉と語源を同じくするらしい。

今度は、女が一枚の絵画の前に立っている。あるいは、背もたれの高い椅子に深く腰かけて、じっと絵を見つめている。その絵に描かれているのは、「黒い髯、黒い服の青白い顔の男の肖像」★1——それを、その女は、まるで夢見るかのように凝視している。男を識っているわけではない。男に出会ったことがあるわけではない。男はむしろ他者であり、しかもどのような人間の共同体にも属さないような、その意味で絶対的な他者、共同体の幸福から絶対的に疎外された他者であるのだが、しかしその不幸な他者性こそがまさに、この若い女を引きつけ、その心を奪っている。

だが、それはかならずしも彼女がこの男を、この男の肖像を、いや、むしろ肖像であり、すぐれてイマージュであるこの男を、愛しているというわけではない。愛というならば、彼女には、ほかに恋人がいないわけではない。同じ共同体に属する若い男、共同体の論理から見て彼女にふさわしいと思われるような若い男がいないわけではないのだ。にもかかわらず、彼女は、ほとんど彼女自身の意志を超えた〈宿命〉的な力によって、一度も会ったことのないこの不吉な、蒼ざめた男のイマージュに引きつけられている。もし愛というものが共同体の内の論理へと回収されるものならば、それはもはや〈愛〉であることはできない。それは、〈愛〉よりははるかに破滅的な、まさに破壊的な強度の関係なのだ。だが、逆に、もしそうしたものこそが、ほんとうの〈愛〉だとするならば、〈愛〉とは、むしろ共同体の外部との不吉な関係、現実的な実定性を欠いたイマージュの関係にほかならないことになるだろう。いずれにせよ、このような関係は、その関係を結ぶか結ばないかの決定権がもはや主体には属していないような関係、主体はただその関係を決死の覚悟において引き受けるだけでしかないような関係であり、その意味でそれは〈宿命〉的であるのだが、しかしそうであれば、この若い女が、結局、裂け目のように出現した不気味な外部、つまり〈海〉へと——みずからの破滅を賭けて——まっしぐらに身を投じることになるのは当然と言えるだろう。

言葉のもっとも本質的な意味において〈ロマンティック〉であるこうした関係を、彼女自身は〈誠〉(die Traue) という一語で名づけていた。「この私の誠によって、あなたに救いを与えます!」——彼女はそう言い、そう歌うのであり、つまりここで〈誠〉と呼ばれる決意され、引き受けられた宿命的な関係は、最終的には、他者の救済、あるいはその反転した形象である他者による救済のモチーフへと連結されるのであり、実は、作品としてはその救済の主題こそが中心的であるようにも思われるのであるが、しかしいまのわれわれの思考にとっては、とりあえずは、この救済という帰結に強いアクセントを置く必要はない。それについて、われわれが言っておかなければならないのはただひとつ、「救いを与える」とはいえ、しかしそれはまさに「死を与える」ことにほかならないということなのだが、というのも、われわれが召喚しているこの作品において——すでに気がつかれているように——「青白い顔の男」とはまさに、死を奪われて永劫に海をさまようべく呪われたあの「オランダ人」であるからだ。

『さまよえるオランダ人』——一八四一年に完成されたこのオペラが、『妖精』、『恋愛禁制』、『リエンツィ』というそれ以前の三作品とはちがって、まさにワーグナー的世界の確立の第一歩であったことは誰でも知っている。救済、不可能な愛、死の力の顕現、無意識的な領域の解放、共同体の限界の侵犯、キリスト教的な世界と非・キリスト教的な世界との葛藤、神話的なモチーフ、歌ないし音楽の共同体的な倫理性、等々……ここにはのちのワーグナー的世界の常数となるほとんどすべてのライトモチーフがすでにかなりはっきりとした形で登場してきている。しかも、複雑にからみあったそうしたモチーフがすべて〈さまよえるオランダ人〉というよく人口に膾炙した伝説を下敷きにした簡潔な構造をもった物語のエコノミーによって集中的に組織されているのである。一般的にワーグナーはこの物語の枠組みをハイネの『ノルデルナイ』（一八二六年）あるいは『シュナーベレヴォプスキー氏の回想』（一八三四年）に負っているとされており、しかもそこから出発して、さらにハイネが一八二七年にイギリスで見たエドワード・フィッツボールの劇『さまよえるオランダ人または幽霊船』にまでその物語の原型、とりわけわれわれがいま興味を集中させようとしている〈肖像画を見つめる少女〉という構成の原型を遡って追うことができるようだが、[★2] しかしいま、われわれの論述はそのような間テクスト的な研究の方向に進む余裕はない。〈肖像画を見つめる少女〉という構成がその起源においてすでに〈劇〉の文脈から出発していたらしいということが確認されればいいのであって、そのうえでわれわれは、このワーグナーの作品から、あらためてひとつの――おそらくは時代的に一般化可能な――劇的モデルとして、〈肖像画を見つめる少女〉の構造を取り出しておきたいのだ。すなわち、われわれは、このあまりにロマンティックなワーグナーのオペラのうちに、近代的な表象装置のひとつの原型的なあり方を再認識しようとしているのである。

その装置をわれわれは、すでに〈投影《プロジェクシオン》〉の装置と名づけておいた。つまり、〈対象―表象―主体〉という表象についての基本的な三項図式の構造とは異なって、むしろ対象は不在であり、そしてそれゆえに表象が限りなくイマージュとして現われるような構造、表象が対象の現前の代行としてあるのではなく、むしろ対象とも主体とも異なるもうひとつの不可視の光源からの投影像であるような構造、結局は、十九世紀末の映画の発明によって、われわれにはすっかり馴染み深いものとなった投影的光学のトポロジーなのである。われわれは暗い空間のなか、まさに〈カメラ・オブスキュラ〉そのものであるような空間のなかにいる。そして、われわれの背後から差し込む一条の光が、前方のスクリーンに投影するイマージュを見ている。だが、イマージュはどこからやって来るのか。それは、対象の側からやって来るというより、主体の側から、しかし主体が見ることのできないその背後からやって来るように思われる。表象の向こう側に――それが虚構であれ、錯視であれ――対象の現実があるのではなく、言い換えれば、表象はもはや〈窓〉なのではなく、少なくとも原理的な構造としては、主体の想像性の権域に属しているのである。

これを、われわれは、〈対象―表象―主体〉という透視図法の装置が、その技術的な原理として要請していた三項のあいだの同一化の操作が崩れて、対象‐客観的なものと主観的な、あるいは想像的なものとのあいだに分裂そして差異が起こるのだと理解することもできるだろう。実際、ここにはさまざまな種類の分離や差異が走っている。表象を見る主体の眼差しと、表象を作り出す光とが、けっして完全に一致することなく、つねにズレてしまうことによって、透視図法的な表象原理が打ち立てたなめらかな関係に突然にひびが入り、それまで一体であると見なされていた多様な次元が互いに独立的に分離するのである。主体も表象も、もはや関係のなかの単なる一項ではなく、そうした絶えざる差異や葛藤の場となり、そしてそのことによって、かえってきわめて強い同一化の運動が生み出されてくる。同一化はもはや技術的な次元にとどまっていることはできず、ほとんど狂気じみた情念と結びつき、パトスの過剰な強度となって作用するのである。

言い換えれば、投影（projection）は投企（projet）を誘発するのであり、それが〈モデルニテ〉と呼ばれもする近代的な制度の根底に潜む倫理‐政治的な主体の基本的な構造のひとつであること――それこそわれわれのここでの作業仮説にほかならない。

実際、〈オランダ人〉という文字通り不気味な存在の接近そして登場という異様な出来事はあるにしても、しかしそれだけでは『さまよえるオランダ人』という作品の劇の中心線にはなりはしない。この劇の軸線は、疑いもなく、ただ若い女ゼンタが一枚の肖像画を見つめるその強迫的な眼差しのうちに、そしてあらゆる共同体の掟を突破しながら、冒頭からまさに荒れ狂う外部の空間として定位された〈海〉へとまっしぐらに突き進み、そこに身を投げる彼女の投企の身振りのうちにあるのだが、この投企を支え、貫いているのはなによりも死への、そして終わりへのパッションの強度なのである。「死（終わり）に至るまでの誠をわたしは贈ります！」――ゼンタが繰り返して言うように、ここで問題となっているのは単なる〈愛〉であるよりはむしろ〈誠〉、いや、それ以上に〈死〉あるいは〈死（終わり）に至ること〉である。ここで願われ、欲望されているのはただひとえに〈死〉であり、というのも〈オランダ人〉とはまさに呪いによって、すでに死んでいながら永久に死を奪われている存在であるからだ。彼を救うことは、彼に死を与えること、つまり彼にみずからの死を贈ることを意味する。すなわち、みずからの終わりへと投企しつつ、最後の審判の日まで続くはずのすべての歴史的な時間を完成し、それを終わらせることを意味するのだ。

とするならば、ゼンタが、一度も会ったこともない男のあの「黒い髯、黒い服の青白い顔の肖像」を夢見るように見つめているとき、彼女はある意味では、みずからの死がそれと不可分であるような死というものに見入っているのだと言ってもいいかもしれない。それは、彼女が〈オランダ人〉を愛するのだとしても、それはほとんどみずからの死を愛するように愛するということである。糸を紡ぐ女たちのその労働の空間のなかにあって、ゼンタはただひとりそうした生の原理とは対極にあるような死の空間を見つめている。ワーグナーは、水夫たちと糸を紡ぐ女たちの群を併置することによって、まさにこの時代の現実のドミナントである〈労働〉の空間を鮮やかに舞台化しているのであり、この〈労働〉とそれからの解放である〈祝祭〉が交替しあう共同体のリズム――それにワーグナーはなんという新鮮な、力強い音楽形態を与えていることだろうか！――を背景にして、まるでそれを引き裂く閃光のように、共同体にとっての外部、生にとっての死、現在の時間にとっての終わりの時間、そして人間の大地にとっての海が浮かび上がってくるのである。

「ぶんぶん回れ、陽気な紡ぎ車、元気よく回れ、回って紡げ、たくさんの糸を！」――ほかの女たちが手の動きにあわせて陽気に歌うあいだに、ゼンタはひとりもはや死のイマージュにほかならないその肖像を凝視し、そしてその歌とは別のもの、別の音、別の声に耳を傾けている。しかし、間違ってはならないが、そのときゼンタが聞いているのはけっして〈オランダ人〉の声ではないのだ。その肖像、そのイマージュは、言わば死の沈黙のなかに沈んでいるのであって、けっしてゼンタに話しかけたりはしない。そうではなく、そのときゼンタの耳が捕らえているのは、むしろたとえば荒れ狂う海の音、あるいは幼年時代から——ひょっとしたらそのずっと以前から——幾度となく繰り返し聞いた物語の声、台本に則して言うのなら、〈さまよえるオランダ人〉の伝説を語るマリーおばさんの声なのである——「あなたからあの歌を何度聞いたことかしら!」。

すなわち、これは理論的にきわめて重要なことなのだが、この投影の装置においては、眼差しと声とのあいだにある決定的な分離が起こる。主体はそこに投影された表象を見つめるのだが、しかしその表象と主体のあいだには、言語的なコミュニケーションは成立してはいない。主体は、対象あるいは他者との対面に基礎づけられたコミュニケーションに対して開かれた話す主体として定位されるのではなく、むしろ一方的に表象を見つめる存在、そして前方からではなく、後方からやって来る反復的な語りに耳を傾ける存在としてあるのだ。

声は後方からやって来る。このことは多くの場合、看過されがちだが、しかし映画的な投影装置においてもっとも重要なことは、おそらくそこで眼差しと声とが決定的に引き離されるということである。絵画を前にしてならば、かつてミシェル・フーコーが語ったように、絵画と主体のあいだの空間は執拗な呟きや囁きで満ちているのだと言うこともできるだろう。主体はそこに、みずからの呟きの言説をひそかに忍びこませることもできるだろう。ところが、映画の場合は、無声映画であれ、そうでないのであれ——いや、無声ならばなおさらのことなのだが——映像を前にしてわれわれは完全に言葉を失うことになる。絵画を前にした沈黙の空間はわれわれにとってはは慰めだが、映像を前にした沈黙は耐えがたい。そして、その沈黙を埋めるのはけっして主体の呟きの声ではなく、映像を見つめる主体以外の者の声、「他者」の声でなければならないのだ。★3

「他者」——結局、それこそが、とりあえずわれわれが『さまよえるオランダ人』から出発して練り上げようとしている投影装置モデルの賭金である。だが、われわれはすでにこの論の冒頭で、〈オランダ人〉が共同体にとっての、あるいは生にとっての絶対的な他者性として現われてくることを指摘しておいた。そうであれば、ここで、理論的な厳密さのためには、他者という言葉の二重性をはっきりさせ、その二重性に沿ってわれわれのモデルを再定義しておくことが必要だろう。すなわち、一方には、スクリーン上のイマージュがある。それは、他者のイマージュであり、また、既知の対象に送り返すのではなく、むしろ世界に亀裂を入れるという意味において他者性として規定されるようなイマージュである。それは、主体の前にあるのだが、しかしそこに現前しているというよりは、非現前していると言うべきであるような他者、そのことによって主体との対面的なコミュニケーションの可能性から外れているような他者である。だが、それだけではない。

ジャック・ラカンであれば、まさに〈小さな対象的他者〉と呼んだにちがいないそのようなイマージュとしての他者だけではなく、彼が〈大文字の他者〉と呼ぶようなもうひとつの「他者」の契機が言わば主体の背後にある。それは、小さな他者とは異なって形象的でも、実体的でもなく、どこにあると位置決定することができず、主体の視覚からつねに逃れていくような「他者」である。それは、小さな他者を凝視する主体にはけっして現前しない「他者」なのだが、にもかかわらず、それはある同じ物語を、あるいは法を、反復強迫的に主体の背後から語り続けるのであり、そのようにして主体を想像的なイマージュと物語的な言語との分離の閾の上に位置づけるのである。それは言わば、スクリーン上の小さな他者のイマージュがそこから投影される背後の不可視の光源のようなものだと言ってもいい。一枚の肖像画が、われわれが述べてきたような絶対的な他者のイマージュとなるためには、なによりもそれが物語を通して、物語によって投影されなければならなかったのである。★4

こうして、われわれは、透視図法をモデルにした表象図式〈対象―表象―主体〉に対して、映画的投影に依拠したもうひとつのモデルを〈表象（イマージュ）―主体―「他者」〉という図式によって定式化することになる。すなわち、透視図法モデルが〈もの〉の表象に関わるものとするならば、投影モデルはあきらかに心的な表象に関わっており、言わば表象作用の間主観的な構造がそこでは問題になっているのだ。だが、だからと言って、

――これまでの議論ではっきりしているはずだが――ここで言う「他者」とはけっして〈他人〉というカテゴリーの延長にあるような対象的なものではない。そうではなくて、それは、あくまでも主体の側にあり、しかしつねに主体の眼差しから逃れてしまい、主体がその存在を認知できないような声の契機なのである。われわれはこの「他者」をさまざまな別の名で呼ぶこともできる。たとえば、「宿命」と呼ぶこともできる。「宿命」が「マリーおばさん」の肉声を通じてゼンタにこの物語を言いつけ、彼女をこの物語に従わせると考えることもできる。「欲望」と呼ぶこともできる。「良心」あるいは「法」と呼ぶこともできる。あるいは、死が語るということが認められるならば、それを「死」と呼ぶこともできるのだ。

しかし、そうならば、われわれはむしろ、それを端的に「無意識」と呼ぶべきではないか。実際、「無意識」こそ――まさに主体の「他者」として――「宿命」、「良心」、「法」、「死」、「欲望」、「言語」などが不可分に連帯しあう概念、しかもまさにイマージュ的なものと言語的なものとの分離ないし亀裂にその根拠を置く概念ではないのか。まさに、そうにちがいない。ただし、われわれは「無意識」の構造から出発してこの投影のモデルを考えようとするのではなく、むしろ逆に、投影の構造から出発して、そのひとつの――しかしまことに強力な――効果として精神分析を考えたいのだ。

というのも、ある意味では、精神分析は一人の女によって――いや、もしそれが言いすぎならば、ほとんどゼンタと同類であるような幾人かの女たちによって――生み出されたとも言えるからである。すなわち、「無意識の理論」としての精神分析を確立したのはたしかにフロイトであり、またその確立のためには、夢の解釈理論、父をめぐる自己分析、フリースとのあいだで交わされた手紙を通じての疑似分析関係、あるいは「科学的心理学草稿」に残されているようなニューロン神経学の応用などいくつかの異なったファクターの協働が必要であったことも疑いないのだが、しかしそうした理論化を主導していたのは、なによりもヒステリーの症例、そしてそれに対する療法であったのだ。すなわち、精神分析の成立においては、理論があって、それが療法を規定したのではなく、まず療法があり、そしてそれが理論化を要求したのであって、しかもその療法は――医者からの働きかけや偶然の発見などがないわけではなかったにしても――むしろ患者自身が与えたもの、あるいは患者の症候自体のうちに内包されていたものであったとも言えるのだ。

この点に関してまったく特異な例、しかも圧倒的な重要性をもつ例は、一八九五年にフロイトとブロイアーの共著の形で公刊された『ヒステリー研究』に収められた「ミス・アンナ・O」の症例である。それは、そこに収められた五件の症例のなかで唯一ブロイアーの報告になるものだが、しかし年代的にも、そしてそれ以上に原型的な構造の鮮やかさにおいても、まさに他に先立つ「第一例」という場所にふさわしい症例である。つまり、そこには精神分析の〈起源〉があるのであり、しかもその起源の場面においては、一人の若い女が後に「精神分析」と呼ばれる機構のすべてをひそかにブロイアーに、そしてブロイアーを通してフロイトに贈り与えるのが見られるように思われるのである。★[5]

すなわち、もしヒステリーに関する精神分析の根本的な原理を「言語化することによって、心的な幻覚あるいは肉体的な麻痺から解放される」ということにあるとするならば、そのもっとも基本的な定式が開示され、実践され、いや、発明されたのは、――フロイトの『夢判断』のおよそ二十年も前、またワーグナーの『さまよえるオランダ人』の初演からは三十年近くも後――アンナ・Oと呼ばれるウィーンの若いヒステリー患者によってであった。しかも、彼女自身がその療法を、きわめて正しく――しかも外国語で！――〈talking cure〉（談話療法）、あるいは〈煙突掃除〉と名づけていたのである。〈煙突掃除〉と言われているのは、ほかでもない、彼女が日中の欠神状態のうちで苦しめられた不吉な幻覚が堆積され、貯溜されて彼女の自由を奪ってしまう、それを夕方の催眠状態のうちで言語化し、物語化して表白することによって、言わば貯溜していたエネルギーが吐き出され、精神状態が軽快するからである。言い換えれば、あたかも視覚的なイマージュと言語のあいだ、眼差しと声のあいだに壁がある、というより、みずからの肉体がその壁になっているのであり、その壁に穴をあけ、交通を保証しなければならないというわけなのだ。

このようなことが可能になったのは、彼女がはじめからつねに白日夢を追うような文字通り夢みがちの性格であったこと、彼女自身の言葉によれば自分のうちに「わたしだけの芝居小屋」を抱えていたことが大きい。言わば、「第一状態」と呼ばれる現実的な対象空間と「第二状態」である想像的な投影空間の二つがはっきりと区別されて現われており、しかもその両者を、きわめて規則的なリズムによって交互に行き来することができるような特異な心的配置をアンナ・Oはもっていたのである。そのことによって、彼女は自分の苦しみがそこからやって来る幻覚的な投影空間の原理そのものを、その苦しみを癒す療法の原理へと転化することに成功する。いくつもの試行錯誤を経ながら、後に、〈長椅子のトポロジー〉として完成させられるような精神分析にとってのもっとも基本的な分析空間の原型がそこでは素描されているのだ。つまり、主体（Sujet という言葉の多様な意味作用をここで想起すべきだろう）は、ほとんど催眠状態に近い意識コントロールの低い状態で、長椅子の上に横たわっている。そして、目の前の心的なスクリーンに浮かび上がるイマージュについて、それがどんなものであれ、言語化して語ることを求められている。そして、その物語に耳を傾ける分析家がそこにはいるのだが、しかし分析家はけっして主体＝患者の前にいるわけではない。彼は主体の後方、その背後にいるのであり、主体はけっして分析家の方を振り返ってはならないのだ。つまり、主体と分析家のあいだにはコミュニケーションがあってはならないのであり、それは、言い換えれば、分析家はきわめて厳密に、われわれの投影の図式における「他者」のポジションに位置しなければならないということを意味している。

おそらく、精神分析とは、最終的には、ただひとえに、投影空間の反転にほかならないようなこうした空間構造の発明に帰着するのであって、この〈長椅子のトポロジー〉を真面目に受け取らないようなすべての無意識の理論や実践は、その見かけにもかかわらず精神分析とは無縁のものかもしれない。〈長椅子〉という劇場あるいは映画館を離れては、その理論は、あるいは無意味な思弁になるかもしれないのだ。精神分析の厳密さとその困難は、この「他者」のポジション——つまり、本来はポジションなき「他者」の、しかしポジション——にあると言っていい。すなわち、そこには、〈転移〉という精神分析にとっての最大の問題があるのである。

当然のことだが、一八八〇年のブロイアーにそのような構造がわかるわけはなかった。彼の報告は、臨床医あるいは観察者としての彼の優秀さを証明しているが、しかし理論的には、なんらかの理由で貯溜されたエネルギーの解除という〈カタルシス理論〉の水準にとどまっており、たとえば後にフロイトが長いあいだの理論的な努力のはてに発見した〈抑圧〉あるいは〈抵抗〉、そしてそれと密接な関係がある〈転移〉というような事態に対する洞察力を欠いていた。そして、——とりあえず彼の報告を読む限りでは——アンナ・Oに対して自分が果たしている役割や効果についてはまったくナイーヴなままであった。すなわち、患者の性格について「性愛的な要素が発達していないことは驚くほどであった〔……〕彼女の生涯はわたしにはみんな見透かすことができたのだが、そこには恋愛するなどということはたえてなかったし、病気のためのおびただしい幻覚の中にも心情生活におけるこの要素はけっして浮かびでてきたことはなかった」と書きながら、しかしそうならば、かえってこうした性の要素の完全な不在はなにかを意味しているのではないか、と疑うことはなかったようだし、いまとなっては誰もがまず最初に考えることだが、彼女の症候発生のきっかけになった父親——その発病と死が病歴にメルクマールを刻んでいることはあきらかだ——と自分自身とが、ある構造において、同じ位相に置かれている可能性を考えもしなかったようである。ある意味では、そこにはすでにすべてがあった。だが、アンナ・Oのこの贈り物は、たしかにブロイアーに宛てて差し出されていたと思われるのに、かれはそれを受け取りながら、しかしその意味を受け取れず、結局はフロイトへと回送することになるのである。

だが、われわれの意図は、なにも現在の理論的枠組みから出発してブロイアーを批判することでもないし、また、この興味深い症例にもっと踏み込んでそれについての新しい解釈を模索することでもない。われわれとしては、とりあえずヒステリー的な投影空間からの反転的な変奏によって精神分析のもっとも基本的なトポロジーが導き出されることが確認できればいいわけだが、そのためにもこの症例の容易に汲み尽くしがたい豊かさのなかから、大急ぎで二、三のきわめて重要なポイントを指摘しつつ、その全体をもう一度、『さまよえるオランダ人』のゼンタの方へと、近づけ、送り返しておこう。

ヒステリー的投影においては、すでに指摘した眼差しと声との乖離、断絶からただちに現在という時間の不在が帰結する。つまり、アンナ・Oが正当に嘆くように、彼女には「時が失われている」のである。言い換えれば、――それこそ〈幻覚〉の定義にほかならないのだが――表象 - イマージュは現在の時間ではなく、現在の不在そのものによって引き起こされる連鎖状の反復的表象に属している。〈オランダ人〉が、永劫の反復という、時の不在、現在の不在、そして終わりの不在を生きなければならないのと同じように、ヒステリー患者は、現在の不可能性を表象の反復的連鎖として生きるのであるが、そのような表象の連鎖性が、アンナ・Oの場合には、まさに糸を紡ぐときのように、鮮やかにクロノロジックな線として現われるのである。

次に特徴的なことは、彼女の病状が進むにつれて、母国語の言語機能が解体し、ドイツ語が失われてしまうことである。彼女は、英語やイタリア語、フランス語などを話すようになる。言わば外国語というきわめてはっきりとした形で、彼女の精神が文字通り「他者」の言語によって支配されていることが見てとれるのである。すでに述べておいたように、「他者」の契機はさまざまなものによって占められうるのだが、しかしおそらく、それは本質的には複数の個人の関係網のなかに収斂するのではなく、ある種の共同性の境界にかかわるものであると思われる。〈オランダ人〉がゼンタにとっての絶対的な他者であり、その「他者」が共同体の外部を指示していたように、ウィーンで「清教徒のような気持ちをもった家族」のなかで暮らしていたアンナ・Oにとっても、その「他者」の軸線は言語の境界を超えて、――それがどのようなレベルのものであるにせよ――共同体の彼方へと延びているのである。

そして最後に、アンナ・Oが見る幻覚表象が、本質的には〈死〉の表象であったことをわれわれは指摘しておくべきだろう。「死者の頭をつけた父親」の幻覚がこの中心にあり、しかもそれは彼女が父親の看護をしていた時期と結びついている。つまり、彼女は、ちょうどゼンタと同様に――しかし方向は反対なのだが――、死へと進みつつある他者、「彼女が神のごとくあがめていた」父親を救うべき立場にあって、しかしある意味では、――強い自殺衝動にもかかわらず――ついにゼンタのようには、「あなたを誠で救う女、わたしがその女になるのです！」と叫ばなかった女なのである。

こうして、われわれは、投影のトポロジーの十九世紀的なあり方を、――大まかな仕方ではあるが――ゼンタからアンナ・Oへと続くヒステリーの構造のうちに辿ったことになる。ゼンタとアンナ・Oのあいだの差異は、おそらくそう見えるよりは大きくないのだ。前者が「他者」が語る物語を引き受けて、その物語のなかの登場人物――しかも来たるべき、待たれている登場人物――へとみずからを投企し、そのような投企的な同一化を通して〈愛〉を実現し、法の責任に応えようとするのに対して、後者は父親の上の死のイマージュを凝視しながら、しかしその死へと決意するのではなく、むしろそのような救済の行為の不可能性そのもの――それこそ麻痺や拘縮が意味するところだろうが――をみずからそのすべてを語り直し、みずから物語の発話者のポジションをとることによって克服する。どちらも、いわば眼差しと声とのあいだの決定的な差異あるいは断絶を、物語が可能にする〈転移〉によって乗り超えるのである。というのも、物語とは、ここではストーリーのことではなく、まさにさまざまなポジションのあいだの絶えざる〈転移〉の装置以外のなにものでもないからだ。それを聞くものから、語るものへ、もしくはそこで語られているもの、すなわち登場人物、そして主人公へ――ヒステリー患者に特有の、そして同時にその当時の〈モデルニテ〉の諸相に特有の硬直した、ほとんど死に至るまでのあの〈演技〉の必然性はそこから由来する。〈オランダ人〉を救うためにみずからの死へと身を投げるゼンタの行為はまさに〈演技〉としての行為である。だが、ワーグナーはまさに、〈演技〉にこそ〈真実〉があることに賭けたのである。

＊

一八九五年という年は、われわれが考えようとしている投影装置の歴史にとっては、忘れがたい年である。それは、すでに触れたようにフロイトの『ヒステリー研究』が出版された年だが、同時に、リュミエールによって映画の最初の興行的な投影が行なわれ、まさに投影のテクノロジーが大衆化されはじめた年である。あるいは、それに、翌年一八九六年のアンリ・ベルクソン『物質と記憶』の出版を付け加えておくことも可能かもしれない。すなわち、技術的、理論的な両面において、投影装置の近代的な完成があった年と考えることができるだろう。おそらく、時代の表面においてはそのあたりにある種のエピステーメの不連続線が走っているのであり、それを越えて投影の問題はまたあらたなステージへと転回するのだと思われる。

だが、こうした近代的な投影装置の原型的な記述にとどまるこのテクストの最後に、われわれが投影しておきたいイマージュは、そうした投影のあらたな展開についてではない。そうではなくて、ちょうどアンナ・Oの症例と時期を同じくする時代、つまり一八八〇年代初頭に書かれたあるささやかなテクストである。そのテクストは、奇妙にも、〈女たちとその遠隔作用〉について語る断片的テクストだが、それは、「私にはまだ耳があるのか？　それとも私は単なる耳にすぎなくて、それ以上のなにものでもないのか？」★6と書き出されている。耳はさまざまな〈咆哮・威嚇・叫喚・絶叫〉そして〈アリアのような洞声〉を聴いている。一個の耳が自然の物語を聴いている。すると、そのとき、突然に、そうして一個の耳にすぎないニーチェの前に、まるで〈オランダ人〉の幽霊船のような帆船が姿を現わすのだ——「〔……〕そのとき、突如としてである、さながら虚無から生まれたかのように、この混沌の迷宮の門前に、ほんの数尋を隔てたところに、——一隻の大きな帆船が出現する、——幽霊のように黙々とすべってゆく帆船が——。おお、この幽霊的な美！　なんという魅力でそれが私を捉えることか！」。そう、このアリアドネー＝ニーチェが言明するように、投影とは、〈actio in distans〉の一種であるにちがいない。

註

★1　後にあきらかにするように、これはリヒャルト・ワーグナー『さまよえるオランダ人』からの引用である。引用テクストは、高辻知義訳（『さまよえるオランダ人』新書館、一九八六年）を用いたが、ごくわずかに表記を変えたところもある。以下の引用もすべて同じ。

★2　『さまよえるオランダ人』の源泉《スルス》の交錯については、前掲書の巻末に収められた訳者高辻知義氏による「『さまよえるオランダ人』の上演と演出の変遷」に負うところが大きい。

★3　おそらく、こうした眼差しと声との分離というプロブレマティックのもとで、「音楽」の機能について考えてみるべきだろう。バイロイトでオーケストラが観客の眼から隠れてしまうほどピットを深く設計することにこだわったワーグナー。あるいは、誰もがもう不思議とも思わないのだが、映画におけるほとんど絶対的な「音楽」の必要性。そこには、かなり本質的な問題がある。また、映画において、眼差しと声の想像的な統一の虚構を裸にして、そのあいだが絶えずズレていくような〈シネマ・ディフェラン〉（差異の映画）を冒険したマルグリット・デュラスのようなケースを考えてもいいだろう。

★4　このような記述は、当然、誰にでも、あの〈S―a―a'―A〉というラカンの〈L図式〉などをあてはめてみたいという欲求を引き起こすだろう。筆者自身もそのようなことを考えないわけではないが、しかしとりあえずは、ここではそのような複雑化――一見、簡略化に見えてそれは途方もない複雑な手続きを必要とするのだ――をあえて試みる必要はないだろう。

★5　以下、われわれの記述は残念ながらアンナ・Oの症例を詳細に追っていく余裕はない。人文書院版『フロイト著作集』第7巻、一五三―一七七頁を参照されたい。

★6　ニーチェ『華やぐ知慧』断章六〇、訳は白水社版『ニーチェ全集』第I期第10巻、氷上英廣訳による。この断章については、デリダに『尖筆とエクリチュール』なる論文があることは周知の通りである。

II

インファンスとしての身体

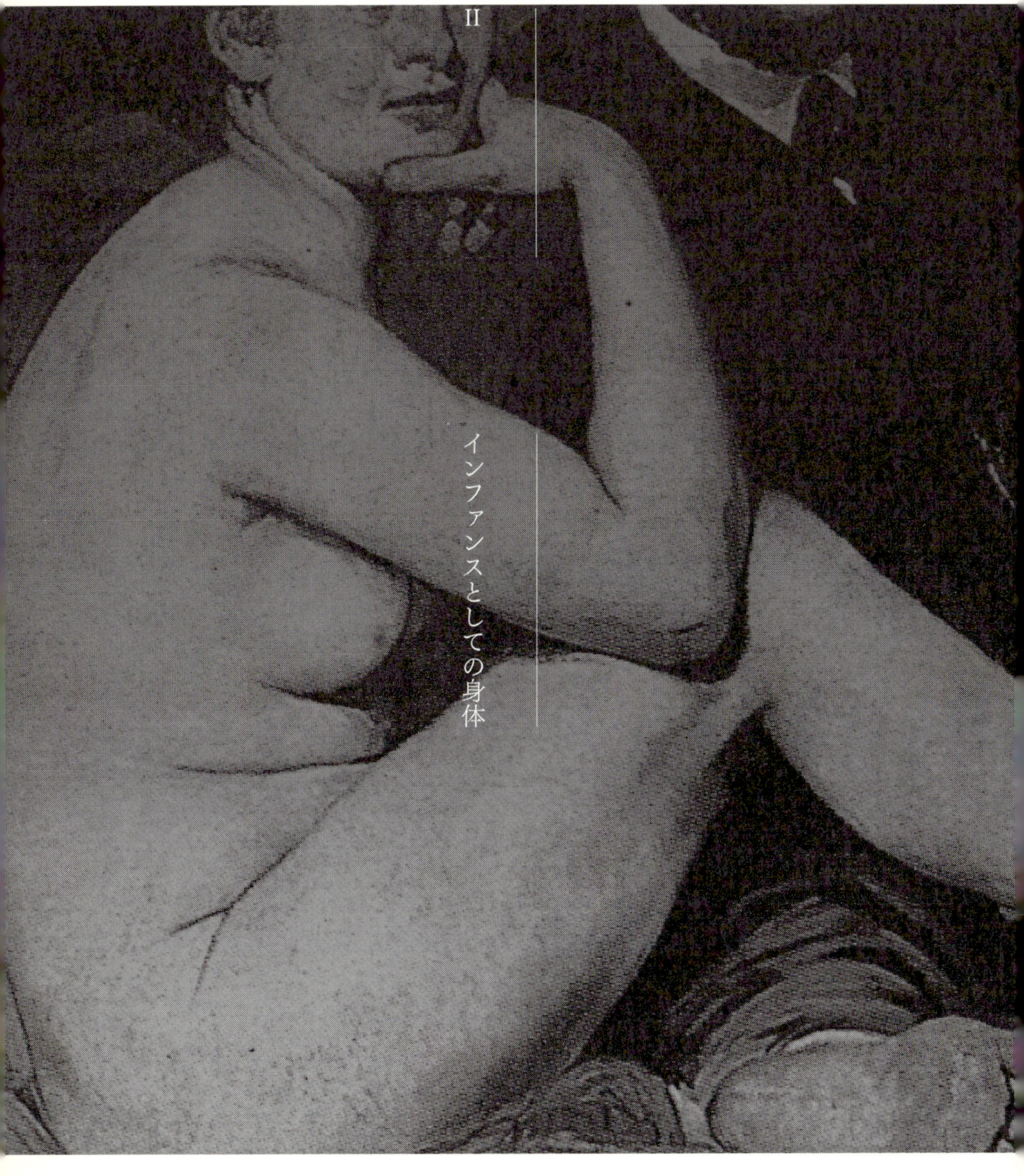

無の眼差しと光り輝く身体――フーコーのインファンス

身体――それはもろもろの出来事の記刻表面であり、〈自我〉の分解の場であり、たえず崩壊しつつある量塊です。
系譜学は身体と歴史との接合点にあります。
それは身体がすべてこれ歴史を記刻され、歴史が身体をこわしてゆくさまを示さねばなりません。★1

彼女については、あまりにも語られることが少なかった。

いや、それを彼女と言っていいのかどうか。むしろそれ、その身体――それについてはあまりにも語られることが少なかった。

とはいえ、それは、それがわれわれの眼から隠されているからでも、また、われわれの視界の周辺に位置しているからでもない。いや、それどころか、それは誰の眼にも明らかなように、その場処、その空間の中心に圧倒的な輝きをもって現存しているのであり、むしろその可視性があまりにも明白であるからこそ、もはや誰も特別な注意を払わず、また言説もあえてそれに触れようとはしないと言ったほうがよい。

実際、その場処、その空間についてのあれほど緻密で明晰な言説――われわれが知っているあの言説――もまた、それについてはほとんど何も語ってはいなかった。いや、それどころか、その言説は、あまりにも明白なそれの中心性がむしろかき消してしまい、目立たなくさせてしまっているもうひとつの中心、さらにはその外にあるような不在の中心を鮮やかに指し示すことによってわれわれを驚かせたはずである。言説は、それのまわりをちょうど――そこで用いられている同じ言葉を採用するならば――〈螺旋〉状にめぐりながら、しかし最後には、その空間の外に位置するある主体、至上の主体、しかし厳密には二重の意味で二重の主体を指し示し、名づけようとしていたのである。

二重の意味というのは、一方では、その主体が端的に権力の主体として現われて来ており、その限りでは、それはある歴史上の特定の権力主体を指し示すのだが、しかしまた、それは、より一般的にそれを見る眼差しの主体でもあるという二重性――まさにその言説が綿密に構造化した二重性――に加えて、もう一方では――それはまさにその言説がまったく考慮していないように思われることなのだが――少なくとも身体としては、あるいは身体の表象としては、その主体は、きわめて単純な事実として、一人の男性と一人の女性との二重の表象として提示されているからなのである。

事態をもう少しはっきりさせよう。すでに見抜かれてしまっていることではあるだろうが、われわれがこうして語りはじめているのは、ミシェル・フーコーが『言葉と物』という西欧の古典期以来の表象関係に捧げられたあの膨大な仕事の冒頭に、ほとんどその仕事のすべてを予告し、暗示し、集約しているような巨大な中心紋として召喚したベラスケスの「ラス・メニナス」についてである。この絵画は、

(1)そこには絵画を制作中の画家自身の姿が描きこまれていること。つまり、作者と作品との関係自体が表象されていると同時に、また、絵画という表象そのものも――われわれには画布の裏側しか見えないという可視／不可視の巧妙な戯れを通じてであるが――表象されていること。

(2)また、絵画の外に位置すべき「見るもの」が、――フーコーの読解に従うとして――画面の中心に位置する鏡の作用によって表象されていること。それが絵画を見るわれわれの視線であれ、また、その画面が表象する舞台を見ていたであろう王と王妃の視線であれ、「見るもの」の眼差しを表象していること。

(3)そして、その眼差しが、まさしく王の眼差しであり、権力の眼差しであること。つまり、表象と権力との相互的な関係そのものがそこに表象されていること。

といった複合的な諸要素をひとつに備えていることによって、ほかに類のないエコノミックな仕方でひとつの時代――けっしてわれわれが完全にそこから脱しているわけではないひとつの時代――の表象関係を表象する一種のメタ表象となることができたのであった。フーコーの独創的な問題設定によってはじめて浮かびあがってきたこの絵画のエピステモロジックな射程に関しては、誰もフーコーがあれほど明晰な言説を通してなしたこと以上のことを引き出すことは難しい。そして、われわれがここで企てることも、必ずしもフーコーの議論を、その同じ水準において再検討することよりは、むしろより控え目に、ただその言説が、あまりの自明性ゆえに、あるいは逆にある種の盲目性ゆえに、かえって取り扱いかねて、そこに置き去りにしてしまったひとつのトポスをふたたび指し示し、それに光を当てるというだけである。

だが、光というならば、それはすでにいっぱいに光を浴びているではないか。それこそが、画面の色彩の明度からも、また構成からも、その中心にあってわれわれの視線のすべてを取り集めているではないか。そして、疑いもなく、それこそがこの絵の第一の主題（＝主体）sujet ではないか。

しかし、奇妙なことに、主題を指し示すべきタイトルも実は、それを直接的に名づけようとはしていない。ラス・メニナス、侍女たち――あきらかに、それはそれの、彼女の侍女にほかならないのでありながら、しかしこうした換喩的構造のなかでそれの名は隠され、排除され、没してしまうように思われる。だが、このように言うからといって、われわれはけっして性急にこの絵が、そしてそれが端的に「マルガリータ姫」と呼ばれるべきだと主張しているわけではない。光に照らされてそこに立っているのは、たしかにマルガリータ姫として同定しうる人物であるだろう。だが、この絵は、ベラスケスが多く残している王の家族のそれぞれの肖像画というカテゴリーに属するものでないことはあきらかだ。「ラス・メニナス」というタイトルが正当に明示しているように、この絵画が与えようと目指しているのは、これこれの人物の肖像ではなく、まさにひとつの光り輝く中心を取り囲む空間、多様な人間関係によって織りなされたその空間そのものにほかならない。侍女も芸人たちも侍従も、いや、犬も、画家自身も、そしてさらには王と王妃すらもが、そこでは、実は、その空間の単なる一要素なのである。すなわち、ある意味では、権力の中心としての王や王妃すらもが、画面の中心とはいえ、その空間のもっとも奥にある暗い鏡の表面の弱々しい反映としてしか表象されえないような空間がそこでは描かれているのだと言ってもいいかもしれない。そして、その空間の中心には、マルガリータ姫がいる。いや、そうではなくて、ひとつの無垢で、輝かしい身体、コドモの身体、インファンス★2の身体が立っている。(図7参照)

そうではないか。誰にでもあきらかなことだが、この絵画の魅惑がやってくるのは、まずは、侍女や廷臣や芸人や画家や侍従たちに取り囲まれたこの輝かしい中心が、まさに無力でいたいけな存在、コドモの身体によって占められているということではないだろうか。すなわち、われわれはそこにただ、十七世紀中頃のスペイン宮廷の人物群を見るだけではないのであって、同時に――衣装の違い、文化の違いを超えて――王あるいは王女としてあるコドモの身体の栄光を見るのではないだろうか。

フーコーの記述を利用しよう――「王女は頭を絵の右のほうにまわしているが、彼女の上半身と衣装の大きなひだ飾りは心もち左側に流れている。けれども視線はしっかりと、絵の正面にいる鑑賞者の方向にむけられる。画面を左右二つの等しい部分に分割する中線は、彼女の二つの眼のあいだを抜けるであろう。その顔は絵全体の高さの三分の一ほどのところにある。そこには、疑いもなく、コンポジションの中心となるテーマがひそんでいる。つまり、この絵の対象そのものがそこにあるのだ。さらにその事実を証明し強調するためでもあるかのように、作者は伝統的な形象の助けをかりる。中心人物のわきに、ひざまずき王女を見つめている、もう一人べつの人物が配されるのである。ちょうど祈りをあげている寄進者か、〈聖処女〉を祝福する〈天使〉ででもあるかのように、ひざまずいた付添いの女は、手を王女のほうへ差し出している。彼女の表情は、完全な横顔としてくっきりと截断される。それは子どもの顔と同じ高さにある。傅育掛の女は王女を見つめ、王女しか見つめてはいない。もう少し右によったところで、べつの侍女が、彼女もまた王女のほうに向き、心もち王女のほうにかがみこんでいるのだが、その眼ははっきりと前のほう、画家と王女のすでに見つめている場所に注がれている」。★3〈聖処女〉を祝福する〈天使〉――だが、この〈伝統的な形象〉の構図のなかにあって、しかし王女の姿は、むしろ〈聖処女〉であるよりは〈天使〉にふさわしい。フーコーは「主題」sujetという言葉を避けて、絵画の「対象」objetあるいは「テーマ」と言うのだが、たしかに疑いもなく、このコンポジションの中心にあるのは、権力によってではなく、まさに誇張法的に言うのなら、文字通り〈in-fans〉〔コトバなきもの〕であるその無垢によって中心を占める無名の、無邪気で輝かしい身体なのである。

当面のわれわれの作業にとっては、こうしてフーコーのいくつもの重要な仕事のうちのひとつを集約的に図示しているように思われるひとつの光景、ひとつの表象の光景のうちに、あまりにも自明な現前でありながら、かえってそれゆえに限りなく言説の言葉から逃れていくように見えるほとんど天使的な光り輝く身体が見届けられれば充分であるのだが、しかしまた、このように「コンポジションの中心となるテーマ」そして「この絵の対象そのもの」があらためて見出された以上は、――たとえ当初われわれがみずからに与えた限界を超えてフーコーの議論の全体に対して批判＝危機的な関係を結ぶことになるのだとしても――もう一度それを、フーコーが記述した絵画とその外部との関係のなかに置き直してみないわけにはいかない。

すでに引用した部分からもはっきりと読み取れるように、フーコーの議論のすべては、最終的には、われわれが見るこの画面上の人物たちが見ているのはいったい誰かという問いにかかっている。そして、それは、ここで画家がその肖像画を描きつつあるフェリペ四世国王と王妃マリアーナである――それが、フーコーの答えであり、同時に美術史上の定説でもある。だが、もし「コンポジションの中心」を占めるこのインファンスの身体が、絵画とその外部の関係においても中心的な位置を占めうると考えるならば、そのときには、画面の人物たちが見つめているのは、そして絵画を含んだこの表象空間全体の中心にいるのは、王と王妃ではなく、まさに王女マルガリータがそれであるインファンスの身体だという仮説もけっして不可能ではないと思われるのである。そして、その場合には、まさに王と王妃を画面の前の特権的な場所に立たせようとする議論が空間の奥に鏡を必要としたように、今度も鏡が必要となるだろう。そして、その鏡は、今度は、画面のなかの一表象としての鏡ではなく、まさに画面全体がそれである鏡、画面全体を映し出す鏡であるだろう。すなわち、そのとき、画家は、王と王妃の肖像画を描いていて、そこに王女が訪れたのではなく、まさに王女を中心として、画家自身を含んだ人物群を——鏡の効果を通じて——描いていることになるだろう。つまり、画家はまさしくこのタブローを描いていることになるだろう。

図7 ベラスケス「ラス・メニナス(宮廷の侍女たち)」

こうした仮説の根拠と帰結とを簡潔に列挙しておこう。

(1)まず、なによりも指摘しておきたいことは、たしかに同じ場所を見つめていると思われる王女マルガリータ、向かってその右側の侍女イザベル・デ・バレスコ、そして画家自身の視線が、そこにいる王と王妃に注がれているにしてはあまりにも低い位置に向けられているということだ。それは、あきらかに王女の眼と同じ高さのなにかに、つまり正確に王女の鏡像がありうる位置に向けられている。ただし、右側のイタリアの芸人たちの一人である小人のマリーバルボラの視線は、より高い場所を見つめているが、しかしそれは、——もし画面全体が鏡像の効果だとすれば——実は、驚くべきことにまっすぐに画家ベラスケスに向けられているように思われる。

(2)こうした仮説によってはじめて王女の姿勢ないし表情の不思議な魅力が説明される。フーコーも指摘していた彼女の身体の軸と頭部の軸のずれは、まさに姿勢を変えずに鏡に直面するときにわれわれがとる一般的なポジション以外のなにものでもない。また、少しすましたような、誇らしいようなその表情は、父親と母親の前に登場したときというよりは、むしろ鏡に映ったみずからの姿を見つめるときの幼児の、ということは根源的なナルシシズムの表情であるだろう。

(3)すなわち、王女はモデルである王や王妃を訪れたところというよりは、むしろ王女自身がモデルであると考えるべきだろう。実際、その形姿は、ウィーンの美術館にある「五歳の王女マルガリータの肖像」とよく似通っている。彼女は、肖像画に描かれるべく晴れの衣装を身に纏っているのであり、また、この幼い子がモデルとしてじっとしていることができるように、小人の芸人たちまでが動員されたと考えるほうがよく状況と合致するだろう。右端の小人のニコラシート・ペルトゥサートが犬の背に足を載せていることからもわかるように、状況の全体的な雰囲気は、至上の権力の前に出頭した臣下たちというよりは、長時間のポーズに倦んでむずかる子どもを必死に慰め、なだめている侍女たちのものであろう。

(4)ということは、絵筆を握った画家がその前に立っているタブロー、われわれにはその表面を見ることができないタブローに描かれつつあるのは、けっして王と王妃ではなく、むしろ王女マルガリータ、いや、それだけではなく、まさにこの絵が表象しているその全体だということになる。画家は、いま、われわれが見ているこの絵を描きつつあるのだということになるのだが、そのきわめて単純な状況証拠は、そこに描かれたタブローの大きさである。それは画家の身長よりもはるかに大きく、あきらかにベラスケスが当時描いていた肖像画のサイズを圧倒的に超え出ている。前述した「五歳の王女マルガリータの肖像」のサイズは八八センチであり、実際には王と王妃という二人のカップルを描いた肖像画は残されていないので厳密にはわからないにしても、二メートルを超えるような肖像画は描かれていないように思われる。すなわち、高さ三メートルはあろうかと思われる画面上のこのタブローに匹敵するのは、実は、三一八×二七六というサイズをもつこの絵だけなのだ。

(5)だが、そうならば、あの奥の「鏡」はどうなのか。だが、それは「鏡」なのだろうか。たしかに、そこには鏡の反射に特有の光の効果が現われているようにも見える。しかしながら、ここには、たとえばかの有名なファン・アイクの「アルノルフィニ夫妻」における鏡のようには、その反射像の対応物を画面の他の部分に見出すことができない。すなわち、王女の位置から「鏡」までの距離を考慮するならば、それが、中間にあるいっさいのものを映さずに、ただ画面のはるか手前に位置するはずの王と王妃を極端な接近像で映し返すということはきわめて困難で、非現実的であるように思われるし、そうでないにしても、この「鏡」は少なくとも画面のなかではまったく鏡の機能を果たしていないのだから、それを単なるひとつの図像とみなすこともできるだろう。★4 すなわち、それは、その壁面の他の部分を埋めているのと同じく、額装された一枚の絵画、ベラスケスの肖像画の多くがそうであるように上方の隅に赤いカーテンをあしらった一枚の肖像画だと考えることもできるのだ。こうして「鏡」だと思われていたものが絵画となり、そして絵画の画面だと思われていたものが、実は、鏡像を通して描かれた像だということになるのである。

鏡と絵画とのあいだの密かな交換関係に同じように依拠していながら、しかしいわばフーコーの精緻な分析が明らかにした表象関係の反転像であるようなこうした読解を、われわれは必ずしもフーコーの分析に対する異議申し立てとして提出するのではない。というのも、二つの読解は両立不可能だが、にもかかわらず両者のあいだの決定不可能性においてこそ、単なる表象関係には還元できない絵画の真理があるとわれわれは考えるからである。

フーコーの読解は、われわれを絵画という表象の外へと連れ出す。いや、より根源的に、フーコーにおいては、表象とはなによりも外との関係によって統御されているものとして考えられていると言うべきだろう。そこには、もっともラディカルなフーコーの思考があった。表象は、そして言語は、なによりも徹底して外によって貫かれた空間として実効的、実定的《ポジティヴ》に存在している——おそらく、多様な領域にわたるフーコーの仕事の全振幅をこの恐るべきテーゼの変奏的な展開として理解することは不可能ではないはずだ。表象そして言語は、われわれ人間の主体的な意思を超えた非人称的で超越的な自律的な組織ないし編成に従っており、しかもその組織、編成を通じて外の力がわれわれの存在をあますところなく貫いている。あるいは、逆に、われわれは、表象や言語を通じて、たえず「歴史」に、「制度」に、「知」に、……そして「死」に曝され、「外」の眼差しに曝され、そうした「外」の力によって貫かれている。すなわち、われわれはフーコーによって、歴史や制度や知——そして性までも——が、われわれに内属するものではなく、「外」に属するものであること、それらが言わば「外」の眼差しの場であることを、深い戦慄とともに学んだのだ。だが、誤解のないように言い添えておけば、そこで言われている「外」とは個人には属さないにしても、たとえば上部構造としてなんらかの共同体の記憶に属するというような実践的な惰性体などではない。言い換えれば、それは輝かしい生の瞬間を生きたあとに訪れる不活性化され、化石化され、廃墟化された死の構造などではない。そうではなくて、それは言わば、ただ一度もそれとして現前化され、生きられはしなかったにもかかわらず、むしろそれゆえに、つねにいかなる生よりも生き生きとしているような死、眼差しであると同時に光であるような死なのである。

「この本の内容は空間、言語および死に関するものである。さらに、眼差しに関するものである」★[5]――『臨床医学の誕生』の序の冒頭に掲げられたこの簡潔な告知は、けっしてこの本だけにあてはまるというものではない。それは、むしろ古典期の狂気、十八世紀末から十九世紀初頭にかけての臨床医学の誕生、古典期以来の人間諸科学の組織と編成、監獄の誕生、さらには性現象の歴史的変遷といったそれぞれのプロジェクトを貫いているフーコーのもっとも根源的なプロブレマティックの宣言であると考えるべきであろう。空間、言語および死――そして、それとは切り離されて、あたかもその三つの項にそれが拮抗するかのように、「眼差し」が言われている。フーコーの思考とは、あるひとつの特異な眼差しの思考である。それは、空間、言語および死を透かし見る眼差し、いや、それだけではなく、それ自体が空間、言語および死であるような眼差し、そのようなものとしてアルケオロジックな眼差し、そして――こう言ってよければ――無の眼差しなのである。そこに、フーコーの思考におけるニーチェとハイデガーの決定的な刻印★[6]を読み取ることはおそらく間違いではないだろう。無の眼差しとは、まさしくニヒリズムの眼差しである。それは、――いつからだろう?――西欧文化の中核に巣くうそのもっとも本質的な随伴者としてのニヒリズムの眼差しなのだ。フーコーは、言わばもっとも能動的な仕方で、西欧の運命と言っていいそのニヒリズムを極限化する。ハイデガーが言う〈無の子午線〉★[7]の方へ、そこから危うくニヒリズムが全面的なポジティヴィスムへと転化するような無の究極の方へと極限化する。そして、その作業を、フーコーはなによりもそのニヒリズムの眼差しの誕生そのものを確認し、記述し、そうしてそれに歴史的な実定性《ポジティヴィテ》を与えることによっておこなうのである。

　実際、『臨床医学の誕生』は、けっしてただ単に、臨床医学というひとつの学問領域の成立史なのではない。そうではなくて、それは、ひとつの眼差しの誕生についての問いかけ、しかもその同じアルケオロジックな眼差しを通じての問いかけである。そうして、歴史のなかにひとつの「外」の窪みが穿たれたその出来事への問いかけである。そのことは、結論のなかにはっきりと書かれている。すなわち、その仕事は、まさに「西欧人は、自己の死に対する解剖ということにおいてのみ、自己自身を科学の対象として眼前に据え、自己の言語の内部において自己をとらえ、その言語において、また言語によって、自己に陳述的な存在を与えることができる」★8ようになったというその無の出来事、科学的な実定性の成立を可能にしたその無の眼差しの到来を記述したわけなのだ。フーコー的なアルケオロジーとは、西欧文化の公準となっている言説的な、制度的なあらゆる実定性に問いかけつつ、それを「外」から貫いている無の眼差しそのものの〈アルケー〉――充実した〈起源〉Ursprungというよりはむしろ〈現出〉Einstehung★9――をあきらかにしようとする思考なのである。

だが、そのうえで、あえてわれわれはこの無の眼差しがいったい何を見つめていたのか、あるいは、この「外」とはいったい何に対しての外なのか、と問うことが許されるだろうか。すなわち、彼が「この本の内容は空間、言語および死に関するものである。さらに、眼差しに関するものである」と言うとき、そこにひとつの言い落しがなかったかと問うてみてもいいだろうか。すなわち、そこでもまた、あまりにも自明であるひとつの言葉、すなわち〈身体〉という言葉が発せられないでしまったと、そしてそれは『臨床医学の誕生』というあからさまに身体――まさに屍体としてある身体――を対象としていた言説に限ることではなく、むしろフーコーの仕事の全体にわたって、死、狂人、牢獄、医学、政治、性、知と至るところでまさに身体こそが問題となっているにもかかわらず、しかしその言説は、むしろみずからを無の眼差し、身体なき眼差しに同化させ、しかもその眼差しについてみずから語ることによって、結局は、ついに直接的に身体に触れようとしなかったのだと言ってもいいだろうか。

だが、言うまでもなく、それは身体が排除されているということではない。むしろ逆に、そのまわりを螺旋状に取り巻くように紡がれる言説の糸がつくりあげる繭のなかに、密かにいっそう深く、無疵の輝かしい身体、物言わぬ身体が隠匿され、保護されるかのように思われることが問題なのであり、そこにわれわれは、フーコーのすべての仕事がそこから立ち上がってくる根源的にして特異なオブセッション、すなわち言説ではなくエクリチュールとしての根源的な危機、フーコーという特異な作家のエクリチュールを可能にしたある種の原・光景を見出すことができるように思うのだ。

フーコーの原・光景――そう、それこそ、結局は、われわれが「ラス・メニナス」に、そしてフーコーによるその読解に読み取ろうとしたものなのだ。すなわち、その絵画をその画面の外に位置するひとつの眼差し、ほとんど身体をもたない、しかし権力として、主体としてある眼差しとの関係において読もうとするフーコーの読解が、そのあまりの自明性のゆえに、無疵のまま触れずにおいた光り輝く身体をわれわれの読解はあえて指し示そうとするのである。フーコーの記述においては、彼の言う〈奥の鏡〉に現前しているのは、単に一個の身体ではなく、対になった二つの身体であるにもかかわらず、しかしそうした身体の二重性はけっして取り上げられることはないので、というのも、その眼差しはなによりも「外」の眼差し、その不在によって、まさにわれわれ鑑賞者があらためてその場所を占めることができるような身体をもたない眼差しにほかならないからである。ところが、その眼差しが見つめているもの、そして絵画がまっさきにその可視性を祀ろうとしているもの、それは、あくまでもひとつの身体、言葉をもたず、そしてそれゆえにいっそうの輝きに包まれているようなひとつの――根源的な意味で――幼い身体、インファンスの身体なのである。

フーコーの「ラス・メニナス」の読解は次のような言葉で閉じられていた――「おそらくこのベラスケスの絵のなかには、古典主義時代における表象関係の表象のようなもの、そしてそうした表象の開く空間の定義があると言えるだろう。事実、その表象は、そのあらゆる要素において、すなわち、そのイマージュ、それがみずからを曝している視線、それが目に見えるものとしている顔、それを生み出している動作とともに、みずからをこの絵のなかで表象しようと企てているのだ。だが、そこでは、表象がその全体を取り集めて、繰り広げているこうした分散状態において、あらゆるところから断固としてひとつの本質的な空白が指し示されるのだ。その空白こそ、表象を基礎づけるものの消滅——表象がそれに類似するものと、その眼には表象が類似物にすぎぬところのものとの、必然的な消滅にほかならない。この主体（＝主題）そのもの——それは同じものである——が、かき消され、省略されたのだ。そして、みずからを鎖でつないでいたその関係からついに自由となって、表象は純粋な表象関係として示されることができるわけである」。★10

こうして、純粋な表象関係が断言されるその瞬間、そしてその純粋性があくまでもある主体の空白によって記述されるその瞬間、ということはフーコーが古典時代の表象関係を完全に記述すると同時に、その同じ身振りによって、「外」としての主体をはっきりと指し示すその瞬間に、しかしわれわれはあえて、おそらくはいかなる表象関係にも還元されえないひとつの身体の現存を指摘したいのだ。なぜならば、空白の位置にいる王も王妃も、われわれ鑑賞者も、そして——われわれの仮説に従うのならば——画家も侍女も王女自身すらもが見つめているのは、なによりもその輝かしいインファンスの身体であるからだ。インファンスとは、言語という「外」の暴力をいまだ知らない根源的なイマジネールの身体であるのだが、ここでは、あたかもその輝かしいナルシシズムの運動、同じもの（le même）ではなく同一化（identification）である運動の光のなかに、画家の眼差しも、また現前しているのであれ不在なのであれ、王や王妃の眼差しも、そしてその絵を読もうとするフーコーの眼差しもわれわれの眼差しも、ともに巻き込まれてしまうように思われるのである。

そして、そこから出発して、われわれは——ほとんど一個の夢想として——フーコーのエクリチュールが、言語と本質的な共犯関係にある「外」の眼差しと光り輝く身体との密やかな、ほとんど共犯的な相関関係によって統御されていたと考えたい。そしてそのアルケオロジーが身体を取り巻き拘束する空間のさまざまな力学を明らかにするにつれて、しかしいっそう、その空間の奥に、まさに彼自身のそれにほかならないひとつの身体が隠匿し保持されたと考えたいのだ。

アルケオロジックな空間は、ひとつの輝かしい身体を隠していた。そして、フーコーは最後まで、けっしてこの身体を言葉によって暴こうとはしなかった。実際、フーコーはなぜ『黒と表面』というきわめて魅力的な表題すら決まっていたマネについての本を仕上げることがなかったのか。★[11] マネの「笛を吹く少年」が「ラス・メニナス」の王女の身体の後継者であり、また「フォリー・ベルジェールの酒場」がその全面的な鏡の効果によって、「ラス・メニナス」の空間を受け継いでいることはあきらかだ。一九七〇年の来日時の講演を含めて、いくつもの講演で取り上げられ、しかも膨大なメモも残されていたらしいマネ論がなぜ書き上げられなかったのか。あるいは、あらゆる人々の期待を裏切って、『性の歴史』は第一巻と第二、三巻のあいだできわめて苦渋に満ちた、ほとんどストイックとも思われるような転回を古代ギリシアに向けておこなうことになったのか。とりわけ、一九七六年に出版された第一巻の『知への意志』の裏表紙に予告されていた第二巻『肉体と身体』がなぜ放棄されたのか。

言うまでもなく、このような問いに対する有効な答えなどありはしない。だが、こうしたいくつかの徴候を通して、われわれはそこに七〇年代以降のフーコーが、ますますみずからのエクリチュールの奥深くにひとつの身体を埋め隠していく傾向にあることを感じ取るのである。彼は性を語り、性現象を語りながら、しかしついに性の身体を語ることをみずからに禁止してしまう。あるいは、身体を語りそこなってしまう。そこには、フーコーの沈黙のモラルとでも呼ぶべきものがあり、その沈黙を通じて、逆にひときわ光り輝く身体への彼の憧憬の強度が際立って現われてくるのである。

こうして、身体をそのなかに位置づけ、それに禁止と限界を課す多様な空間を、堅固な論理と緻密な実定性をもとに、まったく未聞のやり方で分析し記述しながら、しかしそのエクリチュールを通じて、彼はひとつの身体がそこであたかも消滅したかのようにそれについては沈黙をまもり、しかしそのことによっていっそう、ひとつの身体の栄光を確保したのではないだろうか。そのエクリチュールははじめから終わりまで、徹底して、ひとつの身体の運命を生きたように思われるのだ。

註

★1 この言葉は、豊崎光一によってフーコーの言葉として書かれたものである。すなわち、ドゥルーズ、フーコー、リオタール、クロソウスキーなどのニーチェ理解を彼らの発言として整理し組み立てた論文「ニーチェ劇場——内と外」(『砂の顔』小沢書店、一九七五年所収)からの引用。ただし、原文は「肉体」という言葉が用いられているのだが、ここでは拙論の趣旨に従って、それを「身体」という言葉に置き換えた。

★2 インファンスについてはSerge Leclaire, *On tue un enfant*, éd. du Seuil, 1975(小林康夫・竹内孝宏訳『子どもが殺される——一次ナルシシズムと死の欲動』誠信書房、一九九八年)を参照のこと。それは、人間が言葉を獲得し、社会化されるために、たえず殺し続けなくてはならない根源的なナルシシズムの形象である。

★3 Michel Foucault, *Les mots et les choses*, éd. Gallimard, 1966, pp. 27-28. 以下、この書物からの引用は、邦訳(渡辺一民、佐々木明訳『言葉と物』新潮社、一九七四年)に依拠するが、必要に応じて適宜、語句を変更したところがある。

★4 画面奥の王と王妃について、鏡とは「図像ではなく、機能なのだから」、それは「鏡ではない」と言ったのは、岡崎乾二郎である。大澤真幸、岡崎乾二郎(対談)「固有名の諍い:2」(Idee Press『Frame』第一号、一九九〇年、八七頁)参照のこと。この対談における岡崎乾二郎の「ラス・メニナス」読解を受けて筆者も、「ラス・メニナス」読解を試みた(「『ラス・メニナス』再説:〈表象の表象〉から〈時間の創設〉へ——岡崎乾二郎氏への手紙」、Idee Press『Frame』第二号、一九九一年、一〇九—一一三頁)。本論の論旨は部分的には、そこで論じられたものと重なるところがある。

★5 Michel Foucault, *Naissance de la clinique—une archéologie du regard médical*, P. U. F., 1963.(『臨床医学の誕生』神谷美恵子訳、みすず書房、一九六九年)。

★6 フーコーが若いときに、ニーチェとハイデガーを読んだことについては彼自身の証言がある——「私の哲学的生成のすべてが、私のハイデガーの読解によって決定されました」(ミシェル・フーコー「道徳の回帰」、『ミシェル・フーコー思考集成』X巻、二〇八頁、筑摩書房、二〇〇二年)。

★7 ハイデガー『有の問いへ』柿原篤弥訳、理想社、一九七〇年を参照のこと。

★8　Michel Foucault, *Naissance de la clinique*、前掲訳書、二六六頁。
★9　豊崎光一「砂の顔――『アルシーヴ』と『文学』」(前掲『砂の顔』、一〇八頁)を参照のこと。
★10　Michel Foucault, *Les mots et les choses*, op. cit., p. 31.
★11　たとえば、ディディエ・エリボン『ミシェル・フーコー伝』田村俶訳、新潮社、一九九一年、二五八頁を参照のこと。

インファンスの光学——エクリチュールの身体

ランプの孤独な明るさに照らし出された白紙の白さ、そのうえに誰のものとは知らず一個の右手の影が落ち、その影がそれよりももっと深い漆黒の夜の黒さで、解読可能なのか不可能なのか、謎めいた文字を綴っていく——時代がかわり、道具立てがかわっても、やはり原・光景だと言っていいだろう。書くことの原・光景。エクリチュールの原・場面。ただし、間違えないように強調しておかなければならないが、これはあくまでも原・光景、つまり一度もそれとしては現前しなかったかもしれないような光景である。夜の闇のなかの明かり、孤独な、ほとんど非人称的な右手、それが握っている尖筆、そして〈白さに護られた空虚な白紙〉（マラルメ）——こんな光景がそのまま現前したのではない。しかし、また、それだからこそ、誰が、どのような状況において書こうが、もしそれが真正のエクリチュールであるのならば、それはつねにこのような光景を原・光景としてもっている、と言わなければならない。そして、どんな書くことにおいても、結局は、こんな光景、こんな光の場面が密かに回帰してきているのだと言わなければならない。

エクリチュールの原・場面であるこんな光景においては、しかし不可思議なことがある。たとえば、そこではいったい誰が書くのか。社会的に認知されたこれこれの固有名で指示される人物だろうか。そうだろうか。それにしては、——この真正のエクリチュールにおいて——書く者は、まるで言葉をコントロールできない者のように、口ごもり、吃り、唸り、叫び、そして沈黙するではないか。まるで自分が書いていることが何かわかっていないひとのように、あるいは書くことができないことを書いているひとのように。書く右手は社会的な成熟を蒙っていない。それは、まだ社会的な固有性、その記号的な同一性を知らないまるで幼いコドモの右手のようなのだ。その幼い右手が、ちょうど幼児の無動機の執拗さがそうであるような執拗さとともに、自分にもよく理解できない何かを書き続けているのである。

そこには奇妙な転倒がある。書くことができるためには、われわれはよく言葉を識っていなければならない。音声言語ばかりではなく、それを書き写す文字言語を十分にコントロールすることができるのでなければならない。ところが、書くことがただ単に情報を伝達したり、意味を産出したりするだけではなく、ただ〈書かなければならない〉という誰のものでもない命令に従うだけの無償の、しかし限りない行為となるやいなや、――ということは、真正のエクリチュールがはじまるやいなや――その行為のなかに、まだ言葉を識らない、音声言語すら識らない以前のコドモの存在、コドモの〈声〉が密やかに回帰してくる、というのである。

言うまでもなく、ここで要請されているのは、きわめてパラドキシカルなロジックである。つまり、生成のロジックにも存在のロジックにも属さないような本質的なパラドックスを内包したロジックである。つまり、ある決定的な限界線――たとえば〈死〉――をすでに超えてしまっている領域に、権利上もはや存在しないはずのそれ以前のものが残存し続け（〈生き延び〉）、あるいは〈回帰〉してくるというわけである。こうしたロジックの困難は、ただひとつ、そこで回帰してくるものが、はたしてほんとうに〈それ以前のもの〉であるのかどうか、誰にも、どんな方法によってもけっして決定できないということである。それはすぐれて未決定性のロジックなのであり、そして実は、それこそがこのロジックの強みでもある。すなわち、この未決定性は、ロジックを不可能にしてしまうどころか、まさにそれゆえにこれが、たとえば弁証法といったいかなる時間的な総合にも回収されることなく、限りない反復、執拗な反復、完成なき反復というエクリチュールの運動に論理的な表現を与えることを可能にするからなのである。

想像してみよう。たとえば、文学的なものであれ思想的なものであれ、それぞれのエクリチュールにおいて問題になっているのは、それぞれある固有のコドモの誕生なのだと。カフカのエクリチュールにおいてはつねに〈世界への到着〉すなわち〈誕生〉が問題になっていると指摘していたのはギュンター・アンダース★[1]だったか。それは、たえず失敗し、しかし失敗するからこそたえずやり直され、反復されなければならない誕生への企図だった。同じように、どのようなエクリチュールも、最終的には、言葉を知らない、コトバ以前の感覚的な、感性的な存在を、言葉によって、ということは同時に法によって貫かれた倫理的世界へと――ある決定的な痛みや外傷を通して――誕生させようとする企図なのだと考えなければならない。

　コトバを知らない〈infantia〉の状態から、語ることを余儀なくされ、自分に先立つ法に従うことを余儀なくされ、そうして表象へと運命づけられている言語＝世界へと、たえず失敗し続けながら誕生しようとする。すなわち、精神分析の言葉で言うのなら、セルジュ・ルクレールが言うあの〈素晴らしいコドモ〉、つまり第一次ナルシシズムの無垢の還流状態から、エディプスの三角関係の地獄へとたえず誕生する、ということは、まさにたえず殺されて誕生するコドモである。★[2]ルクレールは、人間の共同体のもっとも恐るべき、そしてもっとも秘められた共同幻想は、コドモ殺しであることをはっきりと指摘している。エディプスの悲劇の背後には、もうひとつのより恐るべきコドモ殺しが隠されている。すなわち、いまだ口のきけないインファンスが、（母親の）黄金のピンの留め金でその踝を刺し貫かれ――そこからオイディプスというかれの固有名が由来するのだが――辺境の荒野キタイロンに遺棄される。コドモの共同体への誕生――その名の登録――は、そのまま共同体によるコドモ殺しを含意しているのだ。コドモはただ単に、周囲に全面的に依存するその無力によってのみみじめなのではない。それだけではなく、コドモは、共同体のなかに誕生するために、共同体の法で踝を刺し貫かれて、遺棄され殺されなければならないからこそみじめなのだ。コドモとは、そうした恐るべき共同幻想の上にはじめて成立しているわれわれの共同体のみじめさ、その残酷さの証でもあるのだ。

　とすれば、われわれはここで、テーバイのインファンスの踝を刺し貫き、そのコドモの殺害＝誕生を促し、かれにそのような名を与えたこのピンという尖端物が、エクリチュールの原・光景においては、謎めいた文字を書き込む尖筆の尖端のうちに回帰してくるのだと考えてもよいだろう。そして、さらに、それは、たとえばリオタールが『インファンス読解』★3で分析しているカフカの物語「流刑地にて」のなかのあの書き込み機械、つまり身体の表面に死の判決を書き込む「ガラスの針を装着した〈馬鍬〉」の尖端のうちにも回帰してくるのだと。誕生への判決と死への判決とは、おそらく別のものではない。それは、エクリチュールの場面のなかではたえざる反復的な回帰において一致するのである。

それは、マラルメ的なエクリチュールの光景に翻訳しなおすならば、こういうことだ。永遠のインファンスであるイジチュールが、夜の孤独のなかで、ペンを握っている。そして、その尖った尖端で、結局は自分の名であり、自分の判決にほかならない盲目の文字を刻んでいる。オイディプスは自分の名が何を意味しているのか、知らなかった。自分の踝の傷が何の痕跡なのか、知らなかった。そしてかれを遺棄した母であり、しかも妻であるイオカステは、自分の子＝夫の身体の傷と名とを理解しなかった。身体を見はしなかった。オイディプスの悲劇のいっさいはこの無知、無視、この盲目にかかっている。そこでは身体は読み解かれてはいない。身体はあたかもいかなる痕跡も外傷もない無垢で、無辜の白紙のように、いまだ存在しないものであるかのように扱われている。害をなしたはずの者も、害をなされたはずの者も、罪に値する出来事がその白紙に先立っていることをけっして理解しようとはしないのだ。そして、その純白の潔白さに護られた白紙の身体のうえに、王であるオイディプスは、判決を下そうとするのだが、実は、かれが下す判決は、かれがけっして読解することができなかったみずからの名にほかならない。そして、かれはみずからの名を書き込む。そうすると、潔白の表面に護られていたはずの身体は、実は、みずからのすでに深々と傷を刻み込まれていた身体であることが判明してしまうのだ。

白紙とは、だからある意味では、その全体的な無垢の幻想のもとで捉えられたインファンスの身体の表面である。あるいは、白紙のもと、この無原則的な書き込みの可能性のもとで、インファンスの純粋な身体性が回帰してくると言ってもいい。だが、すでにそれが回帰してくるという事実、回帰せざるをえないという事実そのものが、それが純粋で無垢なものとしては存在しえないことを証明している。そんなものはありえないからこそ、すべてに先立ってすでに傷が刻まれているからこそ、まるでけっして赦されない罪、けっして弁済しきれない負債のようにそれは回帰してくるのだ。

　こうしてインファンスという問題系が提起されるときのもっとも重要なポイントにわれわれはさしかかることになる。それは、感覚的なもの（美学的なもの）と倫理的なもの（道徳的なもの）とのあいだの曖昧な、未決定的な関係である。感覚的なものと倫理的なものとはけっして同じものではない。その両者を混同し同一化することは、おぞましいことであろう。にもかかわらず、感覚的なものと倫理的なものとを完全に分離することはできない。純粋に感覚的なものがそれとして存在するわけではなく、また、純粋に倫理的なもの、純粋な法がそれとして存在するわけではない。むしろどのような倫理も感覚的なものに、無力で受動的な身体に触れなければならず、またどのような感覚的な美学もすでに共同体的な倫理に先立たれていないわけではない。共同体は身体に先立ち、しかし同時に、あらゆる共同体の法に対して無垢で無辜のインファンスの身体が先立ってもいるのだ。エクリチュールとは、そのような本質的に曖昧な場所に身体を、インファンスの身体をふたたび、しかしあたかもそのつど初めてであるかのように、立たせること。「あたかも……である」ような幼児の身体を、ふたたび呼び起こすようにして立たせることなのだ。

　だが、おそらくインファンスというフィギュールをあまりにも強調するべきではないかもしれない。現実にこれとして確固と存在する対象であるわけではなく、あくまでもエクリチュールの想像的な原・光景のもとに召喚されたフィギュールをいつの間にか現実の幼児の形象に近づけすぎてしまわないように注意しておくべきかもしれない。それは、たしかにインファンスでもありうる。だが、同時に、——リオタールが『インファンス読解』の冒頭で言っているように★4——それは、ある場合には〈疑いなきもの〉であり、〈分節不可能なもの〉であり、〈私有不可能なもの〉、またある場合には〈秩序なきもの〉でもありうるのだ。それは、どのようにもありうる。それぞれの作家、それぞれの思考の特異性に応じて、それは別な名をもち、別なフィギュールをもち、そして別な反復のセリーを構成する。それぞれの身体が別の名、別の傷をもつように、それぞれのインファンスはそれぞれ異なる名をもつのだ。しかも、エクリチュールの原・光景のなかでどの契機のもとにそれが強く標識づけられるのか、それもまたそれぞれ異なっているのである。ある場合には、書く者の契機にかかわるだろう。ある場合には、書くペンの尖端にかかわるだろう。ある場合には、そこで語られるもの、その反復的な物語の内容にもかかわるだろう。そして、また、言葉が書かれるその宛て先、言葉の受信人にかかわる場合すらあるだろう。インファンスは神出鬼没である。それは決まった名と決まった場所ももたず、しかし執拗にひとつのエクリチュールにとり憑いては、そのすべての言葉が書かれる抵抗面を密かに準備するのである。

抵抗——そう、それは抵抗する。言葉に、表象に抵抗する。象徴的な支配や秩序化に抵抗する。そして、私有化や歴史的全体化に抵抗する。つまり、時間の意味支配に抵抗する。時間の回収に抵抗する。エクリチュールとはけっして現前しなかった時間の抵抗に限りなく身を委ねる行為であり、インファンスとは限りなく反復的に抵抗する身体の時間なのである。すでに死んでしまっているがゆえにけっして老いることのない限りない〈若さ〉——どのようなエクリチュールも、もしそれがベンヤミンが言う意味において真正のものであるならば、必然的に老いていく歴史の時間がけっして知らないインファンスの〈若さ〉をその根源にしているのである。

★註

★1 ギュンター・アンダース『カフカ』前田敬作訳、彌生書房、一九七一年。

★2 セルジュ・ルクレール『子どもが殺される——一次ナルシシズムと死の欲動』小林康夫・竹内孝宏訳、誠信書房、一九九八年。この訳書の「訳者はしがき」の冒頭で、筆者は、インファンス理論の根底にある「死」あるいは「一次ナルシシズム」について簡単な解説を書いている。本論を補う意味で、ここにその一部を採録しておく。

《フロイトが無意識という名のもとに人間の心の根源的な次元を明らかにしたときに、言うまでもなく、その無意識が「性」で満ちているということが人びとに大きな衝撃を与えたが、しかしそのスキャンダルの背後にもっと重大なスキャンダルが隠されていて、それは——ある意味ではフロイト自身にとっても、またかれに続く多くの精神分析理論家にとっても多大の「抵抗」なしには受け入れることができなかったような事態なのだが——人間の心の根底にすでに、「死」があるということである。

だが、「死」があるとはどういうことか。

フロイトの無意識の理論ははじめは、あくことなき性の欲望、生の欲動とそれを抑圧しつつ、かつ表象あるいは身体表象の組織を通じて密かに、無意識的にそれを実現する経済的な心的装置についての理論であった。だが、よく知られているように、「快楽」ないしは「快感」をその原則とするこうした、ある意味では、きわめてポジティフな心の在り方の「彼方」にそれとは全然異なるもうひとつの原則が働いていることをフロイトは感じ取り、それを「死の欲動」という名のもとに理論化しようとしたのである。だが、そこにはいささかの混乱がなかったわけではない。

ここでは十分な展開を与えることができないが、わたしの考えでは、その理論的な混乱は、大まかに言ってまずは、フロイトが「死」というものをあくまでも状態として、つまり無機物のような心的エネルギーがゼロの安定状態として考えていることからくる。つまりどれほど極限的であれ、「死」は心の一状態であり、心に内在するものというわけである。だから、そこでは「死」へと向かう運動は、あくまでも「生の欲動」がそうであるような心の運動ということになる。すると、奇妙なことに、それはつねに緊張という苦痛を低減させる方向に働く「快感原則」との区別が曖昧になり、ついには「快感原則は実際には死の欲動に仕えているように見える」ということになってしまうのだ。

だが、フロイトをこうした「快感原則の彼岸」へと導いていった最大のファクターは、「反復強迫」という現象であったはずである。そこでは、「死」は「反復」という相貌のもとでとらえられていた。すなわち、ひょっとしたらそこで考えられなければならなかったのは、どれほど極限的であろうとも、心の一状態などではなく、むしろ心の内的欲動ですらなく、むしろ外からの、ということは「死」という、まさに「生の外」からの絶えざる、強迫的な反復にほかならなかったのではないだろうか。

すなわち、あるなんらかの主体があって、それが一方では「生の欲動」をもち、他方では「死の欲動」をもつということではないのではないか。つまりそれは「欲望」の秩序に属するものではなく、むしろ「生」や「欲望」の「外」からやってきて、それを絶えず反復的に横断していく恐るべき“pulsion”（あるいはTrieb）として考えるべきなのではないか。そして、われわれの「生」、われわれの「性」は、

──状態としてではなく──この流れ行く時間というものを本質的に欠いた（それこそ「死」の定義だ）この力に決定的に先立たれているのではないか。そしてさらに、われわれの「生」はまさに、この定義上、けっして始末することのできない、つまりけっして（すでに死なのだから）殺すことのできない「死」をそれでも殺し、それを一度は忘れ、それを見ないようにすることではじめて成立するのではないだろうか。

われわれは──ということは「われわれ」という言葉をこのように使うことのできるわれわれは──いわばけっして始末することのできない「死」を殺すことによってはじめてこの世界、この共同性に開かれた世界を獲得したと言えるのかもしれないのだ。おそらく精神分析理論の言説というのは、ただ単に人間の「性」の根底的な力学を明らかにするだけではなく、そのもっとも深奥において、われわれにとっての世界の成立の出来事を物語っているのである。》

★3　ジャン＝フランソワ・リオタール『インファンス読解』小林康夫他訳、未來社、一九九五年。本論考は、当初、この訳書の訳者解説として書かれたものである。

★4　同書、p. 5. リオタールは書いている──「これらさまざまな文章が苦しみながら宙吊りにしているそのモノはさまざまな名、しかも省略の名をもっている。カフカはそれを疑いなきものと呼ぶ。サルトルは分節不能なもの、ジョイスは私有不可能なものと呼ぶ。フロイトにとっては幼児的なもの。ヴァレリーにとっては無秩序。アーレントにとっては誕生だ」と。この言い方を借りるなら、本書の前章まで次章で、われわれはそれがフーコーにとっては、──そしてわれわれにとっても──「身体」だということを言おうとしたのである。

胸の白いコサージュの上の赤い花飾り、頸の周りの黒い縁取り、コルセットによって締めつけられてくびれた腰、きらめく金髪、下に降ろした二本の腕、だが、それ以上に画面の中央に直立してじっとこちらを見つめているまっすぐな眼差し——そうした要素が、われわれの曖昧な記憶のなかで、遠くから、というのも二〇〇年以上の時間の隔たりがあるのだから当然のことなのだが、彼女をもうひとりの、もっと幼い彼女に送り返す、ということがあるかもしれない。しかも、そのどちらの場合でも、彼女たちが存在しているのは、なによりも鏡の前なのであり、そのどちらでもまさにその鏡の空間と眼差しこそが問題であるのだ。

もっと幼い彼女、それはわれわれが先に〈インファンスの身体〉として記述したことがあるスペインの王女マルガリータである。そして、その制作年が一六五六年頃だから二〇〇年以上も前の王女のフィギュールにわれわれの眼差しを送り返すのは、一八八〇年頃のパリのフォリー・ベルジェールのバーのバーメイドのフィギュールである。とはいえ、われわれはなにも、このマネの最晩年の傑作である「フォリー・ベルジェールのバー」(一八八一—八二年)がベラスケスの「ラス・メニナス」の写しや変形であると主張したいわけではない。すでに述べたこと以外にも対応する要素をいくつか数え上げることができないわけではないし、そうした数え上げの作業が、「ラス・メニナス」にはあれほどはっきりしていながら、「フォリー・ベルジェールのバー」にはそれとしては現われていない、しかし決定的な意味をもち得るであろう画家自身の不在を浮き彫りにしてくれるだろうことは疑いないが、しかしそうしたことが意味をもつのは、あくまでもミシェル・フーコーという人間の思考を媒介にしてのことなのだ。

いまさら言うまでもないが、「ラス・メニナス」はフーコーの『言葉と物』という仕事全体が、それを中心にして結晶化したその可視性の核、その中心紋であった。いわば一枚の絵画が、その絵画の中央に描かれていることになっている鏡のように、『言葉と物』という膨大な書物の全体の図式を写し出していたわけだが、その「鏡」に、——フーコー自身の作業の展開に従って——われわれはもう一枚の「鏡」、もう一枚の絵画、すなわち「フォリー・ベルジェールのバー」を対置しようとしているのだ。

すでに、ディディエ・エリボンによる伝記★1でも触れられているように、フーコーは持続的にマネの絵画に興味を抱いており、『黒と表面』というタイトルで一冊のマネ論が書かれる予定になっていた。またかれのパートナーであったダニエル・ドゥフェールの証言によっても、フーコーが、「マネの師トマ・クチュールのアトリエで使われていた、光に関する概説書や教本から採られた引用やメモを書きつけた幾百もの紙片の集積」★2が存在したことも知られている。しかし、最終的にはこの本は書かれなかった。ただ、『ミシェル・フーコー思考集成』第I巻★3に収められた年譜によれば、すでに一九六七年のローマでの講演を皮切りにして、七〇年秋の東京での講演、同年十一月のフィレンツェでの講演、そして翌七一年五月のチュニスでの講演などでマネが主題として取り上げられているだけである。ところが、ドゥフェールがこれらの講演の「幾つかは記録され、保存されている」と明言しているにもかかわらず、マネに関する講演は『ミシェル・フーコー思考集成』のなかにひとつも収められていない。東京における講演の記録も失われたままなのだ。だが、チュニスで行なわれた講演は、その記録が八九年に『レ・カイエ・ドゥ・チュニジ』誌に発表されている。★4記録としては曖昧なところもあり、全面的には、信頼のおけるテクストとは言い難い部分もあるが、しかしとりあえず残されている唯一の資料であり、以下では、この資料を参照しながら、フーコーにとってのマネの絵画の意味を考えることにしたい。

I

表象・空間・物質

まずは、問題となっているフーコーの講演テクストを読まなければならない。欄外の註は、それが一九七一年五月二十日、タハール・ハッダド・クラブにおける講演をラチダ・ツリキ夫人が起こしたものであることを明示しているが、しかし講演に必ず含まれるであろうプロトコールの言葉などはなく、一挙に本題に入っていることからしても、多少、整理されたテクストであることがわかる。だが、いずれにせよ、その内容は明確で、フーコーの主張を汲み取るには、充分な資料となっていると言っていい。

フーコーは、講演を次のように始める――「マネは、美術の歴史、とりわけ十九世紀の絵画史において、絵画表象のテクニックとモードに変革をもたらし、その変革が、十九世紀後半の絵画史の前面を占める印象派の運動を可能にした人物として知られています」★5と。しかし、――フーコーはすぐに続けて言うのだが――マネのその変革は、ただ印象派の先駆者としての意義に集約されるものではなく、実は、クアトロチェント以後の西欧絵画の表象原理そのものを問い直して、そこにまったく新しい表象原理を導入したのである。そして、その新しい原理は、印象派どころか、はるかにそれを超えて、現代絵画の全領域にまで及んでいるのだ、と。この講演全体を貫くフーコーの論点はそこにある。簡単に言えば、フーコーは、マネのうちに、ルネッサンス以来の西欧絵画、いや、西欧の表象関係の根源的な変動の徴、表象関係の歴史的な不連続線、いわゆるエピステーメの断絶を読みとろうとしていることになる。つまり、ベラスケスの「ラス・メニナス」が古典期の表象関係の〈絵解き〉であったように、マネの絵画は、――フーコーがあえて使わなかった言葉をあえて使うならば――〈モデルニテ〉の時代の表象関係の特権的な〈絵解き〉という機能を果たしえたかもしれないのであって、それこそこの講演にわれわれの関心が向かう理由でもあるのだ。

では、マネの絵画が指し示しているこの断絶とは、どのようなものか？　フーコーは、次のように言う。

これらの変革は、結局、次のように要約できると思います。つまり、マネは、西欧芸術において、少なくとも、ルネッサンス以来、クアトロチェント以来、まさにタブローのなか、それが表象しているもののなかで、自分がその上で絵を描いている空間の物質的な性質を用い、機能させることをあえて行なった最初の画家である、ということです。もっとはっきり言うなら、こういうことです。十五世紀、つまりクアトロチェント以来、西欧絵画においては、絵画が、フレスコ画の場合のように壁とか、木の板、あるいは画布、ひょっとすると一枚の紙でもいいわけですが、そうしたなんらかの空間の断片の上に置かれたり、刻印されたりするものだという事実を忘れさせ、覆い隠し、巧みにかわすように務めることが伝統であったわけです。つまり、絵画は、みずからが多かれ少なかれ二次元で矩形であるこの表面に依拠していることを忘れさせようとし、クアトロチェント以来絵画が依拠していたこの物質的な空間を、表象された空間によって置き直そうとしてきたのです。〔……〕マネがなしたこと（少なくともマネが西欧絵画にもたらした変革の重要なアスペクトのひとつ）は、言わばタブローにおける表象されたものの内部で、それまでの絵画の伝統がそれを覆い隠し、かわすことを使命としてきた画布の物質的な諸特性、諸性質あるいは諸限界を出現させたことにあるのです。★6

マネの絵が、その後、現代絵画にまで及ぶいわゆる絵画の「平面化」aplatissementの先駆けであることは多くの論者がすでに指摘するところだし、また、たとえばかの有名な「オランピア」のように、その絵のなかの人物が見る者の眼差しを見返すような、スキャンダルの構図にあること、つまり見る者がみずからの「見ること」を意識せざるをえない構成になっていることなども、すでにいろいろな仕方で言われている。マネが、イタリア十五世紀以来の西欧絵画の根本的な原理に手をつけたことは、フーコーの議論を俟つまでもなく、ある意味では定説である。だから、ここでのフーコーの主張は、かならずしもそうした定説に異を唱えて、それを覆そうとするのではない。そうではなく、定説を、独自な仕方で、再解釈することによって、マネの絵画を、単なる美術史のなかだけではなく、もっと一般的に、表象関係の歴史における出来事として考えようとする。つまり、具体的には、表象の物質的な支持体 support としての空間とそこに表象されている空間との関係の問題として考えようとするのである。

すなわち、フーコーの議論の論点は、マネが、タブローが現実世界のなかのオブジェであることを、絵画のなかにくり込んでその表現を行なった、ということにある。表象世界の現実的な〈外部〉が、表象世界の内部にもちこまれており、つまりごく簡単に言えば、本来なら画然と分かたれているはずの表象とその表象が現実的な物質的存在であることとのあいだにくり込みの関係が生まれているということである。このくり込みは、フーコーによれば、三つの次元において起こっており、その第一は、画布の「表面、高さ、幅」といった物質的要素、第二は、「光による照らし出し」という要素、第三に見る者である観客の存在である。そのそれぞれについて、フーコーは全体で十三のマネのタブローを取り上げてスライドで投影しつつ、具体的な、実証的なコメントを加えている。

第一のグループは、初期の「チュイルリ公園の音楽会」から、「マクシミリアン皇帝の処刑」を中心にして「サン・ラザール駅」に至る八枚のタブローを集めるもので、そこでは、マネの絵画において、現実のタブローがそれである矩形の垂直線と水平線とが、画面のなかにさまざまな仕方で、反復され、多重化されていることが指摘されている。これは、誰もが言うことだが、マネの絵は、多くの場合、その背景が壁や茂みなど奥行きのない平面によって閉ざされている。表象空間は極端に狭く、しかもそれは、「フリーズ」frise あるいは「透かし模様」filigrane のような、いくつもの縦横の線によって区切られている。つまりフーコーの言うところに従えば、たとえば「ボルドーの港」の場合のように、「あたかも画布の繊維がそのまま現われて、その幾何学性を顕在化させているかのよう」なのである。しかも、――さらにフーコーの議論を追うなら――こうした表象された錯覚的な空間性を押し込み、消去し、無化して、画布の現実的な垂直・水平性を強調するマネの技法は、さらに、その極限において、画布の「表 - 裏」recto verso の提示へと至るという。つまり、「ビールの給仕女」や「サン・ラザール駅」がそうであるように、絵の中の人物がわれわれ観客に提示するのは、われわれには見えない「見るべきもの」がこの絵の空間の背後あるいは前にあることにすぎないというわけである。フーコーは言う――「絵は、結

図8 マネ「草上の昼食」

局のところは、見えないものしか語らないし、提示しないのです。正反対の方向を向いた眼差しを通して、絵の前そして後ろにあるなにか見えないものを指し示すだけなのです。絵の向こう側とこちら側には、二人の人物によって見られているふたつの光景があるのですが、しかし絵はそれを隠し、奪っているのです。〈表 - 裏〉の両面をもつこの表面は、可視性が顕在化する場所ではなく、それとは逆に、人物たちによって見つめられているもののタブロー上での不可視性を保証する場所というわけです」★7と。

第二の要素は、絵画の光である。絵画における光の解析の問題は、フーコーにとって特別な注意に値する問題であったことは確かであり、すでに述べたように、かれはマネの師のトマ・クチュールのアトリエで用いられていた教則本を研究していたわけだし、また、マネがそれに対して立ち向かったルネッサンス以来の伝統的な光の扱い方も勉強していた。実際、ここでのフーコーの指摘は繊細で、精密なものであり、たとえば、かの有名な「草上の昼食」(図8)においては、二重の照明システムが用いられている、という指摘などかなり独創的なものである。その二重のシステムとは、第一に画面の後景に明らかに見られるように、画面の左上の側面から差し込んでくる伝統的な光の使い方であり、フーコーはこれを「内部の光」と呼んでいる。それに対して、三人の人物からなる前景空間のなかの光は、どこからか差してくる光ではなく、まるで観客がいるタブローの正面から差してくるような陰影を欠いた光、つまり「外部の光」だとフーコーは言う。結局、マネにおいては、絵画空間の内部で側面から差し込み、そこに表象されたものに陰影を与える「内部の光」から、画面そのものに真正面から、つまり観客の位置から差す「外部の光」への決定的な転換が起こっていることがフーコーの主張であり、それを、かれは、人物の足下のわずかな影を除けば、ほとんど空間を感じさせない「笛吹きの少年」やその可視性がわれわれ観客の眼差しによってのみ保証されており、それゆえにあれほどスキャンダルとなった「オランピア」を通して実証するのである。

格子状の縦横の構図、閉ざされた空間、正面からの、外部からの光——こうした要素が結合されているのが、ベルト・モリゾ姉妹と男の三人の人物をバルコニーに配した「バルコニー」である。フーコーは、この絵をこれまでと同じような仕方でコメントを加えながら、しかし同時に、ルネ・マグリット――言うまでもなく、かれが直接に絵画について書いた唯一の論であるあの「これはパイプではない」を捧げた画家であるが――によるマネのこの絵のパロディーの作品に導かれて次のように言うのだが、それは、われわれには、こうした議論を通じてフーコーが辿り着こうとしていた場所についての貴重な指標であるように思われる。(図9・10参照)

(画面の奥の)闇と(画面に正面から差す)光の境界に三人の人物がいて、かれらは言わば空中に宙吊りになっており、ほとんどなにもないところに浮かんでいるかのようで、実際、ベルト・モリゾの妹の小さな足は、ちょうどジョットーの「マントの贈与」のように、空中に吊り下がっています。すなわち、人物は、闇と光のあいだ、内部と外部のあいだ、室内と外光のあいだに宙吊りになっているのです。二人は白い服、一人は黒い服で、まるで音楽の鍵盤のようです。かれらはいくぶんかラザロの復活のような面をもち、光

図9 (上) マネ「バルコニー」
図10(下) ルネ・マグリット「バルコニー」

に到達するために闇から出てくるのです。シュールレアリスムの画家マグリットはこのタブローのヴァリエーションを描いていますが、そこではかれは同じ要素を用いて、しかし三人の人物の代わりに、三つの棺を表象したのです。この三人の人物が浮かび上がらせているものは、まさにこの生と死の境界 limite にほかなりません。この人物たちが、われわれには見えないなにかをじっと強度をもって見つめているのです。不可視性は三人の人物がそれぞれまったく異なる方向を凝視していることによって指示されています。一人は画布の前、もう一人は画布の右側、別のもう一人は画布の左側のなにか強烈な光景に心を奪われています。われわれにはその眼差ししか見えません。それぞれ違ったその要素は、まさに不可視性そのものの分散なのです。★8

おそらく、われわれはこの生と死の境界領域における不可視性の分散状態にとどまるべきなのかもしれないが、しかしフーコーの記述は、この「バルコニー」を経て、ようやく第三グループを構成するたったひとつの作品である「フォリー・ベルジェールのバー」に至り、そこで終わっている。しかも、実は、この二枚のタブローは、けっして別のものではないだろう。このことはフーコーが言っているわけではないが、しかしこの二枚は言わば、〈同じもの〉の表裏であると言ってもいいのかもしれない。すなわち、一方にあった「室内の闇」が他方では、全面的な「鏡の反射」によって置き換えられているとはいえ、しかしそこでは同じ空間の構造が提示されていると言えるからである。

「フォリー・ベルジェールのバー」の絵がわれわれをとまどわせるのは、——誰でもすぐに気づくように——絵画のなかで鏡が表象するものと現実の表象とがずれていて、そこに歪みがあるからだ。実際、われわれはバーメイドを正面から見ているにもかかわらず、彼女が手をついているカウンターと平行している背後の鏡に写った彼女の背の光景は、鏡が斜めのときに得られるものであり、しかもそこには彼女と向かい合っているはずの男が映っている。しかし、その男の現存は奇妙なことに――間近であるにもかかわらず――彼女の姿にいかなる影も落としていない。また、鏡に映った男がもし画家であるとしても、その場合は画家が俯瞰的に見ているはずのこの光景は、絵画上では――カウンターと鏡との距離が詰まって見えることから――どちらかと言えば、上向きの視線によって捉えられている。すなわち、フーコーのまとめによれば、この絵には、「一、画家はここにいると同時にあちらにいるのでなければならない。二、誰かがおり、また、誰もいないのでなければならない。三、俯瞰の眼差しと仰ぎ見る眼差しがある」という三つの矛盾があることになる。そして、そこから出発してフーコーは、

図11 マネ「フォリー・ベルジェールのバー」

古典的な絵画が遠近法の効果によって、絵が見られるべき視点を一点に定めていたのに対して、マネの絵はそうした規制を排除して、絵画が指定する視点に見る者が場所を同定することなく、言わば見る者がタブローの周りを自由に歩き回れるような「絵画＝オブジェ」を打ち立てたと言うのであり、ここでこの講演は終わるのである。（図11参照）

この最後のテクニックによって、マネは、タブローの性質を用いて、見る者に、その表象が、そこから見るべき唯一の点を定めるような規範的な空間ではなく、ひとがそれに対して移動することができるような空間を生み出すのです。見る者は、光が真正面から差し込むタブローに対して動くことができます。垂直線と水平線は、果てしなく二重化され、奥行きは抹消されています。ですから、ここでは、画布が、その物理的な性質において、それが表象するもののなかに、現われ出ており、そのすべての性質をもって機能しているわけです。マネは、確かに、非表象絵画を発明したわけではありません。かれの作品はすべて表象的です。しかし、かれは、その表象のなかで、画布の根本的な物質的な要素を働かせたわけです。つまり、かれは、タブロー＝オブジェ、絵画＝オブジェを発明しつつあったわけです。それは、ある日、われわれが表象そのものを厄介払いして、空間がみずからの純粋な性質、物質的な性質そのものと戯れるままにするための根本的な条件だったのです。★9

雑誌のテクストはここで終わっている。結論をもう少し敷衍して、たとえば『言葉と物』で展開されている古典期以降の西欧における表象関係の大きなパースペクティヴのなかに、マネの絵画が刻みこんでいる不連続線を位置づけ直すような発言がなかったのか、講演の後の討議などはなかったのか、いまから読むとこの講演の終わり方は、少々ぶっきらぼうな感じが否めないが、しかしすでに引用したダニエル・ドゥフェールの証言（『言葉とイマージュ〕などと照らし合わせても、ここには少なくともマネについてフーコーが抱いていた関心のエッセンスは記録されていると見ていいだろう。ドゥフェールも指摘しているが、ここで特徴的なことは、フーコーの関心が全面的に、表象空間と現実のタブローの空間のあいだの関係に収斂していること、表象が厄介払いされて純粋な空間の経験が可能になる地点が探査されていることだろう。★10そこには、フーコーの思考の方向性がはっきりと見てとれるが、しかし同時に、——少なくともこの講演記録を通して感知することができるが——そこには、なにか中途半端なところ、理論的な脆弱さのようなものもある。フーコーは、一方では、おそらくスライドを用いた講演パフォーマンスのエコノミーから、六七年から七一年にわたって数回、海外の講演でこの「マネ論」を採用しているが、しかしその持続的な関心にもかかわらず、予告されていた『黒と表面』はけっして完成しなかったし、また、みずから講演原稿を廃棄して発表しないという選択をしている。「マネ論」は明らかにフーコー自身にとっては、失敗した企画でもあったのだ。とすれば、われわれの作業は、一方では、フーコーがマネを通して見ていたものを、フーコーの思考のより大きな枠組みのなかで再構成しつつ、同時に、それがある意味で「失敗」に終わるその理由を考えてみることになるだろう。すなわち、マネ論は、フーコーの思考のひとつの〈限界〉を指示しているかもしれないのであって、この〈限界〉を探ることで、フーコーの思考のある種の〈転回〉、すなわち『言葉と物』という古典時代から現代に至るエピステーメの考古学から、『性の歴史』におけるより古い時代への考古学的遡行の運動へと〈転回〉していく、一九七〇年前後のフーコーの思考における不連続線のありようをいくぶんかは照らし出すことができるはずである。そして、そのためには、まずなによりも、フーコー的な問題設定そのもののなかで、われわれ自身が、フーコーの思考を延長しつつ、再度、直接にマネの作品に問いかけてみる必要があるだろう。

2 無の眼差し

われわれはすでに、「フォリー・ベルジェールのバー」がベラスケスの「ラス・メニナス」と向かい合うものであると指摘しておいた。すなわち、後者が古典期の表象関係のメタ表象として召喚されたのと同様に、前者もまたフーコーが西欧文化のエピステーメの断絶を見出している十九世紀以降現代までの時代の表象関係のメタ表象としてフーコーによって呼び出されていると考えられる。そのことは、フーコーが、この講演においてもしきりに、マネを抽象絵画や〈タブロー＝オブジェ〉などの現代絵画における絵画のあり方につなげる発言をしていることからも明らかであるだろう。しかも、この二枚のタブローは、どちらもその中心に「鏡」というもうひとつの「表象」をもっており、それがタブローの謎を形成していることにおいてきわめて強いアナロジーで結ばれている。そして、そのどちらについても、フーコーの読解は、この鏡から出発して、一方は「不在の主体」を、他方はタブローの物質性に裏打ちされた、「不在」を超えて、すべての意味の「主体」の「消去」を、演繹しているように思われる。

だが、われわれは、すでに「ラス・メニナス」のフーコー的読解に対して、それがそこで中心的に現前しているインファンスの身体をあえて見ないようにしている眼差しであることを指摘し、同時に、その絵画空間のなかの「鏡」は、むしろ「絵画」として機能し、「絵画」が「鏡」として機能している可能性があることを示唆しておいた。とすれば、われわれは、この「フォリー・ベルジェールのバー」の読解に関しても、同じような指摘をすることからはじめないわけにはいかない。

実際、フーコーはなぜ、これほどまでに圧倒的なこのバーメイドの存在についてまったく語らないのか。鏡の効果が誘導する三つの矛盾を指摘しながら、なぜそれを性急に、画家の位置、あるいは翻って、見る者の位置の非固定性に還元させてしまうのだろうか。というのも、フーコーが指摘する三つの矛盾は、まずなによりも、彼女のもの、バーメイドのものであるからだ。

すなわち、

(1)彼女は、ここにいると同時にあちらにいるのでなければならない。

(2)彼女は、誰かと語っており、また、誰とも語っていないのでなければならない。

(3)彼女は正面を凝視し、同時に、少し前屈みの俯瞰的な視線をもつのでなければならない。

この絵の謎は、確かに「鏡」にある。その鏡は、――絵画史上ほとんどはじめてのことだが――画面の背景全面を覆っている。われわれはその下部の金の枠は見ることができるが、その全貌は視界の外である。この絵は、前面を占めるカウンターの上の静物（マネの静物のなかでも抜きんでて素晴らしい！）、正面を向いて立つバーメイドの人物、そしてその全体が見通せない鏡の反映という三層のイマージュ群からできており、それらのあいだにはいかなる遠近法も働いていない。表象空間は極度に薄く、狭く、ほとんど画面のなかには、空間はないのだ。空間は、唯一、鏡のなかにあって、それは前景には描かれていない大理石のカウンターの端が斜めに走って奥行きが指示されている以外には、鏡のなかの遠景もバーメイドと向かい合った男も全体の空間のなかには位置づけ不能なのである。つまり前景の静物－人物群と後景の鏡の反射とがずれているのであり、前景のバーメイドと鏡にその後ろ姿が映っているバーメイドとが一致しない。単に位置的に一致しないだけではなく、――T・J・クラークなどが言うように――カウンターに乗り出して、男と話している風情の後ろ姿は、少しさみしげに正面を凝視している前景のバーメイドと同じ瞬間の同じ人物とは思えないほどである。つまり、バーメイドはたとえ〈同じ〉であるにしても、しかしその〈同〉のなかには、密かに〈他〉が忍び込んでいるのである。

このずれは、マネが意図して実現したものである。アムステルダムの美術館にあるこの絵の油彩で小型の「習作」を見ると、バーメイドは左側に向いており、しかもその反射像は――現実にそうであるように――背中合わせになっている。また、男も彼女の左側の下方に位置していて、その男の視点がその絵を描く画家の視点とぎりぎり一致するようになっている。その習作の段階から作品化する過程でマネは、バーメイドを正面から捉え、そして彼女とその鏡像を、空間の再現の文法を破って引き離したのである。(図12参照)

だが、それは、かならずしもフーコーが講演のなかで主張していたように、タブローに対して見る者の視点が移動可能であるようにし、タブローという絵画の支持体の現実性を強調するためではなかったのではないか。むしろ、それは、女人柱《カリアチード》のように堂々としたこのバーメイドに、キャバレーという喧騒たる風俗の場処には似つかわしくないようなある種の聖性あるいは至上性を与え返すためではなかったろうか。

実際、この絵を見る者は、この絵のまわりを自由に歩き回ることはしないだろう。見る者は、むしろ絵の中央に、このバーメイドに正対し、彼女の眼差しを受けとめて立つことを余儀なくされるはずである。そして、その彼女の眼差しが言わばなにも見ていない眼差しであることに驚くはずなのだ。

この絵の魅惑のいっさいはこの眼差しにある。マネの絵の人物のほとんどがそうであるように、このバーメイドもなにも見ていない。彼女が見ているはずのものは、鏡にはっきりと写っている。輝くシャンデリアのもとに拡がる華やかなキャバレーの光景、空中で演じられているブランコ乗りの緑の靴を履いた脚すら鏡の隅には写っている。そして、彼女に話しかけているシルクハットの男。すべてはくっきりと明らかだが、しかし彼女は、それら眼前に拡がるはずの光景のなにも見ていないようにわれわれには感じられる。周囲の喧騒から隔絶されて、たとえ一瞬のことにしても、彼女はまさにバタイユが言うような「深いアパシー」の眼差しをこちらに差し向けているのだ。マネの絵画がつかまえるのは、いつもそのような一瞬の無の眼差し、無を見る眼差しである。マネは、まさに彼女にこのような無の眼差しを与え返すためにこそ、彼女を周囲の喧騒の空間から、彼女自身の影から引き離し、遠近法的な空間構成の法を破って、彼女をタブローの中央に、そして正面へと向き直させたのではないだろうか。

フーコー自身も、「ビールの給仕女」、「サン・ラザール駅」や、とりわけ「バルコニー」といった別のタブローに関して、そこに描かれている人物が見ているものが、画面のなかには描かれてはいず、われわれ観客には見えないことを指摘し、そこから「絵が、結局のところ、見えないものしか語らないし、提示しない」と言っていた。だが、フーコーの言う「不可視性」はあくまでも絵のなかの人物には見えていて、われわれには見えていない光景のことである。それゆえ、フーコーにとっては、その不可視性の散乱は、見る者にむしろタブローの背後に周りこみたいという欲望を誘発するものとされているのだが、しかしこの「フォリー・ベルジェールのバー」

図12 マネ「フォリー・ベルジェールのバー（習作）」

が、最後に、決定的な仕方で示していることこそは——というのは、そこでは彼女が「見ているはずのもの」はすべて鏡によって与えられているのだから——、マネの人物たちのあの同じ眼差しは、なにも見ていない無の眼差しであるということなのだ。「ビールの給仕女」にせよ、「サン・ラザール駅」にせよ、近代都市のまっただなかの喧騒のなか、群衆のなかで、不意に孤独な、無の眼差しが浮かび上がってくる——それこそ、マネの絵が捉えようとする現代的な「美」なのである。

そうではないか。フーコーは、「フォリー・ベルジェールのバー」に行く直前で「バルコニー」について語りながら、その三人の人物がそれぞれ別の方向の「なにか強烈な光景に心奪われている」と書いている。だが、問題は、われわれには見えない複数の光景を彼らが見ていることが問題なのではないのだ。そうではなく、彼らが、それぞれの仕方でなにも見ないでいることこそが問題なのである。実際、フーコー自身の言葉によっても、彼らは「生と死の境界」にいる。マグリットが描くように、「棺」として、おそらくは、中がからっぽの棺として存在しているのである。そのかれらが、どうして戸外の現実の光景に心を奪われるだろうか。見るべきなにものもない、その無だけが、——逆説的に、三人のそれぞれ異なった仕方で——かれらの眼差しを徹底して奪ってしまうのだ。

そして、もしベルト・モリゾたちバルコニー上の三人の人物が、「光に到達するために闇から出てきた」ようであるならば、フォリー・ベルジェールのバーメイドも同じように、闇と光、死と生の境界領域にいる。室内の闇も、鏡も同じように、無の空間を示している。いや、それが全面的であれば、鏡の空間のほうが——それが前にあるものを写しているだけに——いっそう閉ざされているのでもある。背後には、前しかなく、つまり無しかなく、そして前方にもまた、無しかない。前にあるべき光景は鏡には映り込んではいないのであって、なによりも彼女の眼差しが示しているように、そこにはなにもないのだ。光と闇、あるいは光と鏡——どちらも同様に、無なのだ。バーメイドは、二重の無のあいだの境界 limite に立っているのである。

だが、奇妙なことに、フーコーの議論は、「バルコニー」でわずかに触れる以外には、あまりにも性急に、マネの絵画の空間表象を、現実のタブローの空間の物質性へと還元してしまう。あたかも、無の狭間で、無の表面で輝くバーメイドの身体の輝きを見なかったかのように、それを迂回したかのように、表象から表象そのものの物質性へ、表象からの脱出へとまっしぐらに進んでいく。だが、それは、フーコーが、十八世紀末期にヘルダーリン、サド、あるいは恐怖小説などをその標識にして、文学というもの、文学空間の成立を論じるときに、ほとんどつねに「鏡」がその「空間」の特権的なメタファーとして登場し、かつそこで「鏡」がしっかりと「死」に結びついていたことを考えるとますます奇妙なことである。

たとえば、フーコーによるまったく独創的な「文学の存在論」のエスキスあるいはマニフェストとも言うべき一九六二年の「言語の無限反復」のなかでは、次のように言われている——「おそらく、厳密な意味で『文学』と呼ぶべきものは、この十八世紀末、雷の一閃のうちにあらゆる他の言語を反復しかつ焼き尽くす言語が出現し、死、鏡、分身、語句の無限の連鎖が戯れる、漠とした、しかし支配的な形象が生み出されたまさにその時に存在しはじめたのである」★11と。

よく知られているように、フーコーは六〇年代に、とりわけ雑誌『クリティック』や『テル・ケル』を舞台にして、数多くの文学批評を書いているが、主題的には分散しているそれらのディスクールから、われわれはその時代のフーコーの思考の根底にあったある種の存在論的な言語論ないしは文学論のパースペクティヴの輪郭を理解することができる。容易には要約しがたい複雑な思考だが、その中心にあった公理が、「おそらく言葉 parole のうちには死、限界なき追求、そして言語そのものによる言語の表象への本質的な帰属性がある」、★12であったことは疑いない。すでに、ここには、言語と死との本質的な結びつきが断言されている。そしてまた、言語の「自己表象」という二重化、分身化の原理、すなわち「鏡」の原理、しかも無限増殖する「鏡」の原理も同時に断言されている。そこから、言語がなによりも無限の反復によって支配された「空間」の出来事として把握されることが由来する。

たとえば、同じ「言語の無限反復」のなかで、フーコーは言う——「死に面しての言語の鏡像反射、そしてそこに端を発して、言葉がみずからのイマージュを無限に汲み出し、言語がすでにみずからの背後に、そしていまだみずからの彼方に無限にみずからを表象することができるようなヴァーチャルな空間の構築。このような二重化のうちにこそ、言語作品というものを可能にする原初的な襞があるのだ。この意味では、死とはおそらく言語にとってもっとも本質的な偶発事のひとつ（その限界そして中心）なのである。死を抑え、死を保持するために、ひとが死に向かって、また死に抗して語りはじめたその日から、なにかが生まれたのだ。幻想的な増殖と濃密化に従って、繰り返し終わりなくみずからを取り直し、語り、二重化する呟き——そこに、今日のわれわれの言語が宿り、身を隠しているのだ」。★13 これは、実は、ホメロスについて言っているフレーズである。つまり、フーコーによれば、言語は、その始源から、つねに死に対してみずからを二重化するものであった。その言語の本質的な存在形式を、幻想的な濃密化あるいは増殖の様態に従って、あからさまにしているのが、作品なのである。

別の言い方をすれば、作品は、言語の本質的な二重性を、幻想の次元にまで拡大して、そこにヴァーチャルな空間を提示する。

しかしこれは、言わば言語の存在論の一般論である。実際は、ここで定位されているような、無限の鏡の増殖に似た文学の空間が指し示されるのは、あくまでもそれが「回避され」ることによってである。ところが、その空間が回避されることなく露出し、直面される時代が訪れる。それが、フーコーが、ヘルダーリンやサドといった固有名のもとに見出した不連続線の出現の時代、十八世紀末の時代なのである。この日以降、「文学」は、その源泉にもっとも近くあり、そこで言語の本質的な存在論を剝き出しに顕わにする。もはや「死なないために」、死後の「栄光」のために書くことが問題ではなく、死とともに、ということは——ヘルダーリンの狂気がその明白な徴候であるように——狂気とともに書くことが問題なのだ。もはや神的なものが、文学の空間を覆うのではない。語ることは、「神々の迂回によって標識づけられた空間」の内部でしか可能ではなくなったのだ。

フーコーのこの言語の存在論は、誰にも明らかなように、きわめてハイデガー的なものである。『存在と時間』において死が現存在の「限界」にして「中心」として考えられていたのと同様に、かれは言語の存在における死の本質性を断言し、ただ、それを「時間」にではなく、「空間」に結びつける。フーコーほど徹底した「空間」の思考家はいない。かれは、存在を、空間の言葉、つまり言語と死の言葉で考えようとした。この問題を考えるときに、われわれがつねに参照しないわけにはいかない言葉だが、「この本の内容は空間、言語および死に関するものである」という『臨床医学の誕生』の冒頭の文は、少なくとも前期のフーコーの仕事の銘にほかならず、しかもそこで呼び出された三つの概念「空間」、「言語」、「死」は、偶然そこに並べられたものではなく、本質的な概念的連帯性を備えていたのである。しかも、その文は、すぐに「さらに、眼差しに関するものである」と続けられていた。われわれは、「ラス・メニナス」を論じた章において、すでに、そこにひとつの言い落としがなかったか、まさに、「身体」という言葉が空間・言語・死・眼差しの組に付け加わるべきではなかったか、と示唆しておいた。そして、いまここで「フォリー・ベルジェールのバー」を前にしたフーコーの読解に対してわれわれが差し出す問いもまた、その読解が、あえてバーメイドの身体の現前をほとんど見ないようにし、さらには——決定的なことだが——彼女の「眼差し」をすら見ないようにし、その結果、奇妙なことに、「死」あるいは「無」すらも読み落としてしまうように見えることに対してなのである。

実際、フーコーのマネへのアプローチは、ヘルダーリンなどに見られる言語の存在論における十八世紀末の断絶へのアプローチと平行している。どちらにおいても、——ハイデガー的な「本来性・非本来性」の構造だが——物語や意味によって「回避」され、「隠蔽」されてきた言語の存在、あるいは絵画の存在という本質的な次元が、顕在化してきたというものである。だが、言語の存在の場合は、その効果は、二重化あるいは「鏡」によって、無限の空間へと直接に結びつくのに対して、絵画の場合は、絵画の存在を覆い隠していたものこそ、まさに空間の表象、遠近法に基づく正規化された空間表象であったわけで、むしろ逆にそこでは絵画が奥行きを失って平面化する「空間の不在」こそが語られることになる。絵画は、文学において言語が自己表象するのと同様に、ますます画布がそれである矩形の平面を二重化し、多重化するのだが、しかしそれは、無限の空間にではなく、剝き出しになった物質的な空間である画布そのものとそれを取り巻く現実的な空間、見る者がそこを歩き回る空間へと行き着く。絵画の存在が、あまりにも性急に、画布の物質的な存在へと還元されてしまっているのだ。すなわち、フーコーは絵画の存在をあまりにも短絡的に画布の物理的存在へと、その存在者の存在へと還元してしまっている。「言語の存在」で問題になっていたことは、けっして言語記号の物理的な存在などではなかったはずなのに、この講演においては「物質性」という不幸な言葉がかれのディスクールにおいてはじめから絵画の存在論を画布の存在へと誘導していくように思われるのだ。

言うまでもなく、すべては眼差しの問題である。フーコーが語ろうとしたことは、ある意味では、マネにおいて、作品の起源に想定される表象世界を見る作家の眼差しから、オブジェとしての作品を見る者の眼差しへの優位性の転換が起き始めているということである。思い出しておくべきだろうが、ベラスケスの「ラス・メニナス」では、クワトロチェント的絵画の文法が定める特権的な視点は、画家の視点でもあり、見る者の視点でもあり、しかも画面のすべての人物が見ている不可視の人物、つまり「権力者」たる「王と王妃」の視点でもあった。しかも、この視点を分有している画家と王とはどちらも、表象の巧妙な仕掛けによって、とりわけ後者に関しては「鏡」の反射によって、画面に現前しているのであった。マネの絵においては、もはや分有するべき、そうした一点はない。画面は、そこに描き込まれたいくつかの「記号」を通じて、もはや画面のなかには回収しえない「外部」へと、見る者の視点を散乱させている、とフーコーは言うのだ。

忘れずに指摘しておかなければならないが、この「記号」もまた、フーコーのマネ論にとっては、重要な作業概念である。たとえば、「マクシミリアン皇帝の処刑」を論じつつ、フーコーは、銃殺される者たちと銃殺する者たちとの距離が、画面上では、遠近法に則った知覚的表象として与えられるのではなく、遠くに位置する処刑される者たちが相対的に小さく描かれるという〈アルカイックな〉技法によって、「知的な認識」に与えられていると述べて、それが「距離の記号」なのだと言っている。また、「草上の昼食」の帽子を被った画面右側の男が画面の中央に突き出している右手の指が、左上方からの伝統的な絵画の光と画面に真正面から差し込むマネ独自の光という二つの光源を指し示しているとも述べている。また、フーコーは「記号」という言い方をしているわけではないが、「ビールの給仕女」や「サン・ラザール駅」の人物たちの眼差しは、まさに「見るべきなにか、しかしわれわれからは見えないなにか」があるという「記号」として考えられていると言えそうである。

知覚的な表象から、画面が与える意味の「外」を指示する記号へ――ここでのフーコーの思考の勾配を、われわれはこのようにまとめることができるかもしれない。そして、それはまた、フーコーが別のところで、マネと友人であり、おそらく厳密な意味で同時代人であったマラルメの言語について、次のように言っていることとも呼応する。

> 現在、起こりつつあることはまだわれわれにとって不確かな光のなかにある。しかしながら、ひとは、われわれの言語活動のなかに、奇妙な運動が描かれているのを目の当たりにすることができる。文学もまた（そしてそれはおそらくマラルメ以後なのだが）徐々に、その言葉が、それが述べることがらと同時にまた同じ運動において、その言葉を言葉として解読可能にする言語を言表するような、ひとつの言語活動になりつつある。マラルメ以前には、書くということは、みずからの言葉をひとつの所与の言語の内部において打ち立てることであり、言語の作品は、〈修辞〉や〈主体〉や、あるいはもろもろの〈イマージュ〉の徴《しるし》を除くなら〔……〕他のすべての言語活動と同じ性質のものであった。十九世紀の終わりに（精神分析の発見の時代か、そのほぼ同時期）、言語の作品は、それ自身のうちに、みずからの解読の原理を書き込んだ言

葉となった。あるいは、いずれにせよ、作品は、みずからのそれぞれの文、それぞれの語の下に、それでもやはり（そして事実として）作品が帰属している言語の、価値と意味作用とを、至高者のように変えてしまう力を前提にするようになったのだ。作品は、言語体系の支配を、エクリチュールの現在の身ぶりによって宙吊りにしてしまったのだ。★14

同様に、マネにおいて起こっていることは、作品が、知覚的な表象体系の支配を、絵画のエクリチュールの現在の身ぶりによって宙吊りにしたのだと言ったら、フーコーはおそらく同意するだろう。だが、ここでも、問題は、絵画の意味作用を、「絵画の外部」、いや「外部」そのもののなかで「宙吊り」にすることであって、逆に、もしそこに、キャンヴァスに向かい合った見る者の現実的な空間を補ってしまえば、その「宙吊り」は瞬く間に解消されてしまわないだろうか。絵画のなかのさまざまな「記号」は、もはや「ラス・メニナス」のように、作家でもあり、見る者でもあり、権力者でもある人物が位置する一点に送り返すわけではない。が、かと言って、いくつかの、複数の視点に送り返して、そこから絵画が表象ではなく、オブジェとなるような道を開くというわけではない。そうではなくて、そうして送り返す点の分散が示すもの、とりわけけっして単なる「記号」などではありえないマネの描く人物の眼差しが送り返すものは、現実の知覚と表象のあいだ、その一瞬の無のあいだに、垣間見られる「無」の湧出にほかならないとわれわれには思われるのだ。

フーコーは空間を語り、空間の記号を語る。しかし、かつて——われわれが指摘したように——「ラス・メニナス」を前にして、そこに表象された〈インファンスの身体〉を見逃してしまうのと同様に、キャバレーの喧騒のなかで佇む、言葉を失った若い女の身体の現存、その現存に穿たれた眼差し、何にも送り返すことのない無の眼差し、その意味なき強度の輝きを取り逃がしてしまう。奇妙なことに、フーコーが「ラス・メニナス」の分析においてあれほど強調していたあの「本質的な空白」が、いまやいかなる〈主体（主題）〉の不在あるいは不可視性によっても、充塡され、補償されることなく、ただ、いかなる根拠もない「無」の無動機の湧出として、表象のまっただなかで、しかもあらゆる表象可能性の「限界」limite において出現したというのに、——「バルコニー」の室内の闇をわずかに「死」へと結びつけるのを除いては——フーコーの眼差しは、それに触れず、見逃すのである。

はっきりしていることがある。フーコーにとっては、絵画の表象空間の内部ではなく、その外、しかも「ラス・メニナス」がそうであったような絵画の内部になんらかの仕方で「表象」されている外ではなく、タブローを前にした見る者が位置するこの「物質的な」空間こそが問題であるということだ。それは、見る者の眼差しの空間、眼差しの厚みの空間である。そして、その空間こそ、たとえば『知の考古学』の最後で、まさに絵画を見る眼差しを範例として、寡黙で執拗な、非人称的な「呟き」が聞き取られる場所として、フーコーが語っている空間なのである。そして、それこそフーコーの「アルケオロジー」が可能になる空間、眼差しの空間がそのまま、非人称的な断言の執拗な呟きのそれと化す空間、まさにかれがマグリット論で究明しようとしていた空間である。

かならずしも完全なものではないマネについての講演テクストから、われわれはあまり多くのことを引き出すべきではないかもしれない。しかし、そこに窺われるフーコーの読解には、ある限界、ある見逃し、ある言い落としがあるように思われる。いや、逆に言えば、かれの思考は、そこではあまりに性急に、絵画を、表象の意味の場所から空間の記号の場所へと読み替えようとしている。フーコーにとって本質的な意味をもっていたはずの「無の眼差し」が、そこではとうとう「アルケオロジックな眼差し」として回収的に定位されたと言うべきだろうか。六〇年代のフーコーのディスクールをあれほど豊かにしていた「外の思考」が、ひとつの学的な方法論としての「アルケオロジー」へと発展的に変質していく、その転回の徴候を、われわれはマネ論に見出すことができるだろう。

註

★1 ディディエ・エリボン『ミシェル・フーコー伝』田村俶訳、新潮社、一九九一年、二五八頁。

★2 ダニエル・ドゥフェール「言葉とイマージュ」、蓮實重彦・渡邊守章編『ミシェル・フーコーの世紀』筑摩書房、一九九三年、二二三頁。引用文はその直後に「私はたびたび、マネの画面を前にしながら、また、一九八三年、パリでマネの大回顧展があったときにも、フーコーと語り合ったものである」と続いて、フーコーが死の間近までマネに興味を抱き続けていたことが証言されている。

★3 Michel Foucault, *Dits et Ecrits,* 4 vols. éd. Gallimard, 1994. この邦訳が『ミシェル・フーコー思考集成』全一〇巻（筑摩書房、一九九九―二〇〇二）である。本論では以下、邦訳題によって指示する。

★4 Michel Foucault, "La peinture de Manet", in *Les Cahiers de Tunisie* tome XXXIX, No. 149-150 (Numéro spécial: Foucault en Tunisie), Faculté des Sciences humaines et sociales de Tunis, 1989. なお、この資料を筆者に教示してくれたのは、東京大学大学院総合文化研究科地域文化研究専攻博士課程の阿部崇君である。筆者からの謝意をここに書き留めておく。

★5 *ibid.*, p. 61.

★6 *ibid.*, pp. 62-64.

★7 *ibid.*, p. 75.

★8 *ibid.*, p. 83. なお、マグリットの絵画についての記述のなかで、雑誌原文は「circuits（回路）」とあるところを、われわれは「cercueils（棺）」と改めた。このような細かな誤りが散見されるテクストなのである。

★9 *ibid.*, pp. 86-87.

★10 ドゥフェールは、この点に関して、とりわけフーコーの視点がバタイユの有名な「マネ論」とはまったく異なることを強調している。よく知られているように、バタイユは、マネに「意味作用の抹消」を見たのだったが、それはあくまでも絵画の主題の次元に属するものであり、その意味では、バタイユにとってのマネの最大の傑作はあくまで「オランピア」だが、フーコーにとっては、絵画の空間こそがスキャンダルを引き起こすということになる。前掲書、二三一頁参照。

★11 前掲『ミシェル・フーコー思考集成Ⅰ』所収、野崎歓訳「言語の無限反復」、三三七―三三八頁。

★12 同右、三二七頁。

★13 同右、三二八頁。

★14 『ミシェル・フーコー思考集成Ⅱ』所収、石田英敬訳「狂気、作品の不在」、一九一―一九二頁。

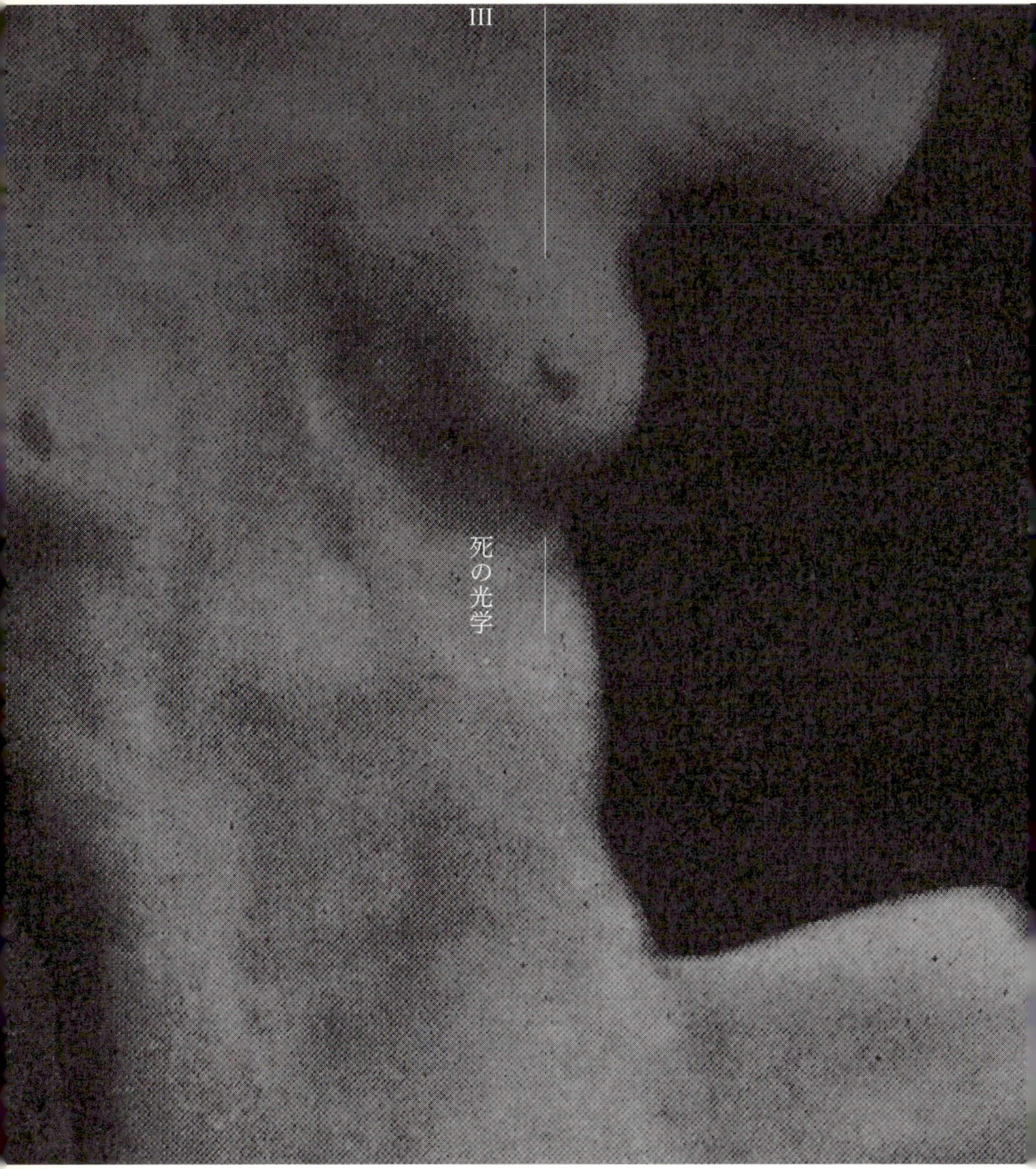

III

死の光学

盲目の光学――デュラスにおける〈見ることができないもの〉

I　「苦悩」――戦争のエクリチュール

一九八五年に公開された恐るべきテクスト「苦悩」（『苦悩』第一部）について、その前書きでデュラスは、自分がそれを書いた記憶がまったくない、と述べている。たしかに彼女の筆跡のノートがあり、そこに書かれていることも事実だが、しかしいつ、何年に、どこでそれを書いたのかわからない、と言うのだ。彼女自身にとっても、日記という体裁をとったこのテクストが、その出来事の当日に書かれたものであるとは思われない。だから、彼女の言うことを信じるとすれば――それに信じない理由などどこにもないのだから――、彼女の夫ロベール・アンテルムのドイツの強制収容所からの奇蹟的な帰還を記述するこのテクストは、その出来事の後、一定の期間の後に、一気に書かれ、そしてそのままそれが書かれたことすら、忘れられ、つまり封じられてしまったことになる。

ありそうにもない話だ、とわれわれは言うだろうか。いや、それが、ありそうにもないからこそ、そうであったに違いないと、われわれは言うだろうか。おそらく、われわれの日常経験から出発して、まず、出来事があり、その記憶があって、それが記述されたのだと単純に考えるわけにはいかないだろう。むしろそこでは、――強制収容所というこの極限の場所からのエクリチュールはすべてそういう逆説的な論理を通過しないわけにはいかないのだが——記述され、言語化されることによってはじめて、「記憶」となり、「記憶されるべき出来事」となるような「こと」が問題になっていると考えるべきだろう。その「こと」、つまりあまりにも激しい、あらゆる表象の彼方にあるような強度を、語り得るべき「記憶」へと馴化し、「記憶」として封印するためにこそ、このテクストは書かれなければならなかったのであり、そしてそれだからこそ、一度、書かれた後には、それを書いた事実、記憶化の行為自体は、すっぽりと忘れられてしまう。それは、きわめてありそうなことなのだ。

だが、それなら、その「こと」がまだ「記憶」にすらなりえない強度として留まっているとはどのような状態なのか。われわれはそれを言う言葉をもっていないのだが、しかしたとえば「苦悩」のほとんど終わりの部分に読まれる次のような文について考えてみてもいいかもしれない——「このロベール・Lという名前が出るとすぐに私は泣く。私はいまだに泣く。一生涯泣くことだろう。」場面は、アンテルムの帰還から一年四ヶ月も経ったイタリア・リグリア海の明るい夏の浜辺である。デュラスはアンテルムとともにその浜辺にいる。イタリアの友人の妻ジネッタが「ロベールの帰りを待ってた時期に、あなたと知り合いになってなかったのはとっても残念だわ」と言う。ロベールの身体を気遣うジネッタの無邪気な優しい言葉に、テクストの地の文のままでデュラスが答えたのが、その言葉であった。とすると、われわれは想像してみなければならない。「ロベール・L」（つまりアンテルムのことだ）とは、——別れが問題になっているとはいえ——彼女の夫の名であり、その夫はそこに目の前に、パラソルの下に寝そべっている。現前しているのである。しかし、その名前が出ると、彼女は「泣く」。「いまだに泣く」。「一生涯泣く」。ひとつの固有名がかならず「泣く」ことを引き起こすとき、それはどういうものであるだろうか。それはもはや、いや、まだ、固有名などというものではない。それは、それ自体、いまだ出来事、記憶されることも記憶されないこともできない強度のままの出来事なのである。

とすれば、ジネッタに向かってデュラスは、文字通りそのまま「このロベール・Lという名前が出るとすぐに私は泣く。私はいまだに泣く。一生涯泣くことだろう」と言ったわけではないだろう。必ずや、その名を名指さずに語ったのだろう。しかし、それを記述するテクストにおいては、デュラスはためらうことなく「ロベール・L」と書く。そのように書くとき、はたしてデュラスは泣いているのか。それとも、その文を書くことにおいて、言葉は固有名の機能を取り戻し、ひょっとして泣かずに、その名を口にすることができるようになっただろうか。かれについて語ることができるようになっただろうか。

実際、その文に続けて、テクストは言う——「私が彼のことを話せるようになるだろうと彼女は毎日思うのだが、私はまだ話せない。だが、その日は彼女にむかって、いつかは話せるようになると思うと言った。そして、彼の帰還について私がいくらか書いたことがあると語った。〔……〕」★1

ここで言われている「彼の帰還についていくらか書いたことがある」とは、この「苦悩」のテクストそのものだと判断してよいはずだから、その大部分はこの四六年の夏以前に書かれたものなのだろう。おそらく、アンテルムが『人類』を書いていたときにデュラスもこの小さなテクストを書いていたのか。そして、明らかに一九四六年の夏の明るい浜辺の場面は、それ以前のテクストとは微かに異なった文体をもっており、一種のコーダのようなものとして「後から」書き足されたものであろう。冒頭の日記部分にある「彼がもどってきたら、私たちは海に行くだろう」という言葉に呼応するように海が書き込まれてはじめてテクストが完結するという作品の論理がそこには働いていると推測してもいい。

だが、そのことはここでは重要ではない。重要なのは、「ロベール・L」という単なる固有名が、それだけで出来事となり、ひとを泣かしてしまうという異様な経験が、それが書かれなければ「記憶」とすらなりえなかった経験が、端的に言えば、経験にすらなりえなかった「出来事」が、書かれているということである。それが、真に生きられたものとなるためには、書かれることしかできなかった、ということである。

実は、「苦悩」と題されたこのテクストの中心にあるのは、ある意味では徹底して名前であり、名簿である。ドイツから引き上げてくる戦争捕虜の生存者リストのなかに、あるいは死者のリストのなかに「ロベール・L」

という名を見出せるかどうか。「ロベール・L」についての情報を聞き出せるかどうか。デュラスとD、すなわちディオニス・マスコロの必死の努力のすべてはそこにかかっている。連合軍がドイツに侵攻し、各地の収容所が解放され、捕虜が次々と帰還しはじめている。希望が生まれ、しかし同時に、収容所を撤収するドイツ兵が、最後に、逃走する直前に何万という捕虜を銃殺するという事態も生まれている。希望と絶望とが極限にまで押し進められ、しかも同時に、デュラスは、すでに、後に帰還してきたロベール・Lに「Dの子供を欲しい」と言わなければならない状況にある。ロベール・Lの帰還は、疑いもなく愛する者の帰還なのだが、しかしそれは同時に、Dとのあいだに生まれた愛が、その愛する者への非道徳的な裏切りとして、つまりドイツの収容所で一切れのパンもなく飢えて、銃殺されたのかもしれないロベール・Lへのその妻と友人による裏切りとして明らかになることでもある。帰還は待たれている。しかし、同時に、デュラスはその帰還が怖い。愛ゆえに、つまりロベール・Lへの、そしてDへの愛ゆえに、デュラスは、ダブル・バインドの袋小路にあり、この出口としてはただ死しか考えられない。

「苦悩」というテクストは、恐ろしいような正確さで、こうした愛と死のダブル・バインドのなかに閉じこめられたひとりの女の精神を記述している。

最初の反応は、ロベール・Lが死んだという根拠のない確信である。彼女は、書く――「溝のなかで、顔を地面に突っぷし、脚を曲げ腕をのばしたまま彼は死にかけている。彼は死んだ。ブーヘンヴァルトの無数の骸骨を通して見える彼の骸骨。ヨーロッパ全域が暑い。路上では、彼のそばを、前進する連合軍兵士が通ってゆく。彼が死んで三週間になる。そうなのだ、起こった事態はそれなのだ。私は確信を抱く。」★2

次いで、彼女の想像力のカタストロフィーはかれの帰還のイマージュの方へと振れるのだが、そうなると今度は、彼女自身が死ななければならない――「私は眼を閉じる。彼がもどってくるようなことがあったら、海へ行くのだ。それが彼の一番喜ぶことだ。どのみち私はすぐ死ぬのだと思う。彼がもどってきても、私は結局死ぬだろう。彼がブザーを鳴らす、『どなた?』、『ぼくだよ、ロベール・Lだ』。わたしにできる精一杯のことは、ドアを開け、そして死ぬことだ。」★3

繰り返しておこう。「どなた?」、「ぼくだよ、ロベール・Lだ」——「ロベール・L」という名は、だから他人が呼びかけ、指示する名なのではなく、なによりもその本人がみずからの帰還を告げ知らせる名なのだ。しかも、それはただちに、デュラスを死へと断罪する。「ロベール・L」とは、そのように二重の意味で「死」の名なのであり、われわれは、それが、なぜつねに彼女を「泣かせる」のかを少し理解しはじめているのだ。

そして、ロベール・Lの死と自分の死という二つのカタストロフィーの特異点をもつ彼女の幻想は、言いしれぬ恐怖とともにさらにつのり、そして最後には突然に、すべての名が解体し、同時に、「私」も解体し、ただ、この恐怖と苦悩の「場所」の名だけが問われることになる。そして言説は「私」という一人称から「彼女」という三人称へと移行する。かつてフランツ・カフカは、文学の本質を「一人称から三人称への移行」のうちに捉えていたはずだ。そのように、日記という一人称の言説の空間のまっただなかで、恐怖の極限において、「文学」の真正さが、閃光のように走るのだ——「十時が鳴ると、突然私の家に恐怖が押し入っていた。あらゆることに対する恐怖。私は自分が外にいるような気になった。〔……〕そして突如確信を得たのだ、一斉射撃に対する確信、彼は死んだ。死んだのだ。死んだのだ。四月二十一日、四月二十一日死亡。〔……〕恐怖が洪水のようにゆっくり高まってゆき、私は溺れる。私はもはや待っていない、それほどまでの恐怖感。もうおしまいだ、おしまい?　あなたはどこにいるの?　どうやったらわかるの?　私は彼がどこにいるのか知らない。自分がどこにいるのかも知らない。私たちがどこにいるのかわからない。この場所の名は何というの?　この場所はいったい何なの?　この一部始終は何なの?　何が問題なの?　ロベール・Lって何者なの?　もはや苦しくない。私は、この男と私のあいだに、もう何も共通点がないことを悟りかけている。別の男を待つ方がましだ。私はもう存在しない。だとすれば、私が存在しないのだからロベールを待つ理由がどこにあろう?　待つのが好きなのなら、ほかの男を待つ方がましではないか？　この男と彼女とのあいだには、もう何の共通点もない。このロベール・Lとは何者なのか？　彼は一度でも存在したのか？　何がこのロベール・Lを成立させているのか、何なのだ？　何が彼を、ほかの人ではなしに彼を待たれる身にしたてているのか？　ほんとうのところ、彼女は何を待っているのか？　ほかのどんな期待を彼女は待っているのか？　この待機を続け、興奮状態に陥りながら二週間前から彼女は何に賭けているのか？　この部屋では何が起こっているのか？　彼女は何者なのか？」★4

ロベール・Lに対する文字通り（精神分析的な意味での）否認、一人称「私」の存在否認、そしてその三人称化、さらにその「彼女」の否認——「彼女は何者なのか？」。そしてそれは、その直後に「彼女が何者かはDが知っている。Dはどこにいる？　彼女はそれを知っていて、彼に会って説明を求めることができる。何か新しいことが起こったのだから私は彼に会わなければならない。私は彼に会いに行った」と続いており、つまりこのデュラスの錯乱を唯一、現実につなぎとめているのがDであり、Dの存在、Dが「彼女は何者であるか知っている」ことにおいて、彼女がかろうじて「私」を取り戻すことが可能になるさまが明らかに書かれている。

こうして「苦悩」というテクストは、デュラス自身が陥った「錯乱」を証言していることになる。そして、その「錯乱」が、すでに後の彼女の文学のすべてを要約するような問い（「彼女は何者なのか？」、「この場所はいったい何なの？」等々）を孕んでいることにわれわれは敏感にならざるをえないだろう。また、ここには、デュラスの文学を貫く三人の男女による「愛—狂気—恐怖」の三角関係のトポスの原型があることにも、誰もが気がつかないわけにはいかない。しかし、それだけではないのだ。そうしたデュラスのすべての創作活動の根底にある原型的な錯乱的苦悩をつぶさに語るだけではなく、「苦悩」というテクストは、そうした「錯乱」に出来事が、その「錯乱」よりもさらに残酷な出来事が訪れることが記述されている。言うまでもないそのロベール・Lの帰還の出来事にほかならない。

ダッハウの収容所を訪れたフランソワ・ミッテランを認めて発した「フランソワ」——ここでもまた名前が問

題だ――という呼びかけによって、ほとんど死者と分類されていた者たちのなかから奇蹟的に救い出されたロベール・Lが帰って来る。彼は、サン・ブノワ街のマルグリットと自分のアパルトマンに帰って来る。マルグリットは「扉を開け」る。そして、「私はそうしないでいられなかった。私は通りへ逃げ出してゆくために階段を降りていった。ポーシャとDが彼の両腋を支えていた。彼らは二階の踊り場でたちどまっていた。彼は目を上げていた。私はもうよくわからない。彼は私を眺め、私を認めて微笑したのに相違ない。私は、ノンとうめき、見たくないとわめいた。私はそこで引き返し、階段をのぼっていった。私はわめき声をあげていたのだが、それは覚えている。戦争がわめき声となって噴き出ていたのだ。叫び声をあげることのない六年。私は気がついてみたら隣の人のところにいた。隣の人たちは私に無理にラム酒を飲まそうとし、私の口にラムを流し込んでいた。叫び声をあげながら」。★5

この事態をどのように考えるべきか。そこでデュラスが見たものは何だったのか。変わり果てた夫の姿？　そう言うのはたやすい。だが、そう言って了解してしまった瞬間にわれわれはもっとも重要なものを取り逃がしはしないだろうか。そこに現前していたのは、デュラスにとって（またほかのアパルトマンの住人にとってすら）けっして「見る」などということができないもの、象徴的な言葉にも、想像的なイマージュにも還元できないもの、ラカンが「現実的なもの」について言うように、「それを見た」ことを受け入れることができずにわれわれが瞬間的に忘れ、夢ならば覚醒してしまうような恐るべき絶対的な表象不可能性、それを前にしてはただ、叫ぶことしかできないような名づけえぬ恐るべきものではなかったろうか。それは死よりも恐ろしいもの、死よりも悪しきものであった。それを前にしては、「死」という観念あるいはイメージすら無となるようななにかであった。それが、あれほど待っていた愛する者の、しかも――それだけは「彼のもの」とわかる――「微笑」のもとに現われていたのである。だから、デュラスは、自分が「錯乱」のなかで想像していたように、扉を開けるが、しかし死にはしない。ただ、記憶を失い、人事不省となって、叫び声をあげながら、退却し逃走するばかりなのである。

「戦争がわめき声となって噴き出ていたのだ」——彼女はそう言う。実際、限りなくおぞましく、恐怖に満ちた「それ」を、あえて「戦争」と言ったっていい。この本は初めは『戦争』というタイトルで考えられていたという。ただ、われわれは、それが単なる言葉としての「戦争」ではなく、いかなる名前によっても捕らえることができない、「わめき声」としてしか表現しえない事態なのだということを忘れないでいなければならないだけなのだ。そのことを理解しない限り、われわれはけっしてマルグリット・デュラスにとって「戦争」が何であったのかをついぞ理解しないということになるだろう。デュラスは、ある意味では、一貫してその「戦争」について、あるいはそこから出発してしか書きはしなかった。名前と想像的なイマージュの彼方にある、あらゆる表象可能性を超えた、しかしわれわれの「現実」にほかならない「戦争」をめぐってしか、いや、そこに到達するためにしか、書きはしなかった。デュラスは言うだろう、——いや、何度も何度もそのことしか言ってはいない——「そこ」に到達するには、ただ、「愛」から出発した「錯乱」を通してしか可能ではないのだ、と。文学とは、その「愛の錯乱」を通して、その絶対的な不可能の場処、「現在がそこから由来する」★。その死の場所、死すら超えて場処に到達しようとすることなのだ、と。

われわれは何を試みてきたのか。「苦悩」というテクストのうちに、われわれはその後のデュラスのエクリチュールが、その反復強迫的な変奏を演じ続けているると考えられるようなある原型的な「場処」を見出そうとし、そのいくつかの目印を大急ぎで標識づけてきた。泣くこと、叫び、名前、三者の愛、海への方向づけ、死、錯乱、戦争、表象不可能なものといったデュラスの文学の常数が、そこでは彼女自身の経験、しかも経験不可能な経験のうちに根づいて現われてくる。ここで付け加えておけば、何気なく書かれたかのような文「Dがピアノを弾いている。彼は生活がどんな状況になろうと、つねにピアノを弾いてきた。私はソファに腰かける。ピアノをやめてくれとは言い出せない。聞いていると頭がずきずきして、吐き気がまた起こる」などにも、『モデラート・

カンタービレ』から『インディア・ソング』、『北の愛人』に至るまでのデュラスにおけるピアノというトポスの系列のひとつの起源を読むことができたりもするのだ。「苦悩」は、もしそこで語られている出来事がなかったならば、けっしてわれわれが知るデュラスという作家は可能ではなかったと思われるテクスト、——それ自体が文学的であるかどうかは別にして——まさしく絶対的に現実的である表象不可能性を開示することにおいて、デュラスという作家を可能にしたテクストにほかならない。

2 〈緑の眼〉——身体なき眼差し★7

声3——あの緑は？ ……だんだん拡がってゆくけど……
声4——海ですよ。
（『インディア・ソング』より）

緑の眼（les yeux verts）は見えない眼だ。二重の意味で見えない眼だ。

まず第一に、それは何も見ていない眼だ。少なくとも〈わたし〉を少しも見ていない眼だ。あるいは、もっとはっきりと、閉じられている眼だ。

だが、そうであれば、——これが第二のことだが——〈わたし〉はまた、その眼を見ることができないのでもある。〈わたし〉にはその眼は見えない、その眼の色は見えない。それが〈緑〉であるかすら、確かではない。幻の眼なのだ。

いや、そう言うだけでは正確ではない。むしろ、われわれはこう言うべきなのだ——そのような二重に見えない眼の色こそが緑なのだ、と。緑とは、デュラスにおいては、そのような二重の盲目に与えられた色なのだ、と。

こうした仮説のためのいくつかの目印を差し出しておくならば、それは次のようになる。

（1）『緑の眼』と題された写真とインタビューと断章から成る不思議なモザイクのエッセイ集のなかで、緑の眼はただ一度しか出現しない。それは、その書物のなかほど、いや、その書物のオリジナルである『カイエ・デュ・シネマ』誌版ではまさに真ん中に位置する、それだけが〈呼びかけ〉の特異な、激しい文体をもつ不思議な断片「ジャン゠ピエール・ストンのために、緑の眼」の最後の部分である——「〔……〕そこからなんだわ、彼女が水から、この河から出てくるのは、彼女はもうひとつの斜面、聞いて、彼女を見て、彼女が来る、来る女なの、彼女は、世界の喪失よ、見て、彼女がここにいる、あなたは彼女がわかるでしょ、彼女はわたしたちの妹、わたしたちの双子の妹、彼女はやって来る、挨拶、彼女に微笑むの、とても若い、彼女はね、とても美しい、白い肌をまとって、緑の眼だわ。」★8 緑の眼——それは女の眼であり、しかも「やって来る女」、水から出てやって来る「わたしたちの双子の妹」の眼なのである。その眼の方へと〈わたし〉は歩いて行く。おそらく恋人と言ってもいいかもしれないジャン゠ピエールと、パリという街を横切り、歴史を横切り、世界を横切り——というのも、忘れてはいけないのだが、彼女は「世界の喪失」なのだから。

（2）この本の別のところでは、デュラスは、この「カイエ・デュ・シネマ」の特集のために、かつて——『ヒロシマ、わが愛』のシナリオと同じ時期に——その第一稿を書いた『廊下で座っているおとこ』という作品を全面的に書き直したが、しかし友人たちに、おそらく独立して発表するべきだと忠告されたのだろう、それをミニュイ社に送ったと語っている。つまり『廊下で座っているおとこ』は本来、この『緑の眼』のなかに収められるべきテクストだったのである。

そして確かに、この新版の『廊下で座っているおとこ』には、「緑の眼」が登場する。廊下に座った男の欲望の眼差しを浴びつづけ、その「見られている」ことにおいてみずからも欲望する女の眼について、テクストはまず、こう言う——「彼女はなにも見つめなかったかもしれない。暗い廊下に腰をおろしている男と向かいあい、瞼の下に彼女は閉じこもっている。瞼を通して彼女には空から差して来る光がくもったように透けて見える。彼女はかれが見ているのを知っている、かれがすべてを見ているのを。彼女は眼を閉じたままそのことを知っている、わたしがそれを知っているように、わたし、じっと見ているわたしが知っているように。」★9

そして、そのもう少し先では——「わたしにはまるで見えない、彼女の顔の横を向いた卵形、とても整っている、緊張した表面のほかは。わたしは思う、閉じられた眼は緑にちがいない、と。」

さらにその先、男の行為によって女にオーガズムが訪れるとき——「女の眼はなにも見ぬままに半ば開き、ふたたび閉じる。緑。」★10

一瞬、なにも見えない女の眼が、なにも見ないままで、開き、そこに〈わたし〉は、われわれは閃光のような「緑」を見るようなのだ。第一稿では、オーガズムは書き込まれていなかった。そしてまた、愛の行為をする恋人たちを見つめる〈わたし〉も言及されてはいなかった。そのことをデュラスは『緑の眼』のなかで次のように説明している——「それから愛人たちは孤立していたのではなく、たぶんわたしによって見られていたんだということ、そしてその見られていることが出来事のなかに統合されて、言及されており、言及されるべきだと思ったの。それから第一稿ではそうじゃなかったんだけど、オーガズムが起こることになったのよ。」★11

それは起こる。それは、緑の眼はやって来る。だが、二十年も前の第一稿では書き込まれていなかったこのオーガズムが起こるのは、あるいは、それを見る——それ自身もほとんどなにも見ないような——〈わたし〉の眼差しによって見つめられるからなのかもしれない。それが起こるのは、それ——すなわち二重の盲目、あるいは「世界の喪失」、あるいはもっと端的に「死」——が見られることによってである。そして、そのけっして見えない盲目が見られるのは、たぶんただ、それが書かれることによってなのである。

（3）『愛人』（一九八四年）のなかで、〈わたし〉は母について「わたしは彼らからはなれた。母の肌の匂いも、もう覚えていないし、母の眼の色も、もう眼に浮かばない。声も、もう思い出さない」と書くが、クリスティアーヌ・ブロ＝ラバレールによれば、デュラスの母親は「黒い髪で緑の眼をしていた」（『マルグリット・デュラス』）という。『愛人』はもちろん、十五歳半の〈わたし〉と中国人の愛人との物語がその前面を占めているが、しかしその〈愛〉は、むしろ上の兄と母親との偏愛的関係と下の兄と自分との双生児的関係（「下の兄の身体とはこのわたしの身体だという認識」）を含み込んだ破壊的な家族関係のひとつの〈効果〉として読むこともできるだろう。『愛人』で語られる物語の中心には、そこで性的悦楽を知らないと断言されているこの母親の、デュラスがあえて忘れてしまった、そしてそれゆえに、それを絶望的に求め続けている〈緑の眼〉があるのかもしれない。

しかし『愛人』と〈同じ物語〉をまったく別の仕方で語っている『北の愛人』（一九九一年）では、今度は、緑の眼をもつとされるのは、その十五歳半の少女のほうである。そしてそれは、少女を、デュラスの物語において圧倒的に不在である父親に結びつけている――「そう。明らかに、まだ少女だ。まだ、痩せている、まだほとんど乳房がない。長く伸ばした赤茶色のカールした髪、現地人の履くような、革の紐でとめる軽い木靴を履いている。瞳は茶色の線条のはいった明るい緑。亡くなったお父上の眼とそっくり、と言われる。」★12

（4）さらに、『緑の眼』に収められた一九六一年のインタヴュー（「オランジュのナディーヌ」）でデュラスが強い関心を示している大人の男と少女のあいだの恋愛と正確にシンメトリックな大人の女性指導員と少年のあいだの恋愛の物語である『ヤン・アンドレア・シュタイナー』（一九九二年）でも、「灰色の眼をした」その少年の幻の妹について、「緑の眼」という言葉が発せられている――「そして彼女がかれに言った。あなたは灰色の眼をした子どもよ、それがあなたそのものなのよ、と。子どもは、自分が離れていたあいだに、彼女が泣いたのを見てとった。子どもは、泣かれるのはいやだと言った。妹のことが原因なのはわかっているが、ときどきジュディットのことを話さずにはいられなくなるのだと言った。彼女はジュディットの眼の色をたずねた。かれはもうおぼえていなかった。緑とかれは思いこんでいた。母親がそう言っていたから。」★13

もちろん、われわれはデュラスにおけるありうべき膨大な眼の系譜学（青い眼、灰色の眼、緑の眼など）のうちのほんのわずかな目印を取り出したにすぎない。しかし、それでもわれわれはここから、〈緑の眼〉がいわば、八〇年代のデュラスのエクリチュールを貫いている根源的なフィギュールのひとつであることが理解できる。すなわち、それがデュラスという作家の根底にある欲望の原型的構造のある種の消失点、盲点としての消失点として機能していることが理解できるだろう。

この欲望の構造は、——少しでもデュラスの作品群に親しんだ者には明らかだが——基本的には、三項関係である。愛し合う二人のカップルと、その盲目的な「愛」の関係から疎外され、排除され、分離され、しかしその二人の関係を見つめることをやめられない第三の存在。しかし、これもまたデュラスの読者には明らかなことだが、この三項関係はけっして、嫉妬の力学に貫かれたいわゆる三角関係ではなく、死の強度に貫かれた極限の愛であり、欲望なのである。

この欲望の三項関係は、ほかのどの作品よりも『愛人』のなかで、その衝撃的な簡潔性を備えた定式によって表現されている。すなわち、学校の寮の同室者であるエレーヌ・ラゴネルを自分の愛人である中国人の男と関係させ、それを見たいという激しい欲望を語る部分である——「わたしはエレーヌ・ラゴネルが欲しくってぐったりしている。／わたしは欲望でぐったりしている。／わたしはエレーヌ・ラゴネルを一緒に連れて行きたい、あそこに、毎晩わたしが眼を閉じて、わが身に悦楽をあたえてもらい、声をあげているあそこに。わたしは、わたしの上に乗っかってあれをする男にエレーヌ・ラゴネルをあたえて、こんどは彼女の上であれをさせたい。わたしのいるところでそうさせる、彼女がわたしの欲するままにあれをやるんだ、彼女が身をまかせるのだ、わたしが身をまかせているあそこで。そうすればきっと、エレーヌ・ラゴネルの身体という回り道をへて、彼女の身体を横切って、悦楽があのひとからわたしへとやってくるだろう、そのときこそ決定的に。／それで死んでしまうくらいたっぷりと。」★14

　こうしてデュラスは、――それが正確に自伝的であるかどうかは別にして（そんなこと誰にもわからないのだから）――この物語のなかで、ということはみずからのエクリチュールのはじまり以前のはじまり、その不可視の起源のうちに、この究極的な欲望の原・構造を書きこんでしまう。というのも、『愛人』という作品は、また同時に、まるでプルーストの『失われた時をもとめて』のように、なによりもデュラス自身の書くことがどのようにはじまったのか、をみずから語る物語であるからだ。それは単純な文によって告げられる――「わたしは母に答えた、何よりやりたいのは、書くこと、それだけ、そのほかは何も。」★15

　荘重で、断固として、しかも不条理なこの宣言があって、それから中国人との「愛」があるのであって、けっしてその逆ではない。出来事があって、それからそれを書くというのではないのだ。そうではなくて、それ自体以外のいかなる根拠もなく、まずはじめに「書くこと」があり、そしてそれに従って「愛」が起こる。つまり〈わたし〉は、まるでそれが「書くこと」であるかのように、「愛」を行ない、その「愛」を見るのである。〈わたし〉は中国人との「愛」をほとんど書いたのだ。

　このことは限りなく重要だ。なぜならば、これこそがデュラスの倒錯であり、狂気であり、そのエクリチュールの途方もない強度であるからだ。デュラスにおいては、「見ること」は「書くこと」である。すなわち、「見ること」は少しも自明ではないのであって、それはすべてがそこに到達すべき究極の出来事ですらあるのだ。

　別の言い方をするなら、デュラスにおいては、「見ること」ははじめから引き裂かれており、ある根源的な切断、分離を蒙ってしまっている。すなわち、一方に何も見ない身体、盲目の身体があり、そして他方に、それを見つめる身体なき眼差しがあるということ。「書く」という行為が意味するのは、まずはすべてを凝視する身体なき眼差しというポジション、死者のポジションを引き受けることにほかならない。そして、この身体なき眼差しが、——まるで臨死体験の証言が語っているように——あるいは自分のものでもあったかもしれない身体、しかも欲望する盲目の身体を見るのである。身体なき眼差し、盲目の欲望する身体、欲望の対象の身体——デュラスの三項関係はこのような項が構成する死と欲望と愛のエクリチュールの生成の場なのである。

このトポロジーは、すぐにわかることだが、確かに映画の空間のトポロジーに似通っている。映画の空間のなかで、われわれはまさにみずからの身体をもたない眼差しとなってスクリーンの上の「愛」と「欲望」の物語を見る。そしてデュラスのエクリチュールは、その根源的にシネマトグラフィックな構造に導かれるようにして、ほとんど必然的に、映画へと近づいていくのである。

デュラスはそうしてシネアストとなる。しかし、映画は、一般的には、むしろ「見ること」の忘却にすぎない。観客は、多くの場合は、そこで身体をもたない眼差しの恐怖も、身体をもつことの歓喜も知らないままである。そこでは「書くこと」の契機は徹底して忘れられている。しかし、デュラスにとって重要なことは、映画を可能にしているその根源的な空間構造にとどまることである。すなわち、エクリチュール、つまり「書くこと」としての「見ること」が生起するもっとも根源的な場をもう一度、実現することである。

そこで、デュラスは、映画に、あのエクリチュールと欲望の三項関係を貫いていたのとまったく同じ分離、断絶を導入するだろう。つまり、『インディア・ソング』ほかのフィルムが美しく証言しているように、身体のプレザンスを欠いた声とスクリーン上の映像とのあいだの徹底した分離を導入するだろう。そこでは、声が、言葉が「見る」のだ。そして、さらには、『大西洋の男』では、とうとう観客はえんえんと黒い画面を「見る」、いや、ただ、そこで読まれるテクストを通じてのみ「見る」ことを、そうしてみずからの眼差しを、その欲望を、その盲目を、そしてその暗い空間を満たした「死」を「見る」ことを強いられるだろう。

「シネマ・ディフェラン（異種の映画）」とデュラスは言う。あるいは、〈映画の殺戮〉というような言葉も彼女の口から発せられる。だが、もし映画というものが、もっとも根源的な欲望と対になった世界におけるもっとも根源的な行為である「見る」という奇蹟をそのたびごとに祀るものであったとしたら、デュラスの映画はまさに「ル・シネマ」にほかならないのだ。

というのも、少なくともデュラス的なコンテクストにおいては、「見る」こととは、なによりもその究極においては、けっして見えないもの、すなわち「死」そのものを見ることにほかならないからだ。欲望する身体が「死」を見る、みずからの不在を見る、それが閉ざされた眼にとっての「見る」ことだ。そして、逆に、身体なき眼差しは、その眼にそうして「死」を与え返してやることによって、逆説的に、身体を、身体の欲望を、つまり歓喜そして悦楽を得る。「そうすればきっと、エレーヌ・ラゴネルの身体という回り道をへて、彼女の身体を横切って、悦楽があのひとからわたしへとやってくるだろう、そのときこそ決定的に。／それで死んでしまうくらいたっぷりと。」――盲目の身体が恐怖に包まれながらも死の眼差しを見、そしてそれとクロスしつつ、身体なき死の眼差しがまるで身体をもつ。けっして距離を廃棄しない究極のキアスムが起こるとき、眼は緑の眼なのである。

よく知られているように、『愛人』の起源には一枚の〈絶対的な映像〉があった。メコン河を渡る渡し船の上の〈わたし〉の姿――古びた絹のサックドレスに男物の革のベルトを締め、男物の紫檀色のソフト帽を被り、金ラメのハイヒールを履いた十五歳半の〈わたし〉。それは、おそらく、別の身体をまとうことによって、「自分の身体が他者の身体である」ことをはじめて実現した〈わたし〉の像、そうすることによって獲得した、身体なき眼差しによって見られたはじめての像だったのだ。「わたしはよくあの映像のことを考える、いまでもわたしの眼にだけは見えるあの映像、その話をしたことはこれまで一度もない。いつもそれは同じ沈黙に包まれたまま、こちらをはっとさせる。自分のいろいろな像のなかでも気に入っている像だ、これがわたしだとわかる像、自分でうっとりしてしまう像」――これからまさにもっとも他者なるものにみずからの身体を差し出し、委ね、そうして欲望なるものを、あるいは自分がすでにそれであるところの死なるものを見ようとするこの少女、十五歳半ですでに充分、死んでいい、いたこの少女の眼は――もしテクストがそれを名指そうとしたのなら――緑であったはずではないだろうか？

★註

★1 Marguerite Duras, *La douleur*, P. O. L., 1985. 以下、「苦悩」に関しては、基本的には、マルグリット・デュラス『苦悩』田中倫郎訳、河出書房新社、一九八五年に従うが、若干、表記を変えたところもある。引用は、同書九八頁。

★2 同書、一一頁。

★3 同書、四〇頁。

★4 同書、五二―五三頁。

★5 同書、七八頁。

★6 マルグリット・デュラス『緑の眼』（小林康夫訳、河出書房新社、一九九八年）のなかの「イスラエルの庭はけっして夜にならなかった」を参照。そこでデュラスは「苦悩」について話しながら、『ヒロシマ、わが愛』や『インディア・ソング』と同じく、「現在が終わりから、死から由来することになるように、つまり現在が、終わりや死の刻印を帯びるように」と述べている。

★7 本論は、初出一覧にもあるように、わたしが訳したデュラスの『緑の眼』の訳者による解説として書かれたものである。前節の「苦悩」をめぐる考察の延長に位置するものとして、デュラスにおける〈眼差し〉のあり方を検討するものとしてここにふたつ併せてひとつの「光学」、たぶん「恐怖の光学」あるいは「死の光学」とでも呼ぶべき構造を浮かび上がらせておきたい。

★8 Marguerite Duras, *Les yeux verts*, éd. Cahiers du Cinéma, 1980 et 1987, p. 86. 邦訳八八頁。

★9 Marguerite Duras, *L'homme assis dans le couloir*, éd. Minuit, 1980. 邦訳は、マルグリット・デュラス『廊下で座っているおとこ』小沼純一訳、書

★10 肆山田、一九九四年、一一頁。ただし表記などをわずかに変えたところがある。

★11 同書、一六頁。

★12 『緑の眼』前掲邦訳、六〇—六一頁。

★13 マルグリット・デュラス『北の愛人』清水徹訳、河出書房新社、一九九二年、二〇頁。しかし同時に一三〇頁では、母親も「緑色の眼」と言われている。「——そのころの母はどんなふうだったんです？　わたしはまるで知らないので。（……）——緑色の眼。それから、黒い髪。美しかった。」

★14 マルグリット・デュラス『ヤン・アンドレア・シュタイナー』田中倫郎訳、河出書房新社、一九九二年、一三九—一四〇頁。

★14 マルグリット・デュラス『愛人』清水徹訳、河出書房新社、一九八五年、一二二—一二三頁。

★15 同書、三六頁。だが、「書くことだけ、それ以外のことはなにもしない」というのは、『エクリール』（一九九三年）によれば、レイモン・クノーがデュラスに言った言葉である。とすれば、デュラスはクノーが贈った「書くこと」の「法」を十五歳半の自分へと——後から、捏造的に——転写しているのだろうか。そうかもしれない。もちろん、デュラスはそうする権利がある。

墓の光学——デュシャンの〈完全犯罪〉★1

永遠がついに「そのひと」そのものにかれを変えるように
ステファヌ・マラルメ「エドガー・ポーの墓」★2

〈完全犯罪〉と言っていいだろう。すべての徴候が、そこで犯罪、しかも性的な犯罪が行なわれたことを物語っている。真昼の垂直の光が差し込む野原のまんなかに放り出され、置き去りにされた女性の、しかも少女のような裸体、大きく広げられた両脚、剝きだしの下半身——死んでいるのか、ただ動かないだけなのか、しかしその硬直した不動の姿勢は、確かになにか暴力的な犯罪が行なわれたことを暗示しているようだ。だが、不思議なことに、たとえそれが犯罪であるとして、しかも誰が犯人であるかは、ある意味で誰にも明瞭であるのにもかかわらず、しかし誰もいったいその衝撃的な光景が何であるのか、突き詰めることができない。犯人はわかっているのに、そして被害者は、——その顔は見えないのだが——そこに、われわれの眼の前に、あまりにもこれ以上ないほどあからさまに、暴露され、露出され、晒され続けているというのに、しかしそこで何が起こったのか、誰にもわからないのだ。

いや、犯人がわかっているのなら、犯人に尋《き》いてみればいい、とひとは言うかもしれない。だが、犯人はすでに消えてしまっている。すでにこの世を立ち去っているのだ。この現場は、犯人が、この世を去るときに、残していった〈完全犯罪〉の謎の現場なのである。まさに、ここではすべてが、外部と遮断され、完全に密閉された部屋、いや、箱のなかで起こっているのである以上、探偵小説の〈オハコ〉であるあの〈密室犯罪〉の系列に属するものなのである。

誰もが、かれのもっとも親しい人々すら、かれはもう芸術からほとんど足を洗ってしまっていると思っていた。散発的になにやらオブジェ状のものをパブリックな場にもちだすことはあっても、しかし「彼女の独身者たちによって裸にされた花嫁、さえも」(「大ガラス」)を未完のまま中断して以来、大がかりな作品を制作することはやめて、チェスに没頭しているのだ、と思われてきたのである。そして、その芸術への断念は、むしろかれを〈反芸術〉の神話の中心的なフィギュールにしていた。しかし、その間も、かれ、つまりマルセル・デュシャンは、すべての人々の目を欺いて、ほぼ二十年にわたって、誰にも知られることなく、ニューヨークの、まずは十四番街で、ついで一九六五年以降は、十一番街の秘密のアトリエで、その作品を作ってきたのであった。

その作品、つまり通常「遺作」という名で呼ばれる、「1°水の落下、と 2°照明用ガス が与えられたとせよ」(一九四六―六六年)は、その当初から、あくまでも、作家の死後に陽の目を見るべき「遺作」の作品として計画されていた。つまり作家の死によってたまたま「遺作」になったものではなく、「遺作」として作られていたということである。実際、大量生産品によるレディ・メイドのオブジェからはじまって、みずからの作品のミニチュアの複製を収めたポータブルな美術館である鞄の制作に至るまで、ある意味では芸術作品の伝統的な一回性をゆり動かすようなマルチプルな複製原理を導入したデュシャンは、この作品については、アトリエの作品を解体して、それを運搬し、唯一の設置場所と定められたフィラデルフィア美術館の一室にそれを復原的に収める技術的な指針を認めた「遺書」を残していた。そして、同時に、みずからの死後十五年の期間について、写真を含めて、この作品のいっさいの複製を禁じたのである。(図13)

このことをどのように考えるべきか? もちろん、つねに、芸術のさまざまな既存の前提を打ち破って、他人を驚かせる作品を作ってきたデュシャンである。これもまた、かれの驚くべき「一手」、最後に放った「びっくり箱」の「奇手」だったと考えることもできる。他人を驚かすためにこそ、かれは二十年ものあいだその制作を人目から隠し続けたのだろうか。そうかもしれない。しかし、はじめから死後にのみ意味をもつものとして、その存在を隠され続けた箱である。しかも、特定のひとつの場所に安置され、その複製が厳しく禁じられた密閉空間である。しかも、そのなかには、ひとつのほとんど硬直した身体が横たわっているのである。もっとも自然な解釈は、ただ、それらの事実を文字通りに受け取ることである。すなわち、それは、墓でしかありえない。

　そのことは、あるいは、この作品の奇妙なタイトルの一部が暗示していることかもしれない。というのも、フランス語のなかでの操作を通して、〈水の落下〉chute d'eau は、同時に、〈落ちる〉tomber という動詞に置き換えることによって、〈tombe + eau〉つまり〈墓〉tombe あるいは tombeau を導くこともできるからだ。★[3] このような操作は、もちろん言葉遊びに属するものだが、しかしデュシャンを少しでも知る者にとっては、ある意味でかれのすべての仕事の源泉には、そうした浮遊するシニフィアンの遊びがあること、かれがそれに天才的なまでに習熟していたことを知っている。それはデュシャンの世界にとっては、けっしてマイナーな、マージナルなものではないのだ。

　さらに付け加えるなら、デュシャンは、若いときから、ステファヌ・マラルメの詩の愛読者、というより、マラルメの言語宇宙を精神の糧として、仕事をしてきたということがある。かれはいつでもその詩句を暗誦できるほどにマラルメの詩世界に没入していたのである。マラルメは、まさに「墓」の詩人であった。少年が最後に「先祖の墓」に降りて行く『イジチュール』、あるいは最愛の息子の死に際して書かれた『アナトールの墓』、あるいは、「墓」と題されたいくつものソネ。そこには、「エドガー・ポーの墓」や「シャルル・ボードレールの墓」といった作品もある。だが、それだけではなく、マラルメにとっては、まさに詩作品そのものが、そのもっとも深い意味において、本質的に「空虚なサロン」、「骨壺」、ステュクスの河（三途の川）の「うつろに響く捨てられた飾りもの」のようなものなのだ。

　実際、これはつとに、生前のデュシャンと親交のあった荒川修作が主張していることだが、★[4] デュシャンの「遺作」は、マラルメの墓の詩群と深い関係があるとも言われている。事実、その「シャルル・ボードレールの墓」では、次に見るように、「照明用のガス」も「枯れた茂み」も「恥丘」もその光景のなかに現われるのだ。

埋葬された寺院は吐き出す、泥とルビーの涎を垂れ流す
下水のようなその墓穴の口から、おぞましくも、
なにか地獄の番神アニュビスらしき偶像を、
その犬面の鼻先は、獰猛な唸り声に似て、焔となって燃えている

図13 デュシャン「遺作」(扉と内部)

あるいは最近のガスが捻じ曲げる、ほつれ毛のようにいかがわしく捻れた灯心
それは、誰もが知るように、蒙った恥辱をぬぐい去るもの
火を灯されるのは、剣呑にも、不死の恥丘
と、その明かりは、街燈のごとくに、飛び翔けて外に寝床を求めるのか

夜なき都市にあって、奉献されたどのような枯れた茂みなら
祝福できるだろうか、ボードレールの、虚しくも、大理石の
墓にぴったりと身を寄せて座り込んでいるそのひとのように

戦慄とともに、その不在のひとを取り囲むヴェールのもと
そのひと、その「影」そのもの、もしわれわれが滅びるとても
つねに吸い込むべき守護の猛毒を。★5

われわれは、この詩を「遺作」の傍らにおくと、その二つの光景のあいだにある種の接近が引き起こされることが確認できればそれでいい。なにも、「遺作」がこの詩の視覚化だと主張するわけではない。重要な差異だが、マラルメの場合は、ボードレールの墓を想像的にイメージするこのテクストそのものが、それ自体で「墓」であり、それゆえ、作品は、「シャルル・ボードレール」という固有名を墓碑のように刻み込んでいる。そして、この詩という墓にして「寺院」には実は、身体は埋葬されてはいないが、しかしこの言葉の空間は、ひとたび「口」によって立ち上げられるや否や、そこには、不在のボードレールの「影」が降り立つはずなのだ。しかし、デュ

シャンの場合には、墓は、固有名を刻み込んではいない。その代わりに、高く掲げられたガス燈に照らし出されて「不死の恥丘」をもった身体が安置されているのである。

だが、いったいこの身体、この女性は誰なのか？

いったい誰がこの墓の空間に埋葬されているのか？

いや、この身体が誰なのか、についてては、ある意味ではすでに調査は終わっている。それがほんとうの被害者かどうかはわからないが、身元は割れているのである。つまり、この身体は、一九四七年から四八年にかけてデュシャンとのあいだに激しい愛のドラマがあった、ブラジルの外交官夫人で、みずからも彫刻家であったマリア・マルティンスとされている。デュシャンは、彼女の身体から鋳型を作り、それを使って、「遺作」以前に、それとほぼ同名の、石膏をなめし革で包んだレリーフの作品「照明用ガスと水の落下」（一九四七—四八年）を制作

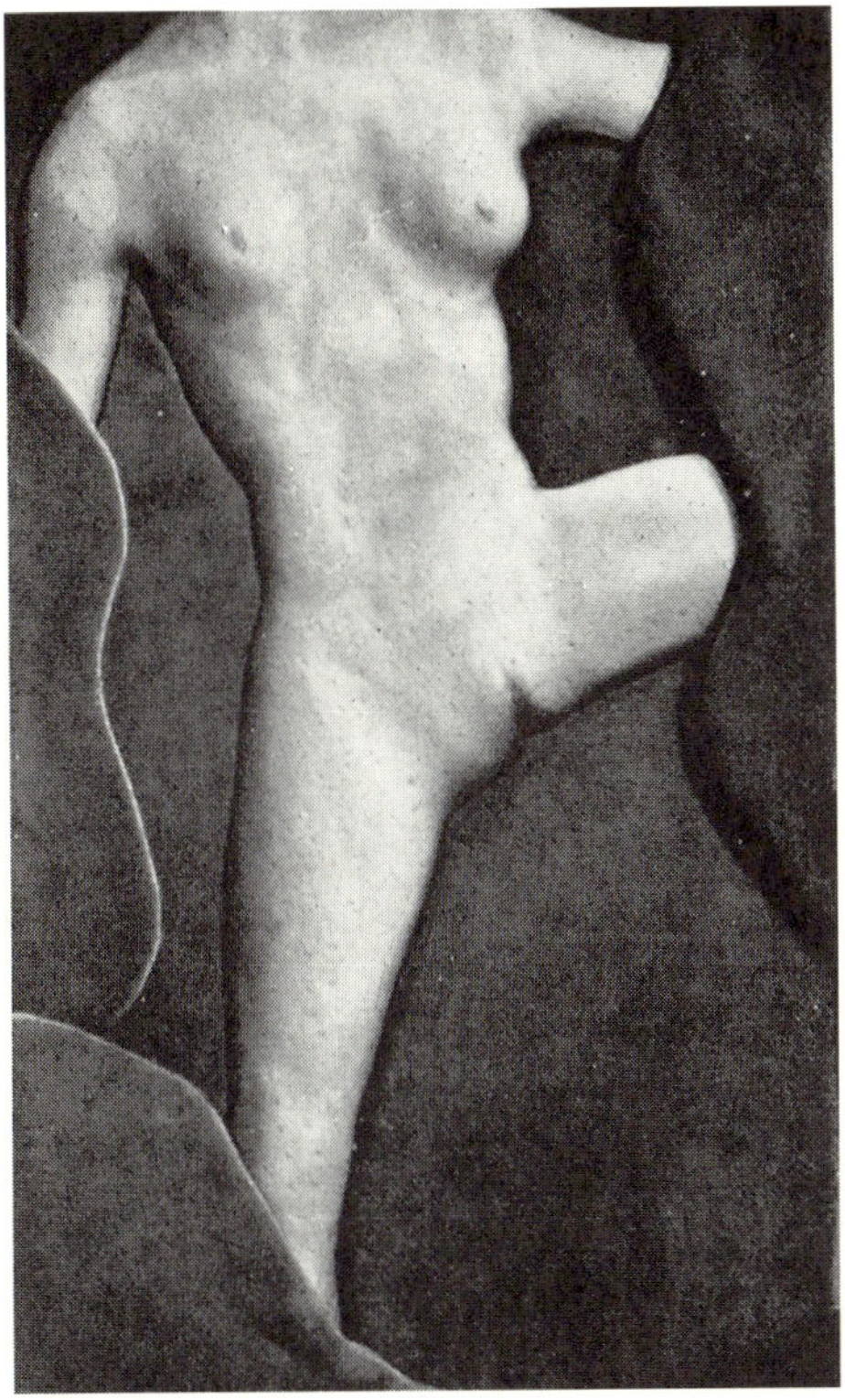
図14 デュシャン「遺作」

してもいるのである（図14）。★6

とすれば、「遺作」は、おそらくデュシャンが人生でもっとも愛した女であったにちがいないマリア・マルティンスの思い出に捧げられた「墓」、かれらの「愛の墓」なのだろうか？　だが、そうであれば、なぜこの身体は、あの大ガラス作品の「雌の縊死体」のように顔を欠いているのか？　両脚を大きく広げて横たわるその身体を前にして、いったい誰が崇高化され永遠化された愛の光景だという感覚をもつことができるだろう。すべては、もっと挑発的なまでに、無残で劣情的である。そこにあるのは、「愛」ではなく、もっと裸の「欲望」である。それは、確かに〈裸にされた〉「花嫁」Mariée であり、〈裸にされた〉マリア Maria であるかもしれないが、実は、そこで問題になっているのは、むしろあくまでもそのような身体を見るという激しい欲望なのである。

実際、思い出しておかなければならないが、フィラデルフィア美術館のこの作品において決定的なことは、問題となっている犯罪現場のような光景は、あくまでも扉に開けられた〈覗き穴〉を通してのみ見られるものだということである。この扉は、デュシャンがスペインのカダケスから運ばせた古い扉なのだが、そこに穿たれた二つの穴に、見る者は両目を押し当てて中を覗き込まなければならないのであって、そこでは誰もが〈窃視者〉の位置に貶められるのである。だが、そうして中を覗き込むと、そこにはまるでフラッシュでも焚かれたかのような過激な照明の光景である。そこには真昼の光が満ちあふれているのだ。遠くに見えるのは、山であり森である。そこには、まさに文字通り「水の落下」である滝も見える。しかし、間近に見えるのは、まずは、野原の枯れ枝や枯葉のまっただなかに、両脚を開いて「恥丘」までも晒した女の身体であり、その女が、そう、まるで灯明のように、高く掲げているガス燈である。すなわち、扉の中の光景は、真昼の外の光景である。ということは、それは墓の中ではないのだ。そうではなくて、墓は、むしろこちら側にある。つまり、その光景を見る者は、墓の中から見ているのである。

それこそマルセル・デュシャンの深いたくらみではなかったか。われわれは、墓の中にいて、その墓の中から墓前の光景を逆に見ている。われわれは、マルセル・デュシャンの墓の中にいることになるのだ。

〈覗き穴〉はこうして墓の内部と外部とを反転させてしまう。箱の中は、墓の外である。とすれば、「°1水の落下、と °2照明用ガス　が与えられたとせよ」という二つの条件は、まさに、「°1墓　°2墓の外部（供物）」を指示しているのかもしれないのだ。マラルメの「シャルル・ボードレールの墓」では、地下に埋められた墓が「下水」として外に現われるところに、地獄の番犬アニュビス Anubis――この音のなかにもすでに「裸体」nu が忍び込んでいるのだが★7――がまるで番人のように仕えているのだった。それと同じく、マルセル・デュシャンの墓の前にも、顔のない、名前のない女の裸体が、まるで死後なお滅びることのない見る欲望への永遠の供物のように、捧げられ、〈与えられ〉étant donné 続けているのである。

〈覗き穴〉のあるこの扉は、だからある種の〈蝶番〉である。デュシャンは、生涯にわたっていくつかの根源的な構造装置に関心をいだき続けていたが、そのなかでも〈蝶番〉は、もっとも重要なもののひとつであった。たとえば、「グリーン・ボックス」としてまとめられた断片ノートのなかには、次のような一節がある。

> おそらく蝶番のタブローをつくる。（折りたたみの物差し、本……）
> 移動の場合に蝶番の原理を活用する、つまり °1平面において、°2空間において。★8

あるいは、同じく別の断片では、かれはこう書いている。

> 内部と外部（四次元の拡がりにとって）は同じような同一化を受け取ることができるのだが、しかし軸はもはや垂直ではなく、もはや一次元的な見かけをもってはいない。★9

実際、たとえば「大ガラス」は、この〈蝶番の原理〉を平面に、しかも垂直に適用したものと考えることもできるだろう。「花嫁」の部分が上方にあり、「独身者たち」は下方にあって、その両者のあいだには断絶があるが、同時に、〈水の落下〉（水車）からはじまる「独身者たち」の欲望は、最後には小さな大砲という〈独身者の機械〉によって発射されてガラスに穴を開けるのだった。そして、「遺作」とは、それを空間に、さらには「四次元の拡がり」へと適用したものと言えるだろうか。ここでは、蝶番は、ただ内部と外部とのあいだの空間的な反転だけではなく、まさに「墓」として、生と死とのあいだ、過去の死んだ時間（故マルセル・デュシャン）と未来の時間（美術館の観客たち）とのあいだの反転をも仕掛けているからである。

　こうしてマルセル・デュシャンは、われわれに奇妙な墓を遺贈した。それは、紛れもなくかれ自身の墓でありながら、しかしそこにはかれの遺体は横たわってはいない、埋葬されてはいない。そこに埋葬され enseveli 、いや、もっと正確に言えば、外葬 ex-seveli されているのは、かれの眼差し、欲望の眼差しなのである。その見る欲望こそ、フィラデルフィア美術館を訪れるデュシャンの墓への参拝者たちの誰もが、扉の穴に眼を押し当てるときに、必然的に同一化しないわけにはいかない欲望なのである。この墓は欲望の装置なのであり、そのたびごとに、それは覗き穴に眼を押し当てる者に、そのみずからの見る欲望そのものを、そしてその究極的な欲望の対象であるかもしれない忘れがたい、鮮烈な光景を、刻み込み、写し込む。それは、大きく股を広げて差し出されたまさに——最晩年のデュシャンがその模写からリトグラフを制作しているあの有名なクールベの——「世界の起源」（図15）の光景である。誕生と死（後）とがここでは向かい合っているのである。逆に言えば、この「世界の起源」の光景こそが、あの墓の扉に穿たれた穴を通して、内部から外部へ、しかし同時に外部から内部へ、反転的に、観る者の網膜に灼き込まれるのである。

　これは、写真である。反転された写真である。それは、文字通り眩いまでに「明るい部屋」である。その部屋の中に秘匿された原初の光景、欲望の対象の光景が、まさに反転的に墓の中、死のなかにいることになる観客の眼を「カメラ・オブスキュラ」としてそこに写されるのだ。
実際、写真という装置が、この作品にとっては、その原型的な反転モデルであることは、その構想の、ほとんど起源からはっきりしているように思われる。それは、たとえば、一九一四―一六年に遡るまさに「遺作」と「大ガラス」という二大作品の共通の「起源」としての「与えられたとせよ」Etant donnéについての二つの、ほとんど同じ内容のメモ（「序文」そして「通知」）が証すとおりである。

序文
　与えられたとせよ、1°水の落下
　　　　　　　　　2°照明用のガス
が、われわれは、法則によって互いに他を必要としているように思われる一連の三面記事の連なりの「瞬間的な休止」（あるいはアレゴリー的見かけ）の諸条件を決定するだろう。それは、一方ではこの「休止」と（……）他方では、これらの法則によって正当化され、またそれらを招き寄せる「可能性」の選択のあい

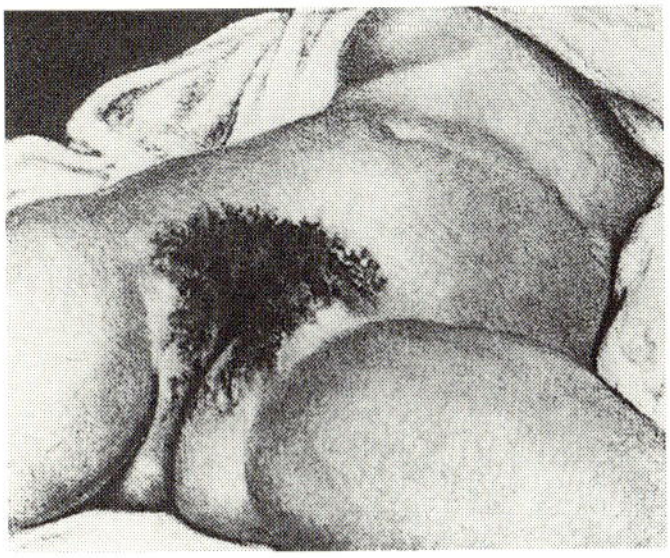
図15 クールベ「世界の起源」

だの一致の記号をそれだけ取り出すためである。

瞬間的な休止のために＝きわめて急速の表現を導入すること★10

もちろんこれだけでは、この「可能性の選択」が具体的に何を意味していたのかははっきりとはわからない。しかし、それは、あるいは、まさに写真機のような、なんらかの機械的なシステムや装置であったのかもしれない。というのも、それは、「きわめて急速な露出」を通して、「アレゴリー的な見かけ」にほかならない「瞬間的な休止」を与えるものとされているからである。その「瞬間的な休止」Repos instantané とは、まさに「永遠の休息（＝死）」Repos éternel の反転以外のなにものでもないのだ。

とすれば、このノートが書かれてから五十年も後に、マルセル・デュシャンは、この「瞬間的な休止」あるいは「アレゴリー的見かけ」のための「カメラ・オブスキュラ」をようやく実現したのかもしれない。それは、まるで写真のネガとポジとが反転するように、それそのものとしては、あまりにも明るい、燃えるように眩い「明るい部屋」であった。その部屋は、それ自体が外の光景でありながら、同時に、見る欲望の不滅の対象、その「猛毒」のような対象のイメージを、その穴を覗き込む者に写し込む。そしてそのことによって、見る者は、まさにマルセル・デュシャンの幽霊的な見る欲望、その根源的なまでにエロティックな欲望に同一化することを余儀なくされるのだ。

この見る欲望は、言うまでもなく、すべての芸術の根底そのものである。★11それは、デュシャンによれば、けっして単に感覚的な、網膜的な快楽に還元されるものではなく、本質的に知性と結びついたエロスに関わるものであった。よく知られているように、かれは「網膜的な絵画」を否定した。その否定から生まれた「大ガラス」は、一言で言うなら、「ガラス製の遅延」の絵画であった。そこでは、絵画は、直接的ではなく、つねに遅れていた。花嫁の脱衣はつねに遅れているのであり、その遅れの時間こそが、独身者たちの宙吊りにされた欲望の時間なのであった。だが、おそらく「遺作」においては、すでに脱衣は、完全に終わってしまっている。すでに遅れはなく、宙吊りはない。「大ガラス」が、いつまでも起こらない未発の時間（遅れ）の作品であるとすれば、「遺作」は、すべてが終わってしまった、もうなにも起こらない事後の時間、死後の時間の作品である。しかし、その事後の「休止」が、しかし幽霊的に限りなく反復されるのだ。その意味では、「遺作」は、「絵画の墓」なのである。絵画の、そして芸術の欲望が、限りなく回帰し、反復される欲望の装置なのである。それは、墓として、永遠なのだ。

★註

★1 この論考は、当初、二〇〇一年五月にスイス連邦のジュネーヴ大学で行なわれた国際シンポジウム「限界を超える作品」L'œuvre illimitée において口頭発表されたものである。その講演原稿は、以下のように公刊されている。Yasuo Kobayashi, "Au-delà de la mort...l'œuvre il-limitée de Marcel Duchamp", in *Littérature*, No. 125, éd. Larousse, 2002, Paris, pp. 80-85. 本稿は、そのテクストをもとにあらためて日本語に書き直したものである。

★2 Stéphane Mallarmé, "Le tombeau d'Edger Poe", Bibliothèque de la Pléiade, p. 70. 以下、マラルメのテクストの出典は、プレイアッド版全集による。

★3 「照明用ガス」については、「大ガラス」以来、デュシャンにとっては、「ガス」が（独身者たちの）性的な欲望のメタファーであることを指摘しておこう。また、これは後からの牽強付会の向きもあるが、「gaz」から、今度は、英語の「gaze」へと言語の壁を越えてシニフィアンの浮遊を考えるのなら、「見ること」あるいは「眼差し」をそこに読むこともできるかもしれない。つまり、「墓」と「眼差し」――まさにこの作品の骨格的な構造である。

★4 わたしがこの指摘を荒川修作氏から聞いたのは、一九九〇年に東高現代美術館で開かれた「荒川修作展――宮川淳へ」のときだったと記憶している。

★5 Stéphane Mallarmé, "Le tombeau de Charles Baudelaire", Bibliothèque de la Pléiade, p. 70. 言うまでもなく、ここでの訳は仮の訳にすぎない。詳細

にコメントする用意はここではないが、この詩作品は、ボードレールの墓を記述しているのではなく、この作品そのものが「墓」なのだということは忘れてはならないだろう。だから、当然、ここには、ボードレールの「軀」があるわけではない。それは「不在」なのだが、しかしこのまがまがしい詩の言葉の響きのなかに、「その影」が寄るはずなのだ。

★6　顔のない、片足を大きくあげて性器を剝き出しにした一九四七年の鉛筆画のスケッチがあって、それは「マリア、水の滴り、照明用のガス、が与えられたとせよ」と題されていた。これが、「遺作」の最初の直接の習作とされている（カルヴィン・トムキンズ『マルセル・デュシャン』木下哲夫訳、みすず書房、二〇〇三年、三六四頁を参照のこと）。また、同書の記述によると、「遺作」の胴体部は、マリア・マルティンスのものだが、「左腕とガス燈を掲げる手はティニー・デュシャンのもの」とされている（四七九頁）。

★7　さらには、「bis」を「二番目の」という意味に解するなら、この奇妙な名のうちに「Mise à nu, bis」（つまり「裸にされた2」）を読むことも不可能ではないか。

★8　Marcel Duchamp, *Duchamp du signe*, présenté par Michel Sanouillet, éd. Flammarion, 1975, p. 42.

★9　*ibid.*, p. 45.

★10　*ibid.*, p. 43.

★11　われわれはここでは、あえてこの作品の構造と本書の冒頭の論文で扱ったデューラーの透視図法の図示の構造との類似性には触れなかったが、ある意味でこの「遺作」が横たわる裸婦を透視図法でとらえるデューラーの装置の、こう言ってよければ、四次元化であることは明白だろう。周知のようにデュシャンは透視図法の研究に没頭していたことがあった。デューラーからデュシャンへ——表象装置のモデルニテがそこにある。

IV

転回の詩学

大地論序説——詩・技術・死

I

大地から／への転回——ハイデガーと大地の喪失

「すべてのものはここで結合する」——フランシス・ポンジュ★1

一九六六年の九月におこなわれたものでありながら、当人の意志によって生前には発表が差し止められ、七六年五月二十六日の死の直後にようやく陽の目を見たインタヴューのなかで、ハイデガーはつぎのように言う。

あなたがたにもそれがおののきであったかどうかわかりませんが、いずれにしても、月から送られてきた地球の写真を見たときにわたしはおののきを覚えました。わたしたちには原子爆弾なんかもういらない。人間の根こぎがすでにそこにあるのです。わたしたちに残されているのは純粋に技術的な状況です。今日、人間が生きているのは、もはやいかなる地球（＝大地）の上でもないのです。★2

雑誌「シュピーゲル」によって行なわれたこのインタヴューそのものは、今日〈ハイデガー問題〉として論議されている第三帝国時代つまりナチ統治下でのハイデガーの政治的態度・行為に対するハイデガー自身による釈明を目標とするものであった。それは釈明としては不十分なものであり、けっして人々を納得させるようなものではなかったが、しかしここでのわれわれの関心は直接的にはその問題に向かってはいない。われわれの興味を引きつけるのは、一九三三年のフライブルク大学総長就任を中心とする三〇年代の政治的な関与についての対話が——まるでほとんど必然であったかのように——〈現代技術の惑星的規模の運動〉という主題へと延長され、そこで彼自身の思考のもっとも切迫した問題として「われわれはいまだ技術の本質に対応するいかなる道ももってはいない」という認識が語られることである。この発言に対して、質問者は、おそらくジャーナリズム特有の装われた素朴さの戦略に従ってであろうが、現代技術のおかげで人々は〈安楽〉に暮らしているではないか、いったいなにが欠けているのかという誘導の問いを発する。それに答えて、ハイデガーは「すべてが機能するものであること、それがまさに不気味なこと（das Unheimliche）なのです」と言い、それに続けて引用した言葉を述べるのである。

不気味なこと——言うまでもなく、それは、『存在と時間』以来のハイデガー哲学を貫く中心軸のひとつである。いや、それどころか、それこそがその哲学全体を起動させた推進力だとすら言えるかもしれない。すなわち、ハイデガー哲学というものが、あの「存在の意味への問い」によって開始されるとしても、その問いはけっして純粋な哲学的な議論の内部から立ちあがってきたものではないのだ。フッサールの現象学を学び、カントを、ニーチェを学び、そして当時の新カント派の哲学を学んだハイデガーが、そうした哲学体系の延長線上に今度は自分の独自の哲学を建立したというのではない。哲学とはさまざまな学のなかのひとつではなく、それゆえに——悪しき哲学、みずからを誤解している哲学を別とすれば——純粋にその領域内部の動因によってみずからを次々と更新していくというわけではない。そうではなくて、哲学とはむしろ歴史の、時代のある衝撃に対するある種の応答にほかならない。つまり哲学と歴史とのあいだの関係は、理論と学説の交替史としてのいわゆる〈哲学史〉などにはけっして収斂されることができないほど深刻であり、深刻であるべきだと思われる。

そうした観点からすれば、ハイデガーに現象学から解釈学への稜線を踏破させ、意識と現象の学から存在の意味への問いへと転換させ、つまり『存在と時間』を書かせたのは、純粋に哲学的な動機ではなく、時代あるいは歴史に深く根づいた動機ではなかったか。そして、その動機はなによりもある種の〈不気味さ〉の衝撃として翻訳されるようなものではなかったか。言い換えれば、現象学が本質的に前提としている現前の関係の〈透明さ〉には還元されえない〈不気味さ〉こそが、その意味を解釈されるべき不透明な、不分明な〈存在〉を要請したのではなかったか。――ここでその当否を実証的に検証する余裕はないが、しかしこのように言うことは、まさに、『存在と時間』という書物、そしてそこから出発してハイデガー哲学が、決定的に歴史、しかも〈哲学史〉という意味での歴史ではなく、もっと限定された歴史――西欧近代というよりは、むしろ一九一〇年代から二〇年代におけるドイツ文化圏における歴史――のなかに根づいていることを示唆することである。つまり、西欧近代が、広い意味でのある種の〈無《ニヒル》〉の経験によって規定されていることは確かだとしても、しかし各時代はそれぞれ特有の〈無の衝撃〉によって貫かれているのであり、そうした幾重にも及ぶ〈無の衝撃〉の波は、おそらくワイマール時代のドイツにおいてその究極的な強度に達したのではないか。そこでは、世界は〈無〉として現われ、人間つまり現存在はまさに、不気味なもの、文字通りの〈故郷喪失〉(Un-heimlich)として現われている。

実際、現存在の根本情状性として〈不安〉について語るハイデガーの次のような言葉ほど、この時代の〈無の一撃〉をよく言い当てているものはないだろう――「無であってどこにもないということ、このことのうちで表明されているこの完全な無意義性は、世界の不在を意味しているのではなく、次のことを意味している、すなわち、世界内部的な存在者はそのもの自身に則して完全に重要ではないので、世界内部的な存在者のこうした無意義性を根拠にして、世界がその世界性においてひたすらなおも押しつけがましく迫ってくるというのが、それである」。★3 このような記述は、言うまでもなく、ハイデガーの文脈においては、世界内存在という現存在の一般的なありようを論述するものであるが、しかし同時に、われわれはそこにこそ『存在と時間』の歴史への投錨を確認することもできるのだ。むしろここで語られるような〈無の一撃〉こそが、世界のなかに、意味もなく、投げ出されて現にある存在という哲学的な問題設定を要求したのだと考えること。そしてそこにこそ『存在と時間』という書物のほんとうの強度があるということ。だが、さらに付け加えておけば、このような〈無の一撃〉は確かに歴史的なものだが、しかしそれはけっしてこれこれの歴史的な事象に還元されてしまうわけではないのだ。第一次世界大戦をはじめとするさまざまな事象は、その要因というよりはむしろ多様なその徴候にほかならないのであって、ここで問題となっているのは、そうしたひとつひとつの事象を超えた、そしてそれゆえに実定的でも実証的でもなく、情状においてしか感知できないような恐るべき不気味な〈無〉なのである。多少の誇張が許されるならば、そこで人間ははじめて、〈歴史〉が途方もない〈無〉であることを識ったのだとすら言えるだろう。人間が〈歴史〉――つまり人間がつくりあげるものとしての〈歴史〉――を発見してわずかな時しか経っていないにもかかわらず、人間はすでに〈無〉に襲われなければならなかった。ダダイスム、シュールレアリスム、表現主義、構成主義、その他多くのこの時代の芸術・思想の運動は、すべてこの〈無の一撃〉の刻印をしるしているが、また、なによりも〈無〉であるがゆえに、それはすぐれて哲学的な問題を提起してもいたのである。〈無〉が哲学の領域において、〈有（存在）〉の思考を呼び求めたのであり、ハイデガーは、まさに存在への途を切り拓くことによって、不気味な歴史の〈無〉を乗り超えようとしたのである。

だが、このような仮説はもうひとつ重大な帰結をもたらすことになる。それは、ハイデガーの存在論とナチズムとが同根であるという帰結である。すなわち、ナチズムこそ、まさにこの〈無の一撃〉から出発し、そしてそれを乗り超えようとした政治運動にほかならないからである。それは、民族という本質的に起源的な存在を指向することによってその〈無〉を解消し、乗り超えようとするプログラムであった。そしてそのプログラムは、ほとんど狂気に等しい厳密な論理性によって、最終的には〈ユダヤ民族〉というまさに故郷を喪失し、そしてその限りで決定的に不気味であるものの抹消、つまり文字通りの〈無化〉に帰着することになる。無の存在を無化するということのパラドックスが、結局、どのような悪夢を出現させたのか、われわれは充分知っているのだが、しかし多くの場合、それが過剰なまでに論理的な、ほとんどひとつの形而上学的な企図であったことを見逃してしまう。それは、ほとんど一個の哲学的なプログラムの現実化であったとすら言うことができるのだ。そしてその点においてこそ、ナチズムとハイデガーとのあいだの必然的な出会いがあったのであって、問題はけっして互いに独立した政治体制とひとりの哲学者のあいだの単純に政治的な関与にあるのではない。ナチズムと同時代を生きた人々が、ハイデガーの加担を告発し続ける権利はあるだろうし、彼はその告発からけっして免罪されはしないだろうが、しかし同時に、ナチズムとハイデガーとが、どのようにして同じ〈無の一撃〉から出発し、その〈無〉の乗り超えにおいてどのようにして、どこまでともに随伴しているのかを理解しようとしないいかなる論議も無意味になってしまうだろう。というのも、われわれにとってのもっとも重大な問題は、実は、この〈無の一撃〉が結局は乗り超えられてはいないということだからだ。乗り超えられていないことによって、それはいまだにわれわれにとってのアクチュアルな問題であり続けているのである。★4

だからむしろ挫折こそが重要なのである。ハイデガーの哲学もナチズムも挫折する。まして、たとえばマルクス主義的なヴィジョンによって支えられた企図をはじめとして、他の多くの企図も挫折する。だが、他の企図の挫折がむしろ状況的なものとして受け止められていたのに対して、これら二つの互いに平行する企図は、どちらもある意味で決定的な仕方で挫折するように思われる。といっても、ナチズムがどのように挫折したのかは必ずしも明確になっているわけではない。ほとんど無条件にその〈悪〉を断罪することに急で、誰もがその挫折のほんとうのありように問いかけてはいない。それはどのように挫折したのか。単に、戦争の敗北という状況的な理由ではありえない。むしろ戦争ないし闘争という原理そのもののうちに、あるいはそうではないにしても、それがある規模のテクノロジーと結合したときに、〈無〉の乗り超えどころか、かえってその乗り超えるべき〈無〉をいっそう赤裸々に、いっそう残酷に顕在化させてしまうというパラドックスの構造がそこにはあるからかもしれない。あるいは不気味な〈無〉を、ユダヤ人というある存在者のうちに一方的に押しつけ、実体化するというそもそも存在論的な誤謬からそれは由来するのかもしれない。

そしてまた、ハイデガーの挫折にしてもわれわれはその様態を充分に検討し終わっているわけではないのだ。その挫折は、少なくとも二重であって、つまり『存在と時間』がその第一部第二篇で中断され、第三篇「時間と存在」として予定されていた論述が書かれなかったことに端的に見られるようなその哲学的な言説内部の挫折と、そしてそれと無関係ではないにしても、多かれ少なかれナチズムという歴史的な運動との関係によって規定されたむしろ外的なインパクトによる挫折とがあるように思われる。そしてその二重性は、単純化を懼れずに言うならば、後には言葉と技術との二重の問題領域として浮上してくるように思われる。すなわち『存在と時間』以後のハイデガーは、ある意味では直接的な歴史——われわれの時代という歴史——においてあの不気味な〈無の一撃〉を乗り超えることを断念するように思われるのだが、そのときわれわれは、同時に〈哲学〉という構築をも捨てたハイデガーの思考において、〈無〉が二重の支脈において問われるようになるのを見ることができる。すなわち、われわれを本質的に不気味な、故郷を喪失したものとする技術と、その本質的な故郷喪失を歌うことによって逆に存在と無との、あらゆる関係づけを免れた妙なる関係を開示する詩（それが特権的に〈ヘルダーリン〉という名で指示されていることは言うまでもない）——広い意味でのテクネーのこの二つの次元こそ、不気味なる〈無〉を乗り超えようとした存在の思考が、存在のもっとも近いところにおいて、むしろ存在にとってのもっとも本来的なものとして出会わなければならなかった〈無〉の領域であるように思われる。

いずれにせよ、われわれはハイデガーが言う「われわれはいまだ技術の本質に対応するいかなる途ももってはいない」という言葉を、そのような意味での本質的で、必然的な挫折の表明として理解しておきたい。〈無〉の不気味さは避けがたく、それは乗り超えられるどころか、むしろ惑星的規模へと拡大し、ますます全体化しつつある。それはすでに大地の全体を覆いつくしているのである。

こうして、いささか遠回りではあった予備的な素描を経て、われわれは冒頭に引用したハイデガーの発言によ
うやく戻ってくるのだが、そこでわれわれの興味を引くのはこの不気味さが、なによりも人間の根こぎ
(Entwurzelung)、すなわち人間の大地からの離脱として語られており、また、その根こぎが技術的な二つの出来事によって際立たせられていることである。「月から送られてきた地球の写真を見たときにわたしはおののきを覚えました。わたしたちには原子爆弾などもう必要ではない。人間の根こぎがすでにそこにあるのです」とハイデガーは言っていた。原子爆弾と宇宙開発という一見するとまったく性質の異なるテクノロジーが、ともに根こぎという人間の故郷喪失を指示する標識となっているのであり、しかも直接的に破壊的な原子爆弾という兵器よりは、月から見られた地球の写真が、もうそれだけで、より鮮明な標識となっているというわけである。

ここで注意しておかなければならないのは、ハイデガーの言語においては同じひとつの言葉〈Erde〉によって言われていることを、われわれの言語は差異化して、〈大地〉と〈地球〉という二つの言葉によって区別しているということである。しかもわれわれの言語においてははじめから顕在化されているこうした差異こそが、まさにここで問題となっていることなのである。つまり根こぎとは、まずなによりも大地の地球化なのだ。もし月から送られてきた地球(Erde)の写真がひとりの哲学者をおののかせるとするならば、それはまさに本来的にはけっしてその全体を見られることなどありえない、あらゆる対象の手前にあるべき大地(Erde)がそこでは一個の対象としてその全貌を現わしているからにほかならないだろう。あらゆる存在を支えているはずの大地が、そこでは暗黒の虚空のなかに一個の現実的な対象として浮かんでいる。しかも大地＝地球の限界づけられた全体を別の地点から、別の大地(月)から見るこうした眼差しは、写真やテレビを通じて、一般的にわれわれのものになっている。確かに人間の大地からの離脱をこれ以上にはっきりと、決定的に示しているものはないだろう。言うまでもなく、このことは、地球が太陽系のひとつの惑星であると知的に認識することとはまったく異なっている。ガリレオやコペルニクス以来、いや、それどころかもっと古くアリストテレス以来、人間は地球が一個の天

体であることを知っていた。だが、そうした概念的な把握はあくまでも図式にすぎず、そこには存在の次元がまったく欠けていた。当然のことながら、この存在の次元は写真やテレビといった映像手段においてもまだ充分に保証されているというわけではない。実際に宇宙空間に旅立ち、とりわけ地球周回軌道ではなく月軌道を飛行した宇宙飛行士たちの証言によれば、映像手段を媒介にして見る眼差しと肉眼で直接に見る眼差しとのあいだには、あらゆる言葉が無力化されるような決定的な隔たりがあるという。だが、いずれにせよ、宇宙開発のテクノロジーと映像伝達のテクノロジーとの結合によって、無数の人間が同時に、月の地平線上に昇る地球の映像を見ることができるようになったのである。

もしそのような眼差しの誕生に歴史的な日付を与えることに意味があるのなら、他の多くの日付のなかから、たとえば一九六九年七月二十一日という日付を選んでおくこともできるだろう。それは、言うまでもなく、人類史上はじめてアポロ11号が月面に着陸し、そしてニール・アームストロング船長が地球とは別の〈大地〉の上に足を下ろした日である。そしてその出来事が映像伝達の手段のおかげで人類の多くによって同時的に追-経験された日である。その日、三八万キロの彼方から送られてきた荒涼たる月の地表の光景を眺め、地球とはまったく異なる重力のもとで不格好な、異様な動きをする宇宙服に包まれた人間の身体を見つめた人々は、一方では人間が月というまったく新しい未知の〈大地〉を征服したという興奮、つまり領土征服というわれわれの古い欲望が満足させられるという快感と同時に、もう一方では、いま自分自身の存在を支えているはずの〈大地〉の意味が根底的に変わってしまったという不気味さの感覚を味わわなかっただろうか。映像という間接的な手段を通してではあるが、われわれは——意識的にしろ無意識的にしろ——大地喪失という気味の悪さを共有しはしなかっただろうか。

こうした大地喪失の不気味さは、あくまでも地上におり、しかもその地上に置かれた一個のテレビ受信機を通してしかその対象化された地球を見ることがなく、しかもその地球と大地との同一性を観念的にしか了解できないわれわれにとっては、結局は、一種のおののきに似た予感のようなものとしてしか感覚されないかもしれない。だが、実際に、地球を離れた宇宙空間にあって、それを経験する宇宙飛行士たちにとっては恐るべき〈無〉の経験となるであろう。そして、それはとりわけ、宇宙船という疑似－大地すらも失って宇宙空間に出て行く飛行士たちおいてもっとも強度が高くなるだろう。その意味では、スカイラブ4号で八十日間にわたって宇宙に滞在した物理学者エド・ギブソンの次のような証言ほどはっきりとした言葉でその不気味さを語っているものはない。

〔……〕同時に、宇宙というのは気味が悪いところでもある。私は三回のＥＶＡ（船外活動）をおこなったが、これがそれぞれ、五時間、六時間、七時間と、きわめて長時間にわたるものだった。スカイラブは九〇分で地球を一周してしまうから、この間に何度も夜をむかえる。ＥＶＡは、観測装置のフィルムを入れかえるとか、故障を起こした機器の修理とか、それぞれに目的があって、忙しく働かねばならない。しかし、あるとき、何かの手順のちがいで、夜間、船外にポカンと一人で浮いていなければならないときがあった。宇宙の夜の部分の暗さといったら、ほんとの真暗闇で何も見えない。深い淵の中に落ち込んだように何も見えない。そして、たった一人でそこに浮いている。そのとき何ともいえぬ気味の悪さに襲われた。頭のてっぺんから爪先までゾッとするような気味の悪さが全身を浸していた。光がなく、何もなく、私以外何も存在していないという世界の気味の悪さ。これで、私が何か活動していればそうでもなかったのだろうが、何もしないでただそこに浮いているときの気味の悪さ。あれ以上の気味悪さは生涯味わったことがない。しかし、考えてみれば、この地球という世界を失って宇宙空間に放り出されてしまったら、人間にとってこの宇宙というのは、あの気味の悪さしか残らない世界なのだ。そう考えてみると、この地球という星が人間にとっていかに大切なユニークな存在かということがよくわかる。地球という住み処を宇宙の中

で人間がもっていることの幸せを感じた。★5

宇宙の漆黒の無のなかにひとり浮かんでいる人間存在――確かにここには、完璧な大地喪失がある。(図16)そのような経験をしていないわれわれにはその強度を理解することはできないが、しかしそれが、恐怖でも歓喜でもなく、また単なる孤独感でもなく、まさに不気味な〈気味の悪さ〉としか言いようのない感覚であることは想像できる。そこでは人間存在はいかなる〈よるべ〉も失って、ただ、そこに存在している。たとえば晩年のメルロ゠ポンティが語っていた「世界と身体とが同じ生地で織りあげられている」というテーゼを考えてみるならば、

図16 月から見た地球

この暗黒の宇宙空間においては、おそらくもはや〈世界の肉〉を語ることはできないのだ。それは〈肉〉のない世界であり、そしてそれゆえにもはや〈世界〉ということができないような〈世界〉だと言っていいだろう。そこでは眼差しは、見るものとのあいだに反射、反転、貫入といった相互作用が生起することを可能にするようないかなる見えるものにも出会うことがない。方向はすでに意味をもたず、どの方向を向いても、眼差しは無限の遠さのなかをただかぎりなく落ちていくだけなのである。その意味では、大地とは、言うまでもなく、ただ地球という物体のことなのではない。それ以上に、それはわれわれの身体を支え、われわれの身体をその同じ〈生地〉で仕上げているような可能性の基体にほかならない。つまり地球＝大地というこのわれわれの〈肉〉が失われることによって、われわれの身体は、その可能性、その運動の〈意味＝方向＝感覚〉(sens)のすべてを失うことになるのであり、そこからこそギブソンの語るあの過激な〈気味の悪さ〉が由来するのだと思われる。〈深い淵の中に落ち込んだような〉大地なき身体の無‐意味性——それこそが、根こぎされた存在の不気味さなのである。

逆に言えば、大地とはこうした堪えがたい〈無〉の不気味さからわれわれを匿い、保護するものである。それは、ある意味では、宇宙の闇のなかに浮かぶ宇宙飛行士の身体をすっぽりと覆って保護している宇宙服と同じなのだ。いや、こう言うのは単なる比喩ではない。宇宙船がそうであるように、宇宙服もまた、疑似‐大地であり、純粋に技術的に構築された大地の延長なのである。〈私以外の何ものもない〉という絶対的な〈無〉のなかにあって、しかし私はやはり私の身体とともに、そしてそれゆえに宇宙服とともに、それに包まれ、それに保護されてしか存在することはできないのだ。これ以上ないほどに完全な大地喪失の状況においても、実は、大地の延長であり、変形である技術的な〈大地〉によってひそかに支えられずには、身体をもつ存在としての人間は一瞬たりとも存続することはできない。むしろ人間の技術《テクネー》は、大地を延長し、変形・加工し、新たな〈大地〉を捏造することをその本質とするのかもしれない。そして、そもそもわれわれの生理・物理的な身体そのものが、すでに大地と起源を同じくするものであるならば、この最高度の不気味さにおいても、大地はけっして完全に失われているわけではないと言うべきかもしれない。いや、それどころか、むしろこうした完全な大地喪失の経験においてこそ、はじめてわれわれはこれまでの盲目的な帰属、〈母なる大地〉へのまさに幼児的な〈甘え〉とはまったく異なる仕方で、大地を、そしてみずからの大地への帰属を認識しなければならないのだ。

　大地喪失はむしろ大地の認識、大地の発見へと向かわせる。だが、それは、これまであらゆる対象化作用の手前にあり、あらゆる対象を支えながらそれからかぎりなく逃れていた対象の地平が、多くの対象のひとつとして、対象化されたというだけではない。われわれの肉眼がついに、われわれの果てしなき住処であった大地＝地球を、その全体として知覚したというだけではない。底なしの不気味さを喚起するこうした認識は、同時にもうひとつ別の認識、つまり知覚的な、対象的な認識とは異なる直観的な認識によって裏打ちされているように思われる。それは、主体と対象との原理的な無‐関係性に基礎づけられた対象弁別の認識とは違って、なによりも主体と対象とのあいだに、言うまでもなく対象的な同一性とは異なる同一性——それをとりあえずは「アナロジー」と呼んでおくことにしよう——を直観させる認識である。ただ、すぐさま言っておかなければならないのは、こうした直観は、きわめて単純なものへと向かうのだということである。きわめて複雑なものを、しかし一挙にそのもっとも単純な全体性において捉えるのがアナロジーなのだということ。実際、宇宙空間からの大地＝地球の認識の場合において、こうしたアナロジー的な直観が見出すのは、なによりも見るものと見られるものとのあいだの本質的な——ということは、ここでは致命的な——アナロジーである。大地＝地球と宇宙飛行士は同じなのだ。そのどちらも、なにも存在していない深い暗黒の〈無〉のなかに、ようやく生命を可能にする薄い皮膜——つまり宇宙飛行士にとっては宇宙服であり、大地＝地球にとっては、水と大気からなる青い生命圏《バイオスフィア》——に包まれて浮かんでいる閉じられた世界なのである。あるいは、そうした形態的なアナロジーすらも超えて、〈無〉のまったただなかにあって、大地＝地球と宇宙飛行士だけが、同じように〈生命〉なのである。そうした直観を、たとえばアポロ15号（一九七一年）で月に着陸したもうひとりの宇宙飛行士ジム・アーウィンは次のように言っている。

地球の美しさは、そこに、そこだけに生命があることからくるのだろう。自分がここに生きている。はるかかなたに地球がポツンと生きている。他にはどこにも生命がない。自分の生命と地球の生命が細い一本の糸でつながれていて、それはいつ切れてしまうかしれない。どちらも弱い弱い存在だ。かくも無力で弱い存在が宇宙の中で生きているということ。★6

宇宙飛行士を退役したあと伝道者となるという彼のキャリアにふさわしく、アーウィンはこの発言を「これこそ神の恩寵だということが何の説明もなしに実感できるのだ」と続けているのだが、いまのわれわれの議論にとっては、こうした直観が、もはやいかなる〈肉〉も保証されていないような圧倒的な〈無〉の空間のなかにあって、自分と地球とだけが、〈生命〉という同じものに帰属しているという洞察をもたらすことまでが確認されればよい。そして、それが〈生命〉と呼ばれていることは、けっして単に状況的なことではないだろう。すなわち、——通りすがりに、あとの議論のために書きとめておくのだが——直観とは、ある段階においては、すべて〈生命〉の直観なのではないか。あるいは、また逆に、〈生命〉とは、まさにいかなる意味においても個体的な原理ではなく、本来的にこのような直観、このようなアナロジーへと開かれているものではないか。いずれにせよ、こうした生命の直観は、もはや単なる認識という枠組みのなかに回収されはしない。そこでは、認識はもはや感性的な、あるいは倫理的な感受性と不可分なものとしてあるのだ。

たとえば、例外なくすべての宇宙飛行士が語る地球の美しさ——それは、ユーリ・ガガーリンの「地球は青かった」以来、ほとんどクリシェと化しているようにすら思われるのだが、しかしいったいわれわれはこの〈美〉をどのように了解したらいいのか。はたしてそれは、地上的な〈美〉の基準の延長に位置するものなのだろうか。むしろそれは、〈美〉が最終的には、ユニークなものとしての生命の直観に帰着するということをはっきりと示すような根源的な経験となっているのではないか。どの宇宙飛行士も、宇宙から見た地球の美しさはけっして映像によっては表現できないと言う。月旅行を二度（アポロ10号、17号）おこなった数少ない飛行士のひとりであるジーン・サーナンは、その違いを説明しようとして次のように語っている。

実体と実体を写したものとではまったくちがう。どこがちがうのかと問われても、うまく説明ができないが、まず、二次元の写真と三次元の現実というちがいがある。手をのばせば地球にさわることができるのではないかという現実感、即物感が写真には欠けている。それと同時に、これも二次元と三次元のちがいだが、写真で地球を見ても地球しか見えないのに、現実には地球を見るとき同時に地球の向こう側が見えるのだ。地球の向こう側は何もない暗黒だ。真の暗黒だ。その黒さ。その黒さのもつ深みが、それを見たことのない人には、絶対に想像することができない。あの暗黒の深さは、地上の何ものをもってしても再現することはできないだろう。あの暗黒を見たときにはじめて、人間は空間の無限の広がりと時間の無限のつらなりを共に実感できる。永遠というものを実感できる。永遠の闇の中で太陽が輝き、その太陽の光を受けて青と白にいろどられた地球が輝いている美しさ。これは写真では表現できない。★7

こうして実体としての現実感、そしてその背景となっている宇宙空間の無限の暗黒つまり無限の〈無〉の表象不可能性こそがこの〈美〉の核心にあるとサーナンは言う。言い換えれば、暗黒の虚空の不気味さと地球の美とが表裏一体であることを彼は強調しているように思われる。大地喪失の気味の悪さが、同時に大地＝地球の比類なき〈美〉を裏打ちしているのであり、〈美〉とはなによりも〈無〉、しかも無限の〈無〉のなかの〈美〉であるということだ。地球の〈美〉について語る宇宙飛行士の話で印象的なのは、そこで地球がいわゆる〈崇高〉のカテゴリー、つまり圧倒的に人間の感覚的理解の可能性を超えたもののカテゴリーのうちに捉えられてはいないことである。多くの飛行士にとっては、むしろ地球の美しさは弱々しい、脆弱なものとして現われている。〈崇高〉というカテゴリーが当てはまるのは、むしろ暗黒の宇宙空間の〈無〉の方なのであり、それはあらゆる人間的な尺度を絶対的に超えているのだ。不気味さとは、感覚的な対象の絶対的な不在によって規定された〈無〉の崇高さにほかならないのである。そして、その〈無〉を地として、はじめて地球がユニークな生命として浮かび上がってくる。地球の脆弱さは、生命の脆弱さ、そのはかなさである。その〈美〉はまさに、それを見る者もまたその一部にほかならない生命の輝きなのである。実際、「地球が弱々しい存在に見えたことは一度もなかった」と語るサーナンにしても、引用した発言の少し後では、宇宙から地球を見るという「知的感覚的認識」について、そこで重要なのは、見る対象よりはむしろ見る主体なのだと言って、ひそかに対象と主体とのあいだの生命のアナロジーを暗示しているのである。

そして、また、こうしたアナロジーの認識が、同時にそのまま倫理的なものとなることは言うまでもない。それは多くの宇宙飛行士が、地球の美しさと同時に、宇宙からも見て取れる地球の環境汚染を概嘆し、また本来的には存在しないはずの国境をめぐって無益な戦いが行なわれている人間の現実を悲しんでいることに端的に現われているが、しかしそうした倫理的な感慨はむしろ副次的なものだと考えなければならないだろう。大地離脱という条件においてはじめて可能となった大地との直観的な出会いにおいては、見る者と見られるものとのあいだの関係は、部分と全体との関係であると同時に、また、相等しいアナロジーの関係であった。そこでは、さまざまな禁止(「汝……をなすべからず」)や実行命令(「汝……をなすべし」)によって記述されるような行為論的な倫理(つまり地上的な〈掟〉)とはまったく異なる次元、つまり事実として自-他の区別が究極的に廃棄されるような原-倫理的な次元が開かれている。宇宙空間においてテレパシーの実験をしたことでも有名なエド・ミッチェル(アポロ14号)は、それを〈神との一体感〉という表現で語っている。

月探検の任務を無事に果たし、予定通り宇宙船は地球に向かっているので精神的余裕もできた。落ち着いた気持で、窓からはるかかなたの地球を見た。無数の星が暗黒の中で輝き、その中に我々の地球が浮かんでいた。地球は無限の宇宙の中ではひとつの斑点程度にしか見えなかった。しかしそれは美しすぎるほど美しい斑点だった。それを見ながら、いつも私の頭にあったいくつかの疑問が浮かんできた。私という人間がここに存在しているのはなぜか。私の存在には意味があるのか。目的があるのか。人間は知的動物にすぎないのか。何かそれ以上のものなのか。宇宙は物質の偶然の集合にすぎないのか。宇宙や人間は創造されたのか、それとも偶然の結果として生成されたのか。我々はこれからどこにいこうとしているのか。すべては再び偶然の手の中にあるのか。それとも、何らかのマスタープランに従ってすべては動いているのか。こういったような疑問だ。

いつも、そういった疑問が頭に浮かぶたびに、ああでもないこうでもないと考えつづけるのだが、そのときはちがった。疑問と同時に、その答えが瞬間的に浮かんできた。問いと答えと二段階のプロセスがあったというより、すべてが一瞬のうちだったといったほうがよいだろう。それは不思議な体験だった。宗教学でいう神秘体験とはこういうことかと思った。心理学でいうピーク体験だ。詩的に表現すれば、神の顔にこの手でふれたという感じだ。とにかく、瞬間的に真理を把握したという思いだった。

世界は有意味である。私も宇宙も偶然の産物ではありえない。すべての存在がそれぞれにその役割を担っているある神的なプランがある。そのプランは生命の進化である。生命は目的をもって進化しつつある。個別的生命は全体の部分である。個別的生命が部分をなしている全体がある。すべては一体である。一体である全体は、完璧であり、秩序づけられており、愛に満ちている。この全体の中で、人間は神と一体だ。自分は神と一体だ。自分は神の目論見に参与している。宇宙は創造的進化の過程にある。この一瞬一瞬が宇宙の新しい創造なのだ。進化は創造の継続である。神の思惟が、そのプロセスを動かしていく。人間の意識はその神の思惟の一部としてある。その意味において、人間の一瞬一瞬の意識の動きが、宇宙を創造しつつあるといえる。

こういうことが一瞬にしてわかり、私はたとえようもない幸福感に満たされた。それは至福の瞬間だった。神との一体感を味わっていた。★8

この後、ミッチェルが、それは〈宇宙霊魂〉、〈宇宙精神〉あるいは、〈宇宙知性〉と言い換えられるようなものだと説明していることからも明らかなように、ここで〈神〉と言われているものは、かならずしもキリスト教の教義の枠内に回収されてしまうわけではない。ミッチェルの場合も、また、その他の宇宙飛行士の場合も、本質的というよりは、むしろ本源的にある一定の文化的土着性を免れることができないそれぞれの個別的な宗教の枠組みを超えるような仕方でしか、その経験が語られえないことが重要なのである。つまりミッチエルがどれほど熱心なファンダメンタリストであったとしても、しかしここで彼が語っている経験は、けっしてそうした宗教的なクレドの個別的な特殊性には還元されえないのである。その意味で、それはもはや単に宗教的なのでも、倫理的なのでも、そして美的なのでもない、それらすべてを総合しているような直観の経験となっているのである。

実際、確かに、後から事後的に反芻され、整理された記述ではあるのだろうが、しかしこの証言は、ほとんどベルクソン哲学の究極的なレジュメであると読むことができるだろう。もちろんここには、ベルクソンがあれほど固執し、重要視した〈自由〉という問題系、そしてそれと深い相関関係にある〈生命の飛躍《エラン・ヴィタール》〉という概念に直接的に対応するものはない。だが、そうした図が浮き彫りにされるべき地である〈生命の創造的な流れ〉が、そこでは、物質と記憶との差異の彼方——つまりベルクソンの思考にとってあれほど大きな問題であった無機的なものと有機的なものとの区別の彼方——で、いとも簡単に直観的に実証されてしまうのである。

われわれはそのことにもっと驚くべきなのではないか。ある特権的な知性による思考が、忍耐強い努力を通じて見出し、到達しようとした〈真理〉が、テクノロジーの力によって、大地から離脱するだけで、十全たる経験として生きられてしまうということ。宇宙飛行士としての技術的な訓練を受けてきているだけで、メタ・フィジックな経験のために方向づけられたプロセスをまったく経てきていない、その意味では〈普通の人〉が、大地から切り離された不気味な虚無のなかに身を置くだけで、──しかもほとんど例外なく──一挙に、ある種の〈真理〉を経験するということ。それをわれわれはどのように考えたらいいのだろうか。★。こうした大地離脱の経験に比較すれば、たとえば哲学という活動は──それがまだ可能であるとしてだが──あまりにも地上的な、大地的な営みとは思われないだろうか。それは、まさに、書板や白紙といった地表の上にエクリチュールを刻み込んでいく歩行の営み、あるいは──まさにハイデガー的なメタファーだが──大地に畝を刻んで行く農夫の開墾(つまり文化)の営みだったのではないだろうか。哲学あるいは形而上学をも捨て去って、ハイデガーがただ単に〈思考〉そしてまた〈途〉と言うとき、それでもなおその〈途〉はまさに地上の〈途〉であったのではないだろうか。思考あるいは言葉と大地とのあいだには、おそらくわれわれが想像する以上に本質的に密接な関係があるのだ。そして、ハイデガーの認識によれば、その関係こそが〈詩的〉と呼ばれるにふさわしいものだったはずである。そして、現代のテクノロジーは、まさに大地へのこの詩的な帰属を脅かし、危うくするのであり、それこそが根こぎという大地喪失の状況なのである。テクノロジーは人間を、そして人間の文化を根こぎにする。それはもはや二十世紀の初頭に多くの人間が感じた〈無の一撃〉とは比較にならない仕方で、地球という惑星のすみずみまでに浸透し、大地のすべてを覆いつくしてしまっている。もはやテクノロジーから無疵な大地などどこにもないのだ。大地は完璧に失われたのである。ところが、奇妙なことに、宇宙飛行というテクノロジーによるもっとも究極的な根こぎであり、しかも完全にテクノロジーによって管理された存在形態において、人間は、もはや実践でも思考でも感覚でもないような直観を通して、大地という生命への宇宙的な回帰を実現してしまう。

ここには転回がある。不気味さの極点であるこの〈無〉の場所なき場所で、転回が起こるのである。

この転回は、それがはじめから終わりまでテクノロジーに担われているだけに、けっしてある特殊な存在、つまり芸術家や宗教家そして哲学者といった特殊に内的な経験によって貫かれている存在によって経験されるのではない。それは特異性の領域に属する経験ではなく、可能性としては誰にでも開かれているような経験である。それは文字通り〈地〉としての普遍性の経験なのだ。とはいえ、この転回は、確かに人類の歴史における決定的な転回点ではあるだろうが、しかしたとえば別の宇宙飛行士ラッセル・シュワイカート（アポロ9号）が、ラブロックのいわゆる〈ガイア理論〉を基盤にしながら言うような「それまで海にしかいなかった生物がはじめて陸に上がった」という転回点に匹敵するような「何億年に一回あるかないかという進化史の一大転換点」だというわけではないだろう。★10 いや、そうでないという保証があるわけではない。人間は、かつて魚が海から陸に上がったように、陸から宇宙空間に飛び出していくように定められているのかもしれない。たとえば、今日のテクノ・サイエンスのひとつの目標は身体という人間の地上的な拘束からの離脱であると論述する途中で、かつてジャン＝フランソワ・リオタールは次のように言っていた。

> 人類はすでに、四十五億年後には太陽系を脱出する必要に迫られている。人類はそのときには、複雑化のきわめて精妙なプロセスの過渡的な担い手であったということになるだろう。今後はこの太陽系脱出が計画化されるのである。そして、この計画が成功する可能性はただひとつ、人間が、人間を挑発しているこの複雑さに適応できるのかどうかにかかっている。そして、この脱出がなし遂げられたとして、そのときそれが護ることになるのは、もはや人類という種ではなく、人類が潜在的に宿していた〈もっとも完全なモナド〉なのである。★11

人間はもはや歴史の主体なのではなく、身体という地上的な条件を離れ、最終的には太陽系からすらも脱出するべく運命づけられている記憶単子《モナド》の担い手にすぎないのだとリオタールは言う。人間は本質的に非‐人間的なプロセスの単なる一環にすぎないというわけだ。そして、確かにこのような視点からすれば、宇宙飛行士の経験は、こうした直線的な進行のひとつのステップにすぎないことになるだろうが、しかしわれわれが強調したいのは、そのような大地離脱の究極的なありようにおいてはじめて、むしろ逆に、人間の経験が、一挙に大地そして生命へと文字通り〈転回〉するように思われることである。テクノ・サイエンスという強力な、そしてもはや人間のコントロールすら超えてほとんど自律的に前進するように見える宇宙空間への進出が、しかしながら逆説的に、むしろ大地への直観的な回帰の経験を可能にしているということ。思考が遠い可能性として見通していたことが、テクノロジーによって、いとも易々と人間の一般的な経験可能性の領域において経験されてしまっていること。大地離脱の経験が、直観的な大地認識の可能性を開いているのであり、そこにはテクノ・サイエンスの直線的進行に対して、その接線を描きつつ、次第にそこからの隔差を広げていくようなもうひとつの軌跡の可能性があるかもしれないのだ。大地からの離脱は、大地への転回でもあるのであり、それこそが〈転回〉という言葉でわれわれが了解しようとしていることなのである。

一九六九年七月二十一日という日付そのものは恣意的である。だが、われわれが戦争による荒廃と産業公害とによって〈環境〉そして〈生態系〉の厳密な管理の必要性に目覚めさせられたのは、まさにこの時代からであっただろう。この時代以降、大地そして地球はわれわれが管理すべき一個の対象であり、その必要性は切迫の度を増す一方である。そして、ちょうどそれに対応するように、それまでの目的論的に方向づけられた線型的な思想に替わって、曖昧な全体を語るホーリズムやオカルティスムの多様な思潮が浮上しはじめるのもこの時代からであろう。そうしたさまざまな運動を徴候とするような転回、おそらく単なる視点の転回ではなく、もう少し存在論的な転回がそこには隠されているように思われる。われわれは一方では、けっして後戻りすることのないテクノ・サイエンスの進行とともに世界をますます不気味な、居住不能のものにしつつ、しかしそれと同時に、他方では、その存在論的な転回に添うようにしてわれわれの地球を気遣い、また、大地へと回帰しようとするのである。それは〈ノスタルジー〉と呼ぶに値するものかもしれない。だが、忘れてはならないが、そうだとしても、それは、ある特定の故郷へのノスタルジーなどではないのだ。そうではない。むしろわれわれは、この転回を通じて、地球というこの星すらも、その一部でしかないような見えざる大地、より始源的な大地を発見すべく誘われているのだと考えるべきなのだ。かつて稲垣足穂が喝破したように「地上とは思い出ならずや」なのであり、つまり地上そのものがすでに〈ノスタルジー〉にほかならないのである。宇宙飛行士の証言のどこにも詩的な表現はない。彼らが宇宙から見た地球が美しいと言うとき、それはごく平凡な感嘆の言葉によって語られている。だが、もし彼らが、その圧倒的に美しい地球から倫理的でも美的でもあるようなある〈委託〉を受け取ったとするならば、そのとき彼らは、けっして次のように発話する詩人から遠いところにいるわけではないのだ。

大地よ、お前の欲するところは、眼に見えぬものとして
われらのうちで甦ることではないのか？——いつの日か　眼に見えなくなることが
お前の夢ではないのか？——大地よ！　眼に見えなくなることが！
変転でなくして、ほかの何が　お前の切なる委託であろう？★12

宇宙飛行士の視覚を通してわれわれに委託されたものは、われわれのうちでの大地の甦りであるのかもしれない。あらゆる見えるものの手前にあって、その限りなさにおいてすべての見ることを支えていた大地＝地球が一個の対象として見られることによって、逆に、大地はみずからの見えざるものへの変転を委託する。だが、いったい〈眼に見えぬものとして〉ある大地とは何なのだろうか。どのようにしてその変転は可能になるのか。この

直後の行において「大地よ、愛する大地よ、わたしは委託を果たそう」とおごそかに言い放つリルケはいったいどのようにしてその委託を果たすのだろうか。

2

大地の委託と詩の出来事——リルケの樹と大地

はじめ、それは一本の樹からやってきた。

そしてそのことは、けっして単なる逸話《アネクドート》というわけではないだろう。一篇の詩——だが、それは一篇の詩というようなものだろうか——が一本のオリーヴの樹からはじまるということ、そこにはすでにもっとも本質的な意味での詩的経験があると言うべきではないか。もはや〈一篇の詩〉と呼ぶことが不可能であるような途方もない、異様な詩作品の起源に一本の樹があり、その樹を通して、それが大地へと結びつけられている——まさに詩の〈原・光景〉**la scène primitive** とも言うべきこの情景に、まずは問いかけてみることにしよう。

言うまでもない、われわれが語ろうとしているのは、リルケの『ドゥイーノ悲歌』についてである。一九一一年、ドゥイーノ城において絶対的な孤独のもとでみずからの内面世界に沈潜しようとしたリルケを襲った出来事について、浅井真男は次のように書いている。

そういう或る日、詩人は一冊の本を手にして、海岸に続く、森に覆われた斜面へ逃れ出た。そこは元来は庭園だったが、今は荒れ果てて、月桂樹・オリーヴ・無花果・糸杉が乱雑に生い繁り、異様な花が咲いている。詩人はこの森のなかをあてどなく歩いていたが、ふと一本のオリーヴによりかかり、肩ほどの高さの、二またになったところに背をもたせかけ、上の枝に頭を載せた。そうして彼は、自然のなかに安らかに溶け入ったように感じた。すると、樹の内部から、はじめは殆ど気づかぬくらいの振動が伝わって来るように感じた。振動の原因を強いて風のせいにしてみても、彼の体内に伝わる異常な感じは到底説明し得ないものだった。それは、すばらしいと同時に怖るべき感じだった。彼は、自分の身に起こったことは何事であるかを自問し、「自然の裏側へ出てしまったのだ」と口に出して言って、はじめて答が出たように思った。★13

詩人は樹を見つめていたわけではない。オリーヴの樹は、そこで彼の知覚の対象になっていたわけではない。そうではなくて、彼は、ふと、一本の樹によりかかり、頭をのせ、軀の重みを預けて、ほとんどその樹と一体化し、「自然のなかに安らかに溶け入った」のである。出来事はそのときに起こる。樹から、しかも樹の〈内部〉から彼の〈体内〉へ、同時にすばらしくもあれば、怖るべき感じを与えもする振動が伝わって来る。ある種の恍惚と恐怖の両義性を備えた振動――それは、だからわれわれの語彙に従えば、なによりも不気味な振動である。それは、それが何であるかを言うことができないまま、しかし不可避の切迫をともなって到来する振動である。それはいったいどこからやって来るのか。「樹から」と言うのでは足りないだろう。オリーヴの樹と詩人の身体とはもはや別のものではない。それはもっと深いところからやって来る。風と空気の高みの方からではなく、むしろ根の方から、大地の方からやって来るとわれわれには思われる。〈自然の裏側〉と詩人は言うのだが、それは、あらゆる眼に見えるものの手前、あらゆる形態の手前にあって、それらを支えているもののことではないか。詩人は、一本の樹にみずからの重みを同化させ、そこに溶け入ることによって、言わば自然の層を突き抜けてしまう。突き抜けて、自然の手前にあるような存在の振動、存在の渦巻きに触れ、そこに巻き込まれてしまうのだ。

われわれの注意を引きつけるのは、それが振動、つまりいまだ分節化されていない振動であることだ。振動はまだ言葉になっていない。だから、そこでは樹がなにかを語っているのでも、大地がなにかを話しているのでもない。だが、それにもかかわらず、その振動は直接に体内へ伝わって来る。それは、意味の分節以前の伝達である。そして同時に、それは言葉を求めていながら、いまだ言葉になっていないものの開示なのである。つまり、後に、まさにこの詩のなかではっきりと浮かび上がらせられる語を用いるならば、それは〈委託〉としての開示である。一本のオリーヴの樹を通して、詩人はなにかの委託を受け取るのであり、すぐさまそれに応えられるのではないにしても、しかし爾後、彼は応答の責任を免れることはできないのだ。

別の言い方をすれば、委託からすぐに——迂路や遅延そして忘却を経ることなしに——詩がはじまるわけではないということだ。はじまりは単一ではなく、またすでに遅延を含まないわけではない。忘却と遅延によってすでに二重化されていないようなエクリチュールのはじまりがあるだろうか。実際、リルケが現実的な意味で『ドゥイーノ悲歌』に着手することが可能になるためには、もうひとつの出来事、オリーヴの樹の場合と同じように神秘的でもあり、不気味でもあるような別の出来事が起こらなければならなかった。それを再び浅井真男の記述によって読んでおこう。

そして、一九一二年一月中旬に、リルケの身に伝説めいた事件が起こった。それを侯爵夫人が伝えている。リルケは或る朝早く、面倒な事務的な手紙を受け取ったが、急いで返事を出さねばならぬものだった。数字やその他の無味乾燥な事柄にまったく思い耽りながら、城から稜壁へ降りて行った。そこは、海から二〇〇メートルほどの高さに切立った絶壁の上だった。陽は照っていたが、北風が吹き暴れていて、海は白波を立てて轟いていた。行きつ戻りつしながら、まったく返事のことばかり考えていた詩人は、ふと立ちとどまって耳をすませた。風と波の咆哮のなかから、或る声が聞こえたように思った、《わたしが叫んだとて、天使たちの序列のうちの、誰がそれを聞こう?》と。詩人は、「何だろう? 何がやってくるのだろう?」と口に出して呟きながら、手帳を取出して、この句を書きとめたのである。そして更に、おのずから続い

て来る二三の句を書き足した。いよいよ神がやってきたことは確実だった。★14

このあとに続けて浅井真男は、この〈神〉はキリスト教の神ではなく、リルケ独自の神だと断っているが、その部分は省略する。

さて、リルケは落着いて部屋へ帰ると、手帳をわきに置いて、手紙の返事を片づけた。だが、その夜のうちに、「第一悲歌」が書き上げられ、早くも一月二十一日には侯爵夫人のもとに送られた。続いて数日のうちに「第二悲歌」が、更にこの冬のうちに「第三悲歌」と「第十悲歌」のはじめが、他のほとんどすべての諸篇のための断片が書かれたのである。★15

われわれはそれを性急に〈神〉と呼ぶことは留保しよう。確実なことは、「神がやってきたこと」ではなく、言葉が、しかもはっきりと詩の言葉がやってきたことである。今度は、それは、不気味な振動というのではなかった。明確に分節化された文であった。風と波の咆哮のなかで〈ある声〉が聞かれ、そしてその言葉が書き取られた。もちろん、すべては詩人の錯覚であったかもしれない。この物語のうちには、過度の伝説化の意図が働いているのかもしれない。だが、そうだとしても、それがなんだろう。重要なことは、そこで言葉があくまでも外からやってくるということである。その〈外〉は、ここでは風が吹き、波が荒れる広大な天空として現実化されている。無数の言葉、無数の声が渦巻く荒々しい外の空間のなかに、ふと、彼が聞き取るべき言葉が文となって響きわたる。言うまでもなく、詩人とは、書く者であるよりは、はるかに書き取る者である。詩人を詩人として規定しているのは、書く能力ではなく、むしろ聞く能力、聞き取る能力にほかならない。熱に浮かされたように自分の内側にあるものを歌い上げるのが詩人なのではないのだ。むしろ、一瞬なりとも、自分の言葉、自分の表現を信じてしまうならば、そのとき人は詩の契機からもっとも遠いところにいると言うべきだろう。詩において、言葉は〈外〉からやってくる。〈体内〉が直接的に震撼させられたあのオリーヴの樹の経験とは異なって、詩人があくまでも落ち着いているのはそのためだ。詩人は少しも冷静さを失ってはいないのだ。

彼は、「落着いて部屋へ帰ると、手帳をわきに置いて、手紙の返事を片づける」。そして、それから、一挙に「第一悲歌」を書き上げる。風と波が荒れ狂う稜壁の上で、彼が実際に手帳に書き取ったのがどこまでであったにせよ、このとき少なくとも「第一悲歌」の全貌は聞き取られていたと言うべきだろう。詩は〈外〉から不意に襲ってきて、はじまったと思われたときには、すでに完成しているのである。

だが、ここでわれわれの関心が向かうのは、詩作品そのものの方ではなくて、その〈事務的な手紙〉の方である。彼が急いで書かなければならなかったその事務的な返信は、詩のはじまり、ないし詩の到来というこの出来事のなかでいったいどのような機能を果たしているのか。詩のはじまりにとって手紙とはいったい何なのか。──言うまでもなく、その無味乾燥な手紙は、『ドゥイーノ悲歌』にとっての偶然的な契機であったにすぎず、そこに意味論的な連帯性を見ることなど望むべくもない。だが、言語行為論的な観点からは、「第一悲歌」とこの手紙とは、あくまでも誕生の契機を同じくしているのだ。それら二つの、互いにまったく性質の異なるエクリチュールが、ひとつの同じ起源を分有し、分割している。二十世紀の詩のなかでももっとも重要な詩作品のひとつと、いまでは送り先も詳らかではないその事務的な手紙とが互いの分身となっているのである。

実際、その事務的な内容がどのようなものであったにしろ、リルケにとってその返事は、自動的に書きうるようなものではなかったはずである。それは面倒なものであって、それゆえに彼は、「数字やその他の無味乾燥な事柄にまったく思い耽りながら」稜壁の上を行きつ戻りつしていたわけである。それは困難な手紙であった。にもかかわらず、風のなかに聞き取られた詩の言葉が同時にその事務的な手紙をも完成してしまったかのように、リルケは部屋に帰ると、一挙に「手紙の返事を片づけて」しまうのである。詩作品と事務的な手紙とは、こうして厳密にその完成を分有しているのだ。あるいは、二つの異なった送付あるいは差し出し《アドレス》の運動がここで交叉し、互いに他を横切っているのである。すなわち、事務的な手紙において問題となっているのは、すでに確固として決定されている送り手から受け手へとある情報、判断、決定が送付されることである。新しい言葉が発せられるのではなく、一般的な形式に従ってひとつの決定が伝達されればそれでいいのである。こうした伝達への切迫した要求——それこそが、まさに詩人をその孤独な自己沈潜から、真に詩がはじまるべき〈外〉へと連れ出したのだとわれわれは考えることができるだろう。事務的な手紙に答えるべく、言わば強制的に言葉の送付のポジションに身を置いたときにはじめて、詩の言葉を受信することができるようになったということ。つまり意識と身体を伝達の回路のなかに設定することを通じて、風と波の咆哮のなかから聞き取るべき言葉をキャッチすることができたということ。そこでは、事務的な手紙が、言わば詩に本質的に欠けている伝達の回路を追補しているのである。

　というのも、詩において特徴的なのは、なによりもまず、その送付の関係が不分明であり、曖昧であることだからだ。詩はいったい誰に対して差し出されているのか、誰が詩を読むべきものとして要請されているのか。それは、一般的に思われているほど、はっきりしているわけではない。事務的な手紙の宛先のようには詩の宛先は明白ではないのであり、むしろその宛先の不分明こそが詩というものを規定しているとすら言えるだろう。そしてまた、同じように、詩を実際に書くのが詩人であることは間違いないのだとしても、しかしすでに述べたように、そのとき詩人は言葉を書き取っているだけで、その言葉のほんとうの送り手は不分明なままであるかもしれないのだ。詩の伝達は謎めいている。そこでは伝達そのものが問題化されている。多くの場合に、詩がたやすく贈与されるとすれば、それは、逆説的ではあるが、まさに詩が伝達ないし贈与の次元を本質的に欠いているからなのである。

　そして、驚くべきことには、そういったことのいっさいが、リルケがこの日に聞き取った「第一悲歌」の冒頭の一句に凝縮されているように思えるのだ。

誰が　たとえ私が叫んだとて　天使たちの序列のうちから
それを聞いてくれよう?★16

〈誰が〉Wer——とそれははじまる。誰が私を聞いてくれるのか?——反語的な、つまり否定的な表現ではあるが、それゆえにいっそう鮮やかに言葉の宛先が開示される。詩はその発話によって、みずからその送付の関係を——たとえとりあえずは不可能な関係として告知されるのだとしても——開くのだ。だが、こうして詩の言葉が、絶望的に開いていくその宛先は、けっして人間たちのなかにはない。それは人間たちに向けて差し出された言葉ではなく、なによりも天使たちに向けて発せられた言葉なのだ。発せられて、しかもそれが、どのような位階のものであれ、天使なる存在に届くのかどうか少しも確かではない。むしろ送付に失敗し、宛先を欠いてしまうことが、はじめからこの言葉の運命として引き受けられているのである。おそらく、あらかじめ送付の失敗へと送付されていること、それこそが詩の運命というものなのだ。そして、それだからこそ、この作品は、その最後の悲歌においても、なお、「ああ　いつの日か　おそるべき洞察の果てに立って/肯《うべな》う天使らに　歓呼と讃頌の歌を　高らかに歌わんものを」(「第十悲歌」)とその完全な伝達——詩の完成と同時に詩の消滅であるような完全に肯定的な送付——の夢を書き記しているのである。

こうして、天使は詩の不可能な送り先である。それはこの言葉が届くにはあまりにも恐ろしい存在である。「あらゆる天使は恐ろしい」のだ。「そしてだからこそ」——とテクストは言う——「私はわれとわが身を抑え　暗澹たる歔欷《すすりなき》の/おとりの呼び声★17をのみこんでしまうのだ」。おとりの笛で鳥を呼び寄せるように、暗澹たる歔欷によって天使に呼びかけるわけにはいかない、と「私」は言う。だが、その「私」とはいったい誰なのか。「誰

が　たとえ私が叫んだとて……」と語り出したのは誰だったのか。

われわれのここでの目的は、『ドゥイーノ悲歌』を解釈することではない。そのような無謀な冒険に従事する準備は少しもない。われわれが望むのは、ただ、この詩の成立の出来事とそのテクストのいくらかの言葉を繋いで、そこにひとつの特徴線を見出し、指摘しておきたいだけである。だから、この冒頭の一節についてこれまでどのような解釈が行なわれきたのか、つぶさに検討したというわけではかならずしもない。だが、多くの註釈は、この「私」を「詩人」、しかも「詩人リルケ」とするのに少しも疑問を抱いていないように思われる。だが、そうなのか。R・M・リルケという個人がこれを書いたのは確かだとしても、しかしそれは、かならずしもこれらの言葉を発したのが彼だというわけではないだろう。また、詩の発話においては、その主体が、事務的な手紙の発話と同じような仕方で単一化され、同一化されることが自明なわけでもないだろう。むしろ、詩の発話とは、その発話主体を二重化し、分割することにおいて成立するのではないか。リルケという個人が沈黙し、そしてその沈黙を通してほとんど人間ではないもの――少なくとも生きてある人間ではないもの――が語るがままにするときにしか、詩ははじまりはしないのではないだろうか。

誤解のないように言っておかなければならないが、このような議論は、詩人リルケ以外の発話者を特定する方向に向かうのではない。そうではなくて、むしろ発話の主体を特定できないということが重要なのであり、さらには特定しようとする誘惑を抑え込んで、発話のなかに不分明の起源をそのまま保持することが重要なのである。いったい誰が「誰が　たとえ私が叫んだとて……」と言うのか――だが、そこでは〈誰〉として名指せるような存在が語っていたのか。そこで語っており、叫んでいたのは、「北風が吹き暴れ」、「海が轟く」冬のアドリア海ではなかったか。実際、「暗澹たる歔欷」とは、この周囲に散種された〈sch-〉の音そして畳みかけるような〈d〉の音が立ち昇らせているような〈自然〉のどよめきではなかったか。★18 あるいは、そうでなければ、一本のオリーヴの樹を通して伝えられていたあの異様な〈振動〉。それが、いま、しばらくの滞留の時間のあとに、みずからを分節化し、言葉へともち来たらせられたのではないか。その振動がどこから来たのか、われわれは名指すことはできないだろう。名指すことができず、不分明であり、抑え込まれ暗澹たるものであるからこそ、われわれはそれをとりあえず〈大地〉と言うのである。それは、大地からやってくる。つまり、不分明の起源からやってくるのだ。

実際、そうでなければ、「……おとりの呼び声をのみこんでしまうのだ」に続く次の詩句をどのように理解したらいいだろうか。

ああ　私たちははたして
誰を用いることができようか？　天使をではない　人間をではない

この〈用いる〉brauchenという動詞が、とりわけ「第一悲歌」において繰り返し現われて、その重要なモティーフのひとつを縫い上げていることは、どんな註釈も指摘している。だが、そうしてこの動詞の響きに耳を傾けるのなら、ここで、――結局は否定されているのだとしても――まさに〈天使〉や〈人間〉を必要とし、用いることを想定されているものが、人間ではなく、ましてや人間としての詩人ではないことは自明と言うべきではないだろうか。それは、人間を、そしてある意味では、天使すらも超え出たものでなければならない。人間を天使の方に超え出たものではなく（というのも天使はまた人間を圧倒的に超え出たものであるから）、むしろ手前に、次の行で言われるように〈動物〉の方に圧倒的に超え出たもの、不分明の自然的なもの、起源的なもの――それこそが、抑え込まれ、のみ込んでしまったみずからを、天使の方に向かって、送り届けようとしているのである。この送り届けを可能にするのは誰なのか。それは天使ではない。それは人間ではない。それでは誰なのか。

言うまでもない、それこそ二十三行目に至って突然に指示される〈お前〉、この二人称の存在、つまりは〈詩人〉にほかならない。ここではじめて、詩が詩人を呼びつけるのである。天使でも、しかし人間でもないものとして、詩人が呼びつけられるのである。しかも、詩人でありながら、しかしまだそれを知らないもの、まだその使命を自覚していないものとしてである。

お前はまだそれを知らないのか？　お前の胸に抱いている空虚を
私たちが呼吸する空間へ投げ入れるがいい　おそらくは鳥たちが感じるだろう
さらに心をこめて飛翔しながら　その拡がった大気を

そうだ　もろもろの春にはおそらくお前が必要だったのだ　また　多くの星々は
お前が彼等を感じとることをお前に求めていたのだ
過去の大波が高まってうちよせ　或は
お前が開いた窓のそばを通りすぎると
ヴァイオリンが身をうちまかせてきたが　それらはすべて委託であったのだ
だが　お前はその委託をはたしただろうか？……

詩人がいて、そして詩が書かれるのではない。そうではなくて、詩が、誰のものでもない詩が、詩人を呼ぶのでなければならない。『ドゥイーノ悲歌』という作品がわれわれを打つのは、そこでは、詩が可能になる地点、そして詩という〈委託〉が十全に引き受けられる地点への到達そのものが詩となっているからだ。詩となるべき言葉あるいは振動が、詩人を呼びつける。詩人はまずはその呼びつけの言葉を書き取るのである。詩人は、胸に

〈空虚〉を抱いている。この空虚に言葉が、振動が響きわたるのだろう。詩が生まれるためには、この空虚が、〈私たちが呼吸する空間〉に、つまり――こう言ってよければ――もろもろの春、多くの星、過去の大波、あるいは風と波の咆哮、一本のオリーヴの樹が呼吸するこの〈外〉の空間に投げ入れられ、そこで〈内〉と〈外〉のあいだにひとつながりの通路が開かれなければならない。詩人は、その内的な空虚によって、他の人間一般とは異なって、世界ないし大地から天使の方への通路を切り開くべき責務を負っているのであり、ここで〈お前〉と呼びかけられた詩人が、まずはじめに思い出さなければならないのは、詩というこの委託なのである。「そうだ　もろもろの春にはおそらくお前が必要だった (brauchen) のだ」――すでに、遠い昔から、詩人は、詩人である限りにおいて、委託を受けていたはずであった。「だが　お前はその委託をはたしただろうか?」と、詩人を呼びつけたその不分明ななにものかは、問いかけるのである。

『ドゥイーノ悲歌』という作品は複雑な作品である。そこではいくつもの構図が互いに複雑に絡み合っている。だが、それにしても、すでにこの冒頭の開示の部分を読むだけでも、それが、人間と天使との一般的な対立の隔絶を問題としているのではないことだけは明らかだろう。また、詩人と人間とを安易に重ね合わせてしまうような解釈がなにか決定的なことを取り逃がしてしまうことも確かだろう。詩人は、そこでは大地と天使のあいだで規定されるようなある特異な存在なのであり、この特異性が詩人によって十全に引き受けられるかどうかが、この作品の、疑いなく、もっとも重要な賭金なのである。実際、この委託が引き受けられるためには、「第九悲歌」の末尾を待たなければならない。つまり、『悲歌』のほとんどすべての行程が歩み通されなければならないのだ。

大地よ　これがお前の望むところではないのか　眼に見えないものとなって
私たちの内部で甦ることが?　これがお前の夢ではないのか
いつか眼に見えないものとなることが?――大地よ　眼に見えなくなることが?

もしも転身でなければ　何がお前の切なる委託なのだろう？
大地よ　愛する大地よ　私はそうする　おお　信ずるがいい
私を捉えるためには　もうお前のたびたびの春は必要ではないのだ　ただ一度の春
たった一度の春だけで既に血にあまるのだ

この引用の前のセクションにおいては、詩は、「名状しがたい世界ではなく　この世界を　天使に向かって頌めたたえるがいい　天使に向かって／壮大に感得したものをお前は誇示することはできない　天使が／もっと鋭く感じている宇宙では　お前はひとりの新参者にすぎないのだ……」と歌って、詩人に〈お前〉と呼びかけていた。詩人は、そこであらためて、天使に向かって世界の〈無常な事物《もの》〉を頌めたたえるようにと呼びつけられていたのだ。「第一悲歌」の冒頭以来の要請が繰り返されたのである。

ところが、今度はそこで、転回が起きる。今度は、その呼びかけに対して、詩人自身の肉声が応答する。詩人がはっきりと〈私〉という語るものとして応答するのである。「大地よ」――そう言うものはすでに、その前に「この世界を　天使に向かって頌めたたえるがいい」と言っていたものと同じではない。今度は、詩人が、大地に向かって〈お前〉と呼びかけているのだ。そして、その〈お前〉に対して、「私はそうする」、つまり私はお前の委託をはたすと誓約しているのだ。それは、いわゆるパフォーマティヴである。そこで、詩人は、世界を記述するのでも、大地の言葉を書き取るのでもなく、みずから詩という委託を引き受けるという誓約の言語行為を遂行しているのだ。

そのことについてはすでに触れてきているが、『ドゥイーノ悲歌』という作品は、本質的に、いや、根源的に複数の声によって書かれている作品である。単純に詩人の声だとするわけにはいかないようなさまざまな声がそこでは交替し、対話し、応答し合っている。そして、その複数の声の組織は、最終的には、この詩人自身のパフォーマティヴ——つまり詩という行為そのものがそこからはじまるとも言うべきこの言語行為——へと収斂するように思われる。しかも、そこでは、詩はなによりも、ひとつの〈委託〉として、つまりその言葉が一個の人間である詩人の表現などではなく、無数の声からの、そして無数の声としての〈委託〉として宣言されているのである。だからこの作品をリルケという詩人の声の単一性のもとにおいて読もうとするパセティックな読みは、すでにそこで表明されている詩の理念からもっとも遠いところにあると言わなければならない。われわれは、〈私はそうする〉ich willという簡潔な、しかし力強い言葉を、他の部分の延長としてではなく、作品のすべての言葉がそこに向かおうとしている一種の〈消失点〉として読まなければならない。〈ich will〉——それが言われるためにのみ、ほとんど、『ドゥイーノ悲歌』のすべてが存在しなければならなかったのだ。

だが、なぜなのだろう。なぜこの単純な〈ich will〉が発話されるために、あれほどの道のりが踏査されなければならなかったのか。「第一悲歌」の「だが　お前はその委託をはたしただろうか?」から「第九悲歌」のこの引き受けまでのあいだに、いったいなにが確かめられなければならなかったのか。——『悲歌』をその全体として解釈するつもりはないと言いながら、しかしわれわれは、〈大地の委託〉とならんでそれを貫いているもうひとつの巨大な問題圏についてどうしても触れなければならなくなってしまった。最低限のこととしても、それを明らかにしておかない限り、詩人による委託の引き受けそのものを充分に理解できない地点に来てしまった。『ドゥイーノ悲歌』に少なからず親しんだことのあるものには自明のことだが、それは〈死〉である。『悲歌』には、〈一本のオリーヴの樹〉に仮託される大地とは別のもうひとつの起源があったのであり、それは死者たち、とりわけ若くして死んだ死者たちであった。実際、ドゥイーノ城は、リルケにとってはまた死者たちの場処でもあった。若くして死んだ二人の姉妹——二十歳で死んだライモンディーネと十五歳で死んだポリュクセーネ——の肖像画を通して、詩人はすでに死者たちの境域へ心を通わせていた。いや、それ以前から彼はたえず死者たちからの委託を感じていた。すなわち、二種類の〈委託〉があったのであり、そのもうひとつの委託もまた、すでに「第一悲歌」においてはっきりと語られていたのである。

いまは　あの若き死者たちの騒めきがお前にとどいてくる
何処にお前が足を踏み入れても　いたるところ　ローマや
ナポリの教会で　静かに彼等の運命がお前に語りかけてきたのではなかったか？
或は　ひとつの墓碑銘が　気高く　お前に委託をしたのだ
例えば　先きごろのサンタ・マリーア・フォルモーサの墓標のように。

詩のもうひとつの起源には死がある。墓碑銘に記された若き死者の運命がすでに詩人に語りかけ、その語りかけを詩の言葉へともたらすようにと委託していた。そして、死者たちとは、——このすぐあとに詩が言うように——なによりも「この大地にもはや住もうとしないもの」にほかならない。つまり、大地からの委託ともはや大地に住んでいない死者たちからの委託——この二重の委託こそが詩人に切迫し、一挙に後に『ドゥイーノ悲歌』となる詩の場処、詩についての詩の場処を開いているのだ。

だが、死者の委託は、けっして大地の委託と同じ運命を辿りはしない。それどころか、この委託は、それが根源的な意味において想起され、見出されるとすぐに、構造的な転回を受けることになる。しかも、その転回はまさしく〈brauchen〉にかかわるのである。

結局　彼等はもはやこの私たちを必要とはし（brauchen）ないのだ　あの早く逝った者たちは。

「第一悲歌」の終結部で詩はそのように言う。「もろもろの春がお前を必要とした」ようには、死者たちは私たち——だが、〈私たち〉とは誰か？　それは単に〈生者〉のことだろうか？——を必要とはしていない。死者の委託は、奇妙なことに、私たちを必要とするような委託なのではない。そうではなくて、「悲歌」が強調しているように、死者の存在そのものが、すでに奇妙なのである。詩は、もはや大地に住まない死者たちの存在の奇妙さに思いを馳せ、そしてそこから転回して、むしろ「私たちは死者なしでいることができようか？」という問いを開くのだ。私たちが死者たちを必要としているのだ——これは、衝撃的な断言であり、しかもこの衝撃のうちに『ドゥイーノ悲歌』の異様な切迫のすべては集約されていると言うべきかもしれない。実際、この断言の異様さを理解しないいかなる解釈もまったく無効であるようにすら思われる。なぜなのか。なぜそのようなことが言われなければならないのか。

そのような疑問に対して詩は、きわめて巧妙に、あるいはほとんど不可避的に、ひとつの伝説に訴えかけることで答えている。伝説とはいえ、実は、それはまさに、詩あるいは音楽そのものの起源の伝説である。美少年リノスの死を悼む嘆きのなかから最初の音楽が現われたことを想い出させて、詩は「第一悲歌」を次のような言葉で締め括るのだ。

あのほとんど神のような若者がとつぜんに永久に立ち去ったとき
あとに残されて愕然とした空間のなかで　初めて空虚が
振動と化し　それがいま　私たちを魅惑し　慰め　助けているという

事態ははっきりしている。私たちが死者たちを必要としているのは、まさに、死者たちが立ち去った後にはじめて、残された空間が〈空虚〉と化し、そしてその〈空虚〉が〈振動〉と化し、つまり音楽が、詩が立ち昇るからである。それが死者の委託なのであろう。それは、かならずしもみずからを語ることへの委託ではない。メッセージの委託ではなく、〈空虚〉の委託、そこで言葉が詩として発せられるべき空間の委託である。「第一悲歌」はこの委託を言うことによって、それを引き受け、そして『ドゥイーノ悲歌』全体の基本構図をすでに明確に描ききっているのである。

というのも、それぞれが全体をも超える拡がりをもっている襞のひとつひとつを見ていくことなしに乱暴に言い切ってしまえば、『悲歌』の全体のダイナミズムはこのように明らかにされた死者の委託と大地の委託とが次第に重ね合わされ、不可分のものとして結ばれていく過程と考えることができるからだ。「第一悲歌」で名指された——いや、「第一悲歌」どころか『悲歌』全体を始動させ、開始させた——大地の委託が、「第九悲歌」に至ってようやく十全に引き受けられるのだとすれば、それは、まさにその委託が死者たちの空間、あるいは死の空間を引き受けることにおいてなのである。すなわち、そこに至ってようやく詩人は、今度は大地に向かって、「私たちが死者たちを必要としているように、それと同じように、大地よ、眼に見えないものとなることがお前の夢ではないか」と問いかけるのである。そこでは死は〈転身〉と呼ばれている。生者が死者になるように、眼に見える大地が眼に見えない〈振動〉と化し、私たちの内部の〈空虚〉において甦ること——それが大地の委託だと詩人は言うのだ。

詩は大地の死なのである。だが——言うまでもないことだが——それは、詩人にいかなる制約も課さないわけではない。それどころか、このようなことが言われるためには、詩人はある意味ではすでに大地にとっての〈死者〉でなければならないのだ。すでに、みずからを死の〈空虚〉と化していなければならないのだ。少なくとも、死へと運命づけられているのでなければならないのだ。死者の委託と大地の委託とが結び合わされるのは、この詩人の死への決意という一点においてである。あの〈ich will〉は、単に「委託を果たそう」というだけではない。それは同時に、みずからの死に対する〈ich will〉にほかならない。もはや「もろもろの春」ではなく、「ただ一度の春」で充分であるのは、そのためである。大地への決意は、死への決意である。そして、それだからこそ、そこに続けて詩は次のように言うのだ。

はるか遠くから　名前もなく　私はお前へと決意した
お前はいつでも正しかった　そしてお前の神聖な思いつきは
親密な死であるのだ

無名の、親密な死へのはるか遠くからの決意——それが詩の根源的な条件だとこの作品は断言している。そして、この引用のあとには、一行の空白がある。それは、よくある単なる段落の切れ目だろうか。そこでは発話者である詩人の意識は持続しているのだろうか。そうかもしれない。だが、その空白の一行においてこそ、まさになにかが起こり、出来事——そう、詩人の誕生とでも呼ぶべき出来事、本質的にオルフェウス的な出来事——が生起しているのだと読むことが不可能なわけではないだろう。実際、そうでなければ、どうして、その空白の一行のあとに、詩人はまるで驚いているかのように「私は生きている」と言わなければならなかったのか。それが「第九悲歌」の最後の三行である。

見よ　私は生きている　それは何に拠ってだろうか？　幼な時も未来も
どちらも少なくなりはしない……　ありあまる存在が
私の心のなかで迸っているのだ

一行の空白のあとのこの三行こそが、現在、『ドゥイーノ悲歌』として知られているテクストの完成という意味ではなくて、一九一一、一二年にドゥイーノで——たとえば一本のオリーヴの樹から——はじまった〈ドゥイーノ悲歌〉という恐るべき、奇妙で、不気味な出来事にとっての到達地点を明らかにしていると考える権利はあるだろう。「見よ　私は生きている」――それは、たとえば冥界から戻ってきたオルフェウスが言う言葉として、そうなのである。詩人はオルフェウスとなる。一本のオリーヴの樹からオルフェウスへ、それが『ドゥイーノ悲歌』の行程だったのだ。

実際、厳密な意味で『ドゥイーノ悲歌』の完成と同時に成立した『オルフェウスへのソネット』の冒頭を開いているのは、またしても〈一本の樹〉である。

そこに一本の樹がのびた　おお　純粋な乗り超えよ★[19]

詩という〈純粋な乗り超え〉の企図は、そこではまだ大地と死とを親密に結んでのびる一本の樹に託されていた。この樹がどのように根こぎされることになるのか、次にはそれを確認しておかなければならないだろう。

3
ポプラの樹とパンの身――ツェランの〈大地〉

ツェランは大地を信じていない人間のように行動していた
――ヘルマン・レンツ★[20]

ここには樹がない。大地と天空をつなぐべき樹がない。あるのは、ころがっている石。あるいは、せいぜい――（きれぎれに書かれた）――草、草。★[21]

とはいえ、実は今度も、はじめに一本の樹がなかったわけではない。そんなことは不可能だ。直接的にしろそうでないにしろ、樹のモメント、樹の経験を経由することなく詩の言葉が立ち上がるなどということはほとんど不可能だ——と、われわれには思われる。そして、実際、樹はあったのだ。ただ、今度は、オリーヴの樹ではなく、ポプラの樹。水のように冷たい北の空のなかにまっすぐに伸びているポプラの樹。

われわれが語ろうとしているのは、パウル・ツェランの詩の経験についてなのだが、彼の第一詩集『罌粟と記憶』（一九五二年）のなかに次のようなきわめて短い作品があって、そこでは背の高いポプラがあざやかにその影を刻み込んでいる。

きみたち背の高いポプラ——この大地の人間たち！
きみたちの幸福の黒い池——きみたちは死にいたるまでそれらを映す！
ぼくは見た、いもうとよ、きみがこの輝きのなかに立つのを。★22

この詩は「風景」と題されている。だが、それはどこか特定の場所の風景でもなければ、また、単に詩人の心象風景というわけでもないだろう。テクストはわれわれになにか見るべき風景を与えてくれるわけではない。そうではなくて、それはむしろ、あらゆる心象の手前ないし彼方にあるような原・風景へとわれわれを送り返す。つまり、われわれは風景というよりは、むしろ詩という出来事にとっての根源的な構造へと連れ出される。すなわち、この短いテクストは、その驚くべき特異な凝縮性を通じて、詩にとっての〈原・光景〉——少なくともそのひとつ——を開示し、提示しているように思われる。

ここにはいくつものポプラがあり、いくつもの池がある。ひとつのポプラにひとつの池があると考えるべきなのかもしれない。そして、それぞれの池の面にポプラの影が映っている。風景としてならば、それだけのことだ。だが、詩は、このポプラを人間、しかもこの大地の人間、この大地に根づいた人間に結びつけている。するとすぐさま、ポプラと水との関係は、いわゆる鏡像関係に翻訳されることになり、実際、ラカンが理論化した通りに、この〈鏡〉Spiegel の風景――それはテクストでは〈spiegeln〉（映す）という言葉によって強調されている――は悦び（幸福）と死との両義的な強度によって貫かれることになる。しかもこうしたイマジネールな領域におけるる構造は、ポプラと池に対する「きみたち」という呼びかけを通じて、詩の言語行為論的な構造のなかにしっかりと組み込まれているのだ。これだけでも、すでに充分に複雑な、複合的な構造がここには露呈していることになるが、しかしこれだけでは詩にとってのほんとうの〈原・光景〉となるような判じ絵 rebus は完成しないだろう。このテクストが、詩という出来事を名指し、そこから作品の力を汲み上げるためには、一行の沈黙と最後の一行が書かれなければならなかったはずである。いや、むしろ一行の沈黙においてなにかが起こり、その出来事が最後の一行を可能にすると言うべきかもしれない。「ぼくは見た、いもうとよ、きみがこの輝きのなかに立つのを」――この輝き、この鏡の死の輝き、もはやいかなる出来事も起こらない死の領域にいったいどのような出来事が起こるのか。〈いもうと〉の出現？――たしかに、そうだ。だが、それ以上に決定的なのは、実は〈ぼくは見た〉の出現だ。〈ぼくは見た〉が起こるのであり、それこそ記述することの不可能な一行の沈黙が刻み込んでいる出来事なのだ。

〈ぼくは見た〉が起こる――奇妙な言い方だ。あらかじめ経験の主体としての〈ぼく〉がおり、その〈ぼく〉がなにかを見るということがあり、そして時間の経過の後に〈ぼくは見た〉と発話するという一般的な経験の秩序に照らせば、〈ぼくは見た〉はけっして出来事とはなりえない。だが、もし一般的な経験などというものがまったく不可能になってしまうような事態、つまりそこでは主体が――もはや／いまだ――主体として保持されえないという意味において不可能な経験が問題となっているのだとしたらどうなのか。たとえば、夢の経験。それについては、〈ぼくは見た〉と言うことによってはじめて、夢が夢の現実、夢の経験として可能になるのではないか。もしそのとき、その夢が言葉を不可能にしてしまう夢、私から〈ぼく〉と言う力を根底的に奪ってしまうような夢だったらどうだろう。〈ぼく〉というものが死ぬ夢だったらどうだろう。そして、さらには、それが夢ではなく、現実――ただし現実というものが不可能になった現実――だったとしたらどうだろう。

〈ぼくは見た〉――この何気ない単純な言葉をどのように理解するか、そこにツェランの詩を読むときの決定的な分岐点があるとわれわれは考える。それは単純な証言の言葉ではない。詩は――もしそれが真正であれば――けっして証言の言葉などにはなりはしない。それは、かつて〈ぼく〉が見た輝きのなかへの〈いもうと〉の出現を証言し、報告している言葉なのではないのだ。そうではない。〈いもうと〉の出現は、〈ぼくは見た〉という出来事と対になっているのであり、相補的になっているのだ。いったいいつ――そう、まさにいつ、いついつ――〈いもうと〉はあの輝きのなかに立ったのか？　過去のある時にだろうか。それでは〈ぼく〉には〈いもうと〉がいたのだろうか。それとも、〈いもうと〉が出現するのは、この発話の現在においてだろうか。詩は、そして〈ぼく〉は、「いもうとよ」と呼びかけているではないか。〈いもうと〉はここにいるのではないか。〈ぼくは見た〉が生起し、〈ぼく〉が可能になる。それと同時に、語りかけられるべき親密な〈きみ〉が可能になり、その〈きみ〉が〈いもうと〉と呼ばれ、名づけられているのではないか。実際、もし〈きみ〉が〈ぼく〉とほとんど同時に、同じモメントから生まれてくるのだとすれば――性というもうひとつの重要な問題を別にすれば――それが〈いもうと〉と呼ばれるのは必然的ではないか。〈ぼくは見た〉――この言葉の出来事から〈ぼく〉そして、おそらくはほんのわずかに遅れて〈いもうと〉である〈きみ〉が生まれる。しかし、〈ぼく〉が見たのは、まさにその〈きみ〉が輝きのなかに立つことなのだ。それでは、〈いもうと〉はいったいいつ、いついつ Wann, wannwann 着いたのか、居たのか。だが、〈いもうと〉とはまさしくこのいつ Wann ではないのか。妄想 Wahn なのではないのか。

妄想とは経験が不可能なものを、不可能なままで、しかしそれを経験可能な領域に転移させることによって経験することである。死んだ時間の死そのものを別の時間において生きることである。「きみたち」と呼ばれていたポプラと水の鏡像的な関係には、もはや時間はなかった。そこには死にいたるまでの反復しかなかった。その死んだ時間——後に別の詩が言う言い方を借りれば〈いもうとをもたない時刻〉★23の時間——の後にはいかなる時間も記憶も、そしてそれゆえにいかなる〈ぼく〉も不可能なはずであった。兄弟、姉妹、いっさいの家族が不可能となるはずであった。もし言葉がなかったとしたら、その死を生きることすら不可能なはずであった。だが、——ここではツェラン自身の言葉を聞くべきだろう——「もろもろの喪失のただなかで、ただ〈言葉〉だけが、手に届くもの、身近なもの、失われていないものとして残りました」。★24言葉が残った。言葉は残るものであった。そして、その言葉によって、かろうじて残るものとしての〈ぼく〉、そして〈ぼく〉を聞くものであり、〈ぼく〉がかつてその死を、そこからはいかなる残りも不可能なその死を見たのであり、いま、ようやくそれを〈見た〉と言うことができるようになった〈いもうと〉が可能になり、そうしていっさいの記憶が不可能になったこの空白の死んだ時間を超えて、いや、ツェランの正確な言い方（「時をかいくぐってであって、時をとびこえてではありません」★25）によればそうした時間をかいくぐって、〈今日〉というそれ自体が不可能な時間とかつての極限の時間、時間の殺戮の時間とのあいだにある種の〈円環〉が生み出される。

いつ——だから、それは「いつだ」と言うことのできない円環の時間だ。

いついつ——それは、〈今日〉と時間停止の時間のあいだの不可能な円環、妄想的な円環だ。つまり、「二つの極をこえておのれ自身に立ちもどるもの」、〈子午線〉であり、〈指輪〉であるものだ。それは、〈コロナ〉、つまり円環をなす輝きなのだ。そして、ここではじめてわれわれは、われわれが読んでいるこの詩「風景」の最後の言葉、つまり〈この輝き〉がただ前の行で言われた池の水の輝きであるだけではなく、言い換えれば指示対象としてある輝きであるだけではなく、この詩の言葉がはじめて可能にした円環の時間の輝きであることを理解するだろう。〈この輝き〉――それは、極論すれば、「ぼくは見た、いもうとよ、きみがこの輝きのなかに立つのを」というこの言葉、この詩の発話の輝きだと言っていいだろう。〈いもうと〉はこの言葉のなかに立つ。水の波紋のように、そして指輪のように円環をなして輝くこの光のなかに立つのだ。

だが、ここでわれわれは、もう一度、思い出しておくべきなのだろう――この詩の発話がなによりも〈ぼくは見た〉という言葉の出来事であったことを。すなわち、それが、言葉による眼の出現という出来事であったということを。眼が起こる。眼が可能になる。かつてそれを見た眼がいま可能になる。水の輝きを湛える円環の光、あるいは〈巴旦杏〉の形をした光――それは眼なのだ。〈ぼくは見た〉という言葉の眼なのだ。だが、間違ってはならないが、それは、単に〈ぼく〉の眼であるのではない。〈ぼく〉は――つまり「ぼくは」と言う〈ぼく〉は――、あくまでも、〈いもうと〉、〈きみ〉とともに生まれるのだから、その眼は〈ぼくたちの眼〉、〈ぼくたち〉としてある眼なのだ。眼が生まれるとき、それは〈ぼくたち〉が目覚めるときだ。〈ぼくたち〉、それが眼なのだ。だからこそ、後になっても、ツェランはつねにこう書くだろう――「誰が目を覚ましたのか？　きみとぼくとが。／言葉、言葉。〔……〕」（「なにが起こったのか？」）、あるいは「そしてぼくたちの指には指輪が目覚めている」（「彼らのなかに大地があった」）と。

こうして、ツェランにとっての詩の出来事の（少なくともひとつの）中心が、〈ぼく〉と〈いもうと〉、そして〈いま〉と〈かつて〉とのあいだの円環的な輝きとしての眼の出現だということが、かろうじて素描されただろうか。言うまでもなく、指輪、円環、コロナ、巴旦杏、眼、いもうと、目覚め……といったトポスのひとつひとつについて、そしてそれらのすべてがそこに収斂するとも思われる時のトポス、円環的な時間のトポス――円環はまずなによりも時計の針つまり回帰する時間なのだ――について、ツェランの全詩篇を対象にして、精密にその軌跡を追跡することもできるだろう。それは必要な作業であるが、しかし現在のわれわれの議論にとっては、彼の第一詩集に収められた短い詩篇、しかもほとんどその最後のただ一行に、ツェランという詩人にとっての詩の出来事、詩のはじまりという出来事の核心があますところなく告知されていることが確かめられればそれでいい。そして、とくに強調しておくとすればその詩の出来事が、ほとんど絶対的な意味で言葉からはじまるのだということ、言葉の前にはなにもなく、言葉だけが詩を可能にし、そして詩がはじめて現実的なものを——希望のように、妄想のように、そして薔薇のように——少し与え返してくれるのだということが確かめられればそれでいい。そのうえで、もう一度、われわれは、足早に通り過ぎてしまったポプラの樹のほうに向き直ってみたいと思う。樹への問いかけをふたたび取り上げてみたいと思う。

そのために、ポプラが語られるもうひとつの詩を読むことにしよう。今度は、第二詩集『閾から閾へ』(一九五五年)の冒頭を占める詩「ぼくは聞いた」——

ぼくは聞いた、水のなかには
ひとつの石とひとつの環があると、
水の上方には言葉があって、
その言葉が石のまわりに環を横たえるのだと。

ぼくは見た、ぼくのポプラがこの水のなかにおりていくのを
ぼくは見た、その腕が深みへとつかみかかるようにさしのばされるのを、
ぼくは見た、その根が空に対して夜を懇願するのを

ぼくはぼくのポプラのあとを追っていきはしなかった。
ぼくはただ地面から、拾い上げただけだ

きみの眼のかたちをしたあのパンの身と高貴《アーデル》さとを
ぼくはきみの頸から言句の鎖をとり
それでテーブルのまわりを縁取ったが、そこにパンの身がいま横たわっていた

そしてそれから二度とぼくのポプラを見なかった。

ポプラの擬人化というよりは、むしろ人間の〈ポプラ化〉、ポプラの水への侵入、〈ぼくは見た〉という発話とそれに続く〈きみ〉の出現、眼の出現、それから今度はネックレスという形をとった円環の出現、あきらかに詩という言句の鎖がそれである数珠のような円環の出現――詩の出来事という観点からは、この詩もまた「風景」とほとんど変わることのない構造を備えている。ただ、この詩では、水と大地がよりはっきりと対比され、そしてその対比を通じて〈ぼくのポプラ〉と呼ばれる一本の樹の運命が決定的な仕方で跡づけられているように思われる。さらには、通りすがりに指摘しておくだけだが、この詩では、一〇行目の〈Adel〉という言葉が、その少し破格な文法的な位置によって、〈きみの眼の高貴さ〉であると同時に、そこではじめて登場する〈きみ〉のあたかも固有名であるかのように響く。つまり、詩は、ひそかにこの〈きみ〉を――ちょうど「風景」において〈きみ〉が〈いもうと〉と呼ばれていたように――アーデル〔アデライーデ〕Adelaide と名づけているのである（そこにマンデリシュタームという名の残響を聞くこともできよう）。すなわち、そこにはツェランの詩の固有語法《イディオム》のひとつである固有名の問題圏が立ち上がってきているのだが、しかしここではその広大な問題圏に足を踏み込むことはできない。当面のわれわれの関心が向かうのは、なによりもこの詩のもっとも根本的な構造となっている鏡像的な、あるいは蝶番的なコントラストの構造に限られるのだ。

ほとんど自明とも思われるが、この詩の全体的な骨格は、第一連において〈ぼくは聞いた〉という言葉によっ

て導入され提示される構造と、第三連において〈ぼく〉のイニシアティヴのもとで展開される構造との対応によって決定されている。すなわち、第一の構造は、「水の上方の言葉が水のなかの石のまわりに環を横たえる」として記述することができるとすれば、第二の構造においては、それは「ぼくがテーブルの上に横たわっているパンの中身のまわりに言句の鎖の環を置く」となっているのである。

〈水のなかの石〉には、〈パンの身〉Krume が対応している。硬い凝縮した石に対して、硬い殻のなかのやわらかな身――だが、われわれ日本人の感覚とは異なって、パンとはむしろ殻を食べるものなのであり、身は屑として捨てられるものであることを言っておかなければ、なぜそれがここで「地面から拾い上げられる」のか理解できないことになるだろう。それは地面に捨てられた小石のようなパン屑である。だが、同時におそらく、それはあの水のなかの石の〈身〉でもあるのだろう。それは、水のなかの石の地面に残された残余である。わずかな乏しい残余である。だが、言葉の不思議な多義性によって、この〈Krume〉はまた〈肥沃な耕土〉Ackerkrume でもあるのだ。そして、それに応じて「拾い上げる」と訳された〈auflesen〉という言葉のなかにわれわれは「読む」lesen という言葉を聞くことになる。〈ぼく〉は耕地の畝を、大地の痕跡を読む。大地のうえに〈きみ〉の眼の形を読む。逆に言えば、その眼のなかに、その〈身〉Krume のなかに大地があることになるのだ。

第二の対応は、〈環〉Kreis と〈鎖〉Kette のあいだの対応である。水のなかの石のまわりの環は、誰にも池の面の波紋を喚起する。だが、水のなかの石のまわりに環を横たえるのは、投げ込まれた石の重みではなく、水の上方にある〈言葉〉である。とすれば、この〈ひとつの環〉を水面の波紋だと捉えるのはあまりにも安易な、性急な理解ということにならないか。波紋はむしろこの環の形容であって、波紋が〈環〉と呼ばれているのではない。そうではなくて、波紋のような環、つまり波紋のような光の環が水のなかの石のまわりに横たえられなければならないのだ。〈光〉を明示する言葉がそこに書き込まれているわけではない。だが、それが水の面の環ではなく、あくまでも水のなかの環であることを考慮すれば、それが光の環であることは疑いないだろう。そして、それだからこそ、それに対応する第二の構造においては、環はなによりも〈ネックレス〉――高貴な〈きみ〉の頸のまわりのきらきら輝く環――となって現われるのだ。つまり、「風景」との連関から言えば、ここでもやはり〈きみ〉は輝きの環に囲まれて立っているのだということを指摘しておいてもいいかもしれない。そして、すでにわれわれが見てきたように、この輝きの環はまた同時に言葉の環であるだろう。それは、〈言句の鎖〉であるだろう。池の水面に波紋が拡がるように、このテーブルの面では、言葉の輝きの環がまわりを取り囲み、そしてそのまんなかに〈パンの身〉が横たわるのである。

とすれば、第三の対応が、〈言葉〉と〈ぼく〉のあいだに打ち立てられることはすでに明白だろう。すなわち〈ぼく〉はそこでは〈言葉〉の位置にある、あるいはほとんど〈言葉〉としてあると言うこともできそうである。だが、実際は、もしわれわれが〈言葉〉と〈ぼく〉とをそのまま同一性によって結びつけてしまえば、そのとき池(水)とテーブルとの二つの構造は完全に平行関係に置かれることになり、そうなればわれわれはこの詩の感情を決定しているある根源的な無力、つまりこの詩自体がきわめてわずかなものにすぎないという透明な自覚を取り逃がしてしまうことになるだろう。というのは、この詩の強度――つまり無力であることの強度――は、実は、われわれがその対応関係を見てきた二つの構造のあいだのわずかな、しかし取り返しえない捩じれの関係にこそあると思われるからである。すなわち、この詩が求めているのはたしかに水のなかの石に光の環を与え返す言葉であるだろう。だが、そこで〈ぼく〉がなすのは、まずは〈きみ〉の眼――より正確には〈きみ〉と〈ぼく〉の眼――を拾い上げることであることだ。つまり〈ぼく〉は、なによりもまず〈眼〉なのであり、〈眼〉としてテーブルの上方にあるのだ。そして、〈ぼく〉は、〈きみ〉の頸を飾っていたネックレス、その輝く環、だが、あくまでも言葉の環であるものでテーブルを縁取る。〈言葉〉が光の環を横たえるのではなく、ここでは〈眼〉が言葉の環を並べるのだ。そして、そうすると、――「そこにパンの身がいま横たわっていた」。

すでにツェランの詩の出来事がなによりも不可能な円環の時間、ほとんど〈妄想〉的な回帰する時間にあることを感取してきたわれわれにとっては、「いま横たわっていた」という詩句の根源的な時間錯誤《アナクロニスム》こそが、この詩の到達点であることは明らかだ。そして、この到達点において、われわれが問題にしている捩じれが、とくに原文テクストではそれぞれ第一連と第三連の最後の言葉となっている〈横たえる〉legen と〈横たわる〉liegen のあいだの呼応と差異としてはっきりと刻み込まれていることも明らかだ。もしこの詩の主題はなにかという不躾な問いが発せられるとすれば、われわれは躊躇なしにそれは〈横たえる〉ことだと答えるだろう。「風景」が〈立つこと〉を主題としていたとすれば、この詩は同じような構造をさらに精妙に反復しながら、それと相補的な関係にある〈横たえる〉こと、さらには言えば〈言葉の力によって横たえる〉ことを主題としているのだ。だが、それではいったいなにが横たえられるべきなのか。――〈石のまわりの環〉。そして、それだけだろうか。横たえられるべきもの、まずなによりも横たえられるべきものがほかにないだろうか。詩はなにも言っていない。詩はただ、その到達点において、――まるで墓銘碑のように――「パンの身がいま横たわっていた」と言うだけである。〈パンの身〉、それは中身であり、残余であった。水のなかの石のまわりの輝く環のかわりに、地面に残されたわずかな残余が、〈いま〉という時間において〈横たわっていた〉と詩は言うのである。

　残余――そのことをもう少し深く考えてみるためにも、われわれはこれまで触れることのできなかったポプラの樹について、いまようやく、語らなければならなくなった。すなわち、もし第一の構造と第二の構造のあいだに捩じれがあるとすれば、それは、なによりも第二連で語られているポプラの出来事によるものに違いない。〈ぼくは見た〉――すでに述べてきたように、ツェランにおいてはこの語法は、確固とした経験の主体がその経験を報告するのではない。それは、経験すら不可能であった出来事について、いま、かろうじて言葉の力によって〈ぼくは見た〉そのものを可能にするような語法である。「風景」においては、それはなによりもその眼の到来の出来事、そして輝きのなかへの〈いもうと〉の出現の出来事に向けられていた。だが、ここでは、〈ぼくは見た〉のは、むしろ「風景」においてポプラと池のあいだの鏡像的関係として提示されていた出来事のほうである。つまり、ある意味では、この詩においてようやく、はじめてツェランはポプラをひとつの決定的な出来事として、つまり〈ぼくは見た〉ものとして語ることができたのだ。

そのポプラの出来事——それは夢、しかも悪夢のように奇妙な出来事である。ポプラの樹が水のなかにおりていく。その腕は水の深みにつかみかかろうとする。そして、根は——おそらく空中にあって——空に夜を懇願している。根を空に向け、枝を水の奥にのばして、ポプラは転倒しながら水の底におりていくのだ。空に向かうべき樹が水の深みへと落ちていく。大地に根を張るべき根が、無残に空中にあって、そのすべてを覆い包むような夜を懇願している。だから失われているのは大地だ。根づくべき大地が失われ、そしてそれゆえにポプラはまるでなにかから逃れるかのように水のなかにおりていき、水の奥へと身を投じるのである。

このポプラとはなにか。あるいは、「XはYの象徴である」といった類の安易な解答を予防するためにもう少し問いを精密にしておくならば、なぜここでは〈ぼくのポプラ〉と言われているのか。〈ぼくのポプラ〉とはなにか。この所有格はどのような機能を果たしているのか。それは、たとえば〈ぼくの手〉あるいは〈ぼくのパン〉と同じ意味で〈ぼくのポプラ〉なのだろうか。ポプラ——この一本の樹はここでは何であるのか。

ポプラが人間と等価なものであることは、この詩のいくつもの要素が指し示している。そして、われわれは「風景」のなかで、それが「この大地の人間たち！」と呼ばれていたこともすでに知っている。とすれば、はたしてわれわれは、ドイツ語の響きのなかではあるいは少し異質に響くかもしれないこの言葉〈Pappel〉（ポプラ）がすでに外国語の翻訳であることを想定することができないか。すなわち、それはラテン語の翻訳なのではないか。ポプラはラテン語では〈populus〉と言う。そして、その語は同時に〈民族〉を意味する語でもあるのだ。

ツェランの詩が〈Pappel〉と書くとき、その下には——言語の国境を越えて（それこそが〈シボレート〉だ！）——ラテン語の〈populus〉が書かれており、そしてそれは〈ポプラの樹〉であると同時に〈民族〉なのだ。〈ぼ

くのポプラ〉――それは、〈ぼくの民族〉だ。〈この大地の人間たち〉としての〈ぼくの民族〉なのだ。★26

こうしてわれわれは、〈母の言葉〉であるドイツ語で詩を書いていたツェランにとって、しかし絶対的に用いることができない語があったということを理解する。われわれはツェランの作品のコーパスをすべて探査したわけではないとしても、しかし彼にとっては、ほかのいくつかの言葉とともに〈Volk〉(民族)という言葉が封印されていたのではないかと想定することもできる。そして、言うまでもなく、封印されているもの、そのように抑圧され、禁じられている封印の語でもあるのだ。そして、〈Pappel〉――それは、外国語を経由する二重の翻訳によるそのものこそが、ひそかにもっとも強いエネルギー、ほとんど破壊的なエネルギーを発散し続けているものである。とすれば、われわれの読解はその近くへと接近しているに違いない。

実際、読解のこの水準においてはじめて、われわれは第三連冒頭の一行「ぼくはぼくのポプラのあとを追っていきはしなかった」を正当に理解することができるだろう。「ぼくはぼくの民族のあとを追っていきはしなかった」――〈ぼく〉は残りであり、残余であり、つまり生き残りであるのだ。〈ぼく〉は〈ぼくの民族〉のあとを追って水のなかにおりていきはしなかった。〈ぼく〉は地上にとどまり、そしてその地面から〈パンの身〉を拾い上げる。そして、そのとき突然にわれわれは――深いおののきとともに――なぜそれが〈パンの身〉でなければならなかったかを理解する。それは〈パン〉でなければならなかった。なぜなら――なんと恐ろしい!――それは窯で焼かれたものだからだ!

〈ぼく〉はパンのように窯で焼かれた民族の生き残りなのだ! 地面に捨てられるパンの身とは、パンの焼かれ残った部分のことなのだ!

そして、同時に、われわれはなぜ〈ぼくのポプラ〉が水の奥へと必死に腕を伸ばしたのかを理解する――それは火に焼かれたからなのだ。火に焼かれて水を求めたのだ。「風景」では、死の水でもある池は、奇妙にも〈きみたちの幸福の黒い池〉と呼ばれていた。われわれはいま、その理由を理解する。水は、すでに望ましい死であったのだ。水は死の優しさを湛えていたのだ。地上に残されたポプラの根が空へ懇願するのは、夜というもうひとつの死の優しさだったのだ。パウル・ツェランよ、われわれはようやく理解する――そうだ、死よりももっとひどいものがあったのだ。それは死すらも焼きつくす火だったのだ。生を望むなどというのはすでに不可能であった。かれらは生を望んだのではない。ただ、人間にとってのもっともわずかなもの、もっともささやかなもの、つまり死を望んだのだ。水の奥に手を伸ばし、空に手を伸ばし、そうして死の深さと優しさとを懇願したのだ。パウル・ツェランよ、われわれはようやく理解する――きみの詩は喪の詩なのではない。喪が可能なためには、死がなくてはならない。ところが、焼かれて……しかし、それは死などというものですらなかったのだ。その死すら奪われたものたちに、死を与え返すこと、それがきみにとっての詩の使命であり、詩の根拠であったのだ。そして、それこそがきみの詩の根源的な時間錯誤《アナクロニスム》を説明するものなのだ。すなわち、かつてあるべきだった死がいまようやく訪れる。いま、死があった。いま、死んでいた――それがきみの詩の出来事なのだ。

　そしてだからこそ、この詩の最後の行――たった一行しかない第四連――では、そのことがはっきりと言われることになる。「そしてそれから二度とぼくのポプラを見なかった」――〈ぼくのポプラ〉に死が与えられる。すなわち、死ですらなかったそれに、ようやく死が返される。詩の義務が果たされる。少なくともツェランにとっては、死ですらなかったそれ、死の日付すらもっていなかったそれに、死を与え、日付を与え、そして――叶うならば――光の環を与えること、それだけが〈すべての喪失のただなかで残っているもの〉としての言葉のただひとつの義務であったに違いない。

こうして、われわれは、ポプラと水の風景の奥に――封印されて――燃え続けている恐るべき火、誰にも正視することのできない火、けっして語りえない火をかろうじて感覚し、そしてツェランの詩の言葉が担っている途方もなく重い負荷をわずかに理解することができるようになる。言葉だけが、誰にも見ることのできないその火を直視せずに、しかしその出来事を〈ぼくは見た〉と語ることを可能にしたのだが、しかしそれはなによりも、もはや二度とそれを見ることがないようにするためだった。それを優しく包み隠し、埋葬するためだった。そして、そうであれば、われわれは最後にもう一度、あの〈パンの身〉がまた〈肥沃な土〉でもあったことを強調しておくべきだろう。詩の到達点において、テーブルの上に横たわっていたのは〈パンの身〉であった。だが、同時にそれは、大地を奪われ、大地を焼かれた〈populus〉を横たえ、埋葬するあらたな大地でもあったはずである。かれらは、〈この大地の人間たち〉であった。ポプラの樹のように大地に根づき、大地に立つものたちであった。しかし、もはや日付を失い、人間という時間の外にある——つまり〈閏ー〉の時間だ——ような恐るべき火のもとで、かれらには大地がもはやなかった。

第四詩集『誰でもないものの薔薇』（一九六三年）のまたしても冒頭に置かれた詩（「かれらのなかに大地があった」）がはっきりと言っているように、大地というならば、それは「かれらのなかにあった」。そして、かれらは掘るのだ。自分のなかの大地を掘るのだ。なにのためでもない、まさにみずからを埋葬するために掘る。まさに、〈静けさ〉が、そして〈嵐〉がやって来るまで掘る。ひとつの言葉が、すなわちただあまりにも単純な言葉「かれらは掘っている」という言葉が詩人によって発せられるまで掘る。すると、「ぼくたちの指には指輪が目覚めている」のだ。

そして、同じ詩集の別の詩（「夜の頂きに冠された」）では、その最後の連において、「するといま、ひとつの大地が昇る、ぼくたちの大地／あの大地が」と言われるだろう。その大地もまた「あれほどたくさんの死」、「朝の途上で死んでしまった死」を埋葬する大地であるだろう。詩は、歌は、こうしてツェランにおいては、もう一度、不可能となった死そのものを可能にし、そして〈ぼくたち〉を可能にするただひとつの大地となるだろう。もはや詩人は大地から委託を受けることはできない。そして、その委託を、みずからの死へと決意する〈ich will〉を通して果たそうとすることはできない。詩はもはや一本の樹のように〈純粋な乗り超え〉として大地と天空のあいだに伸びていくことはできないのだ。
われわれはリルケの『ドゥイーノ悲歌』に問いかけながら、「詩は大地の死なのである」と述べた。だが、リルケとツェランとは、もはや人間のものではない火の出来事によって決定的に隔てられてしまっている。ツェランにおいて言われなければならないのは、詩が大地の死の生き残りであるということだ。もし大地そのものが死んでしまったとしたら、いったいどうして人間の死が可能だろう。どうして死者が可能だろう。そして、どうして樹が可能だろう。詩は大地の死の生き残りであり、ツェランは不可能な死者たちの生き残りであった。それは、パン屑のようにわずかな残余であった。だが、そのパン屑のなかに、かろうじて死者たちに人間の死を与え返すような〈ひとつの大地〉が昇ってくるのでなければならないのだ。大地なき樹が、それでも言葉の力によって——ということは、ほとんど狂気の力によって——、大地とならなければならないのだ。それだけが、詩の使命なのだ。

ツェランの詩には、樹がない。★27 樹というこの〈純粋な乗り超え〉がここでは信じられていない。あるのは、ころがっている石。あるいは、せいぜい——(きれぎれに書かれた)——草、草。たとえば、ケシ、イバラ、イラクサ、アザミ、シダ、ハコヤナギ、サクラソウ、ソルダネラ、ハマムギ、クロッカス、エニシダ、シマセンブリ、ハンノキ、イヌサフラン、チシャ、マルタゴン、カワラナデシコ、ヒメカンバ、ハクサンチドリ、テュミアン、アラセイトウ、コケモモ、モウセンゴケ……これらの草はまるで固有名のように地面に置かれている。ツェランの眼はつねに地面を見ている。無数の痕跡が刻まれた地面を読んでいる。石があり、草があり、そして無数の固有名がある。だが、それを見るツェランの眼は、驚きの眼だ。まだ、地面があるというのか。大地が失われてしまっている今日において、しかしまだ草が生えてくるのか。彼には大地が存在しているということほど信じられないことはなかったに違いない——「ツェランは大地を信じない人間のように行動していた」(ヘルマン・レンツ)。

そうでなかったならば、どうして一九七〇年四月、彼はセーヌ川におりていく必要があっただろう。まるで一本のポプラの樹のように、水の深みへと手を伸ばして水のなかにおりていく必要があっただろう。彼はそのとき、あれから、つまり詩がかろうじて可能になってからは二度と見なかったはずの〈ぼくのポプラ〉にようやく追いついたのだったろうか。

4　転回、空中にて——子午線と〈石〉としての〈名〉

もうひとつの大地が昇ってくる——パウル・ツェランの詩を読むことを通じて、われわれは、あらゆるものの限りなき根底と見なされていた大地がおそるべき火の災厄によって、焼かれ、失われながら、しかしその決定的な喪失を通過して、ということは最終的な終わりであるものを通過してなお、〈もうひとつの大地〉がやって来るという驚くべき詩の出来事を垣間見た。まさに大地の転回にほかならないそのような出来事がどのようにして可能になるのか、そしてそれがなぜ詩の出来事でなければならないのか、留保されたままのいくつかの問いに随伴しながら、われわれはもう少しのあいだツェランの詩の圏域のなかにとどまることにしよう。

第二詩集『閾から閾へ』のなかに収められた一篇を読みながら、そのとき触れておいたように、大地という問題設定から出発したわれわれの興味は、なによりもツェランの詩の歩みのなかではほぼまんなか、その頂点とも転回点とも言うべき位置に置かれた第四詩集『誰でもないものの薔薇』(一九六三年)へと収斂する。さらには、「かれらのなかに大地があった」と題される詩によってはじまるこの詩集、つまり大地とその反転というトポスを複雑なモチーフのひとつとして編まれていることが確かなように思われるこの詩集のなかでも、詩の声がよりいっそう高まるような、その息がいっそう深まるような最後の第四セクションへと収斂する。

そのセクションは、ちょうど詩集全体のはじまりに呼応する——そしてとりわけその動詞の過去形の響きが正確に応答しあっている——短い詩によって開かれている。「なにが起こったのか？」——詩はそう問いかけるのだが、それは、われわれがすでにツェランにおける根本的な時間錯誤《アナクロニスム》として論じたように、まるでみずからの出来事そのものを驚愕とともに見守っているようであり、しかもその見守りを通じてまさに——これもまたわれわれが論じた通りツェランという詩の出来事の根本的な定式なのだが——「きみとぼくとが目覚める」のだと言われている。

なにが起こったのか？　山から石が歩み出た。
だれが目覚めたのか？　きみとぼくと。
言葉、言葉。共なる‐星。副なる‐大地。
もっと貧しく。開かれて。故郷のように。★28

ツェランの固有語法において、「石」そして「山」という言葉がどのような響きにおいて聞き取られなければならないかを端的に理解するためには、おそらく彼のもっとも美しい散文である『山中の対話』（一九六〇年）、山中をやって来た二人のユダヤ人の対話のなかの次のような言葉に耳を傾けてみるだけで充分であるだろう——「石は、いとこよ、誰に話しかけるかというのかい？　石は話しかけたりはしない、石は語る、そして語るものは誰に対しても話しかけたりはしない、それは語る、誰も聞いてくれるものがないから、誰も、いかなるものもいないからだ。石はいう、みずからの口でもみずからの舌でもない石そのものが、石のみがこういう——聞こえるかい、きみ、と」。★29「聞こえるかい、きみ」というこの呼びかけが、おそらくはけっしてそこから目覚めることがないような深い暗闇のなかからそれでも「きみとぼく」とを目覚めさせ、そしてそこに言葉が、一人称と二人称の対になった言葉があるというその力によって、もうひとつの星、この地球という星に隣接し、随伴するもうひとつの地球＝大地を開く。それは、この地球よりははるかに乏しい、本質的に貧しい大地であり、というのもそこにはもはやいかなる生産も生活もないからなのだが、しかしそれは故郷のように——ということは、すべての故郷が失われた後にそれでも故郷として——われわれに開かれている。すなわち、それは、われわれに開かれているということだけを根拠としてあるような大地なのだ。

　そして、この詩の後半部——

どこへ行ったのか？　鳴りやまないものに向かって。
石とともに行ったのだ、ぼくたち二人とともに。
心と心。重すぎるものとして見出されてあった。
もっと重くなる。もっと軽くある。

「どこへ行ったのか」と問われているのは何だろうか。「共なる‐星」、「副なる‐大地」だろうか。あるいは、山から歩み出た石だろうか。つまりは心、重すぎるものとしてあった心だろうか。そして、また、詩だろうか。いずれにせよ、それは行ったのだった。鳴りやまない響きの方に。世界の喧騒の方に。だが、そこで起こったこと、いや、起こったというよりは、不定詞のまま投げ出された〈起こる〉ことは、奇妙なことに「もっと重くなる」Schwerer werden ことであり、しかも「もっと軽くある」Leichter sein ことである。撞着語法《オクシモロン》と言ってよいこの奇妙な最終行をわれわれはどのように読んだらいいのか。そう自問して、その問いは、ほぼ必然的に、われわれをこのセクションの、つまりこの詩集の最後に収められた詩「空中に」In der Luft へと向かわせるだろう。というのも、この〈重い-軽い〉のトポスは、たしかにこの詩篇群を貫くひとつの軸なのであって、われわれは、たとえばすぐにも「眼＝地球《レ・グローブ》」のなかの「もっとも重いものまでが／飛びたつことができた」という詩句や、それに続くあの「フーエディブルー」冒頭の重苦しい「重《おも》-、重-、重-」の脅迫的な反復を思い出すことができるのだが、それはついには「空中に」のなかであらためてより集約的な、緊迫した表現を取るに至るからである。

しかも、「空中、そこにおまえの根が残っている、そこに／空中に」というすでにわれわれの記憶に刻まれている逆転した樹木のイメージ、大地と天空との反転のイメージからはじまるこの詩は、多様な複雑な要素を縫い合わせながら、ほとんど苦痛に満ちた愛の可能性をまさぐるように辿ってきて、やはり言葉と、そして言葉による目覚めのモメントを通過する——「接吻は、夜ごと、／ひとつの言葉にその意味を焼きつける、その言葉へとかれらは目覚める、かれらは——」。かれらとは、別のところで「きみとぼく」と呼ばれていたイマジネールな対、つまり「ぼく」と、そして「いもうと」であると言ってもいいだろう。どのようにしてか接吻という出来事が起こり、そしてそれから接吻をする「ぼく」と「いもうと」とが目覚めるという、それも根源的な時間錯誤あるいはディフェランスの一般的な効果であるだろう。

そして、一行の空白があり、その息を詰めた沈黙が破裂したかのように急速に歌われる詩節が続く。

帰郷したのだ、
不気味な〔故郷なき〕破門の光のなかへと
その光がひとつに集める、あの撒き散らされた者たちを、あの
惑星の砂漠〈魂〉を通り抜けるように導かれた者たちを、あの
みずからの眼差しと船のあいだの空間に
頭上高くテントを張りわたす者たちを、

それはわずかな希望の束、
そのなかで大天使の翼のざわめく音がする、災厄の音がする、
兄弟たち、姉妹たち、あの
あまりに軽い、あのあまりに重い、あのあまりに軽い
見出された者たち、
世界の秤とともに、近親
相姦のなか
孕みやすい胎のなか、この生ある限り異邦人である者たち、
とび散る精液のように星座を冠せられて、重く
底なしの浅さに横たわり、身体を
閾へ、堤防へと積み上げられた、——あの

帰郷とはいえ、それはあくまでウンハイムリッヒ（umheimlich）——故郷なしの、不気味な、よそよそしい場処、そのような破門の場処、破門の光の場処への帰郷である。すなわち、言葉のなかでの目覚めがなによりも詩という出来事にかかわるものであるとするならば、「撒き散らされた者たち」、「この生ある限り異邦人である者たち」が、「わずかな希望の束」であるような詩の言葉のなかでひとつに集められ、そのひとつの集まりのなかに回帰してくるのだと言ってもいいかもしれない。兄弟たち、姉妹たち、つまり一族の者、ひとつの民族であった者たちが、——断ち切られ、あるいは焼き尽くされ、すでに不可能となった——みずからの根、みずからの生殖、すなわちみずからの豊饒な大地の〈夢〉を、さかしまに夜の空中に高く張りわたしているというイメージを読み取ることもできるだろう。

ツェランにおいては、空中にそそり立つ逆転した〈根〉Wurzel のイメージは、――この詩集のなかの別の詩「Radix, Matrix」がもっとも明白にそれを証しているように――一方では、屹立するファロス（陽根）となり、また他方では、ラテン語の〈根〉（radix）を介して子宮（matrix）へと連なっている。そこには、言わば両性具有的な、同時に近親相姦的な円環が確立されているのだが、しかしそのイメージは官能性（sensualité）という意味においてはまったく性的ではない。性というものが、結局は、現存《プレザンス》のある種の官能性と結びつくものであるとするならば、「血」や「接吻」、「近親相姦」、「精液」という言葉が言われながらも、ここにあるのは、むしろ性なしの生殖、むき出しの生殖、いや、現実的には遠い、絶望的な不在においてあるような不可能な生殖なのである。詩が不可能な生殖の場処となる――おそらく、ここに、パウル・ツェランの詩のもっとも驚くべき展開があるのであって、詩は、性の風景を歌うのではなくて、みずからが不在の生殖の場として、そのような非‐場処《ユートピア》としてあろうとする。生殖というみずからの起源にして、未来の時間であるものとしてあろうとする。

こうして、大地という問題設定の周辺をさまよっているわれわれの思考は、大地が含意するもっとも重要なもの、重要なものでありながらしばしば隠されているものに出会うのだが、それこそまさに生殖の約束としての大地にほかならない。すなわち、大地とは限りのない未来の約束、生命の約束なのである。そして、ツェランの詩は、言わば言葉の力、詩の出来事によって、そうした豊饒な大地のネガであるような隣接する〈副なる‐大地〉の生殖の非望へと突出しようとするのである。それは、あくまでも負の大地、一条の閃光のなかに夢見られるような負の、不可能な豊饒さである。しかし、それでも、それが大地にかかわり、生殖にかかわる限りにおいて、その詩の出来事が起こる領域は、まさにあのおぞましい歴史、ひとつの民族の殲滅が賭けられており、ツェラン自身がそのありえない生き残りだと感じていたあの民族主義的な運動にきわめて近いところを通過しないわけにはいかなくなる。たとえば、生野幸吉氏が指摘しているように、「黒々と天に突き立った根」について語る「Radix, Matrix」のなかの一行「陰茎と睾丸は Rute und Hode――?・」はたしかに、その母音の一致を通して「ナチの喧伝した“Blut und Boden”（血と大地）」★30にきわめて近いところをかすめるように通っていくのである。そこには危険がある。だが、その危険のなかへとあえて踏み込み、そこに詩の出来事を賭けているのが、『誰でもないものの薔薇』という詩集の恐るべき冒険なのだと言うべきだろうか。もっとも不気味なものにあえてもっとも近くまで接近し、いや、それと随伴さえしながら、しかしわずかに、一筋の光のような、しかし決定的な差異を見出そうとする一種のカタストロフィーの詩学がそこには働いていると言うべきかもしれない。

だが、危険と救いとが寄り添うように随伴するこうした詩の冒険はわれわれにどうしてもヘルダーリンのあの詩句、というより『乏しき時代の詩人』のなかで註釈されたがゆえにもはやほとんどヘルダーリン＝ハイデガーのものと言うべきあの詩句「しかし危険の存するところ／救いもまた育つ」を思い出させることになる。そして、それは、けっして偶然的なことではなく、むしろいくつもの徴候からして、この時期のツェランの詩の行為と思考は、『乏しき時代の詩人』を中心としたヘルダーリン＝ハイデガーあるいはリルケ＝ハイデガーとの苦しい対決——というのはけっして単に対決的ではありえない対決だからだが——を強いられていたことは明らかであるように思われる。誰もが指摘するように、詩集のタイトルの〈薔薇〉からしてリルケへの送り返しを必然化するのであり、そこから出発して、「テュービンゲン、一月」というヘルダーリンへと投げ返された詩篇もあり、またそのような直接的なレフェランスにおいてではなくとも、多くの語、多くのキー・コンセプトがヘルダーリン、リルケ、ハイデガーの文脈に直接的に根ざしている。だが、それは影響や伝統という言葉で名指すことができるような簡単な事態ではない。そうではなくて、その中心にあるのはおそらく、——ある意味ではきわめてアイロニカルなことではあるが——ツェランが引き受けたこの詩という困難な作業の時代的な意味、その危険に満ちた本質を、ハイデガーの詩論以上に鮮やかに照らし出したものがほかになかったからなのだ。

実際、ヘルダーリンのあの詩句が浮上する文脈においては、ハイデガーはなによりも技術が、庇護のない、聖なるものが消失した救いのない闇のなかに人間を置き去りにする危険について語っていた。危険は、「人間の本質を存在それ自体へのそれの関わりという点で襲って来る脅威のうちに存する」のであって、けっしてこれこの偶然的な危難のなかにあるのではない。すなわち、危険は、「すべての存在者に切迫する深淵の底に隠されている」のであり、その危険を見つめ、それを示すためには、「いちはやくその深淵の底に到達するような人間が存在しなければならない」とハイデガーは言い、そしてちょうどそのところで「しかし危険の存するところ／救いもまた育つ」という詩句が引用されるのであるが、そこから今度はリルケの詩句へと転回しながら、ハイデガーは次のように言う。

ことによると、危険そのもの、、、であるところ、、、から来るのでないような他の救いはいずれも、まだ災いのうちにあるのかもしれない。どれほど善意からであろうと、当座の間に合わせによる救いはすべて、本質が危殆に瀕している人間にとっては、人間の命運が続くあいだは不安定な見かけにとどまる。死すべき者たちがそれらの本質において転回するところから、救いは来るのでなければならない。乏しいものとその乏しさとの深淵の底により早く届いているような死すべき者たちはいるのだろうか。死すべき者たちのなかでこうしたもっとも死すべき者たちこそ、もっとも冒険されたものたちであろう。みずからを押し通す人間というものは植物や動物よりもすでにいっそう冒険的であるが、もっとも冒険されたものたちはこうしたみずからを押し通す人間というものよりもさらにいっそう冒険的であろう。★31

そして、すぐにこの「冒険」という言葉をめぐって数行のリルケの詩句が引用されるのだが、たとえばそこでは次のような言葉が読まれる。

……ときとして生そのものよりも、

より冒険的 wagender でさえあり（それを私利からではなく）、一息だけ
より冒険的だ……

人間が、みずからの存在、そしてそこからはじめてすべての存在と関わるその関係そのものが深淵に瀕しているというその危険のただなか、つまり同時にそうしたすべてを規定している技術的なもののただなかにおいて、「一息だけより冒険的である」ことによって、救いへと転回する――そのような息のテクネーの可能性がここでは詩に、そして詩人に託されているのだと言っていいわけだが、こうした息の転回の詩学は、すぐにわれわれも見るように、ツェランのこの時期の詩についての思考の中心的な概念にほぼ直結していると言っていいだろう。しかも、それだけではなく、『乏しき時代の詩人』の論述が、リルケの詩を追いながら、「ひと息だけより冒険的であること」から、「庇護なき存在」、そしてとりわけ「重力」や「丸い存在」、「天使」、「秤」へと続けられていくとき、われわれはたとえば先に置き去りにしておいた「空中に」などの詩篇を貫くいくつかのイメージの軸線が、遠くから近くから、このハイデガー＝リルケ的な問題設定に隣接することを感じないわけにはいかない。実際、われわれがそれを問うことからはじめたツェランにおける〈重い‐軽い〉のトポスは詩集最後の「空中に」において、はじめて〈秤〉の表象に結びつけられる。重くなり、あるいは軽くなり、その絶え間ない揺れ動きの運動は、〈秤〉Waage、しかも〈世界の秤〉Weltenwaage の激しい揺れ動き――「あのあまりに軽い、あのあまりに重い、あのあまりに軽い」――として形象化されるのだが、この〈秤〉の真近くに〈大天使の翼のざわめく音〉を読み取るとき、われわれはこの詩的なトポスをハイデガーが註釈しているリルケ晩年の断片的な詩句のそれに隣接させることを躊躇いはしないだろう。

――商人の手のうちから、

天秤が、移行するとき――
それを、天空のなかで in den Himmeln 鎮め、
空間の和解によって均衡させる天使へと移行するとき……

ハイデガーは、〈秤〉Waage を〈冒険されたもの〉Gewagtes と結びつけている。冒険されたものは危険のなかにあり、秤のうえにあり、つまり本質上けっして鎮静されない。〈危険の秤〉のうえにある。秤とは、結局は、「冒険であり、存在者の存在ということ」なのだとハイデガーは言う。そして、それに「その秤の区域として、われわれはとくに言語を考えたわけである」と付け加えている。そこから、ハイデガーの思考は「一息だけより冒険的である」ような冒険がなによりも〈言うこと〉にかかわってくることだと述べて、リルケの「歌は現存在である」という詩句へと結論的に差しかかるのであるが、そのような一連のフィギュールと平行しながら、しかしツェランの「空中に」、その〈天空のなか〉においては、〈世界の秤〉はけっして均衡にも鎮静にも向かうことはなく、むしろ天使の存在はかえって騒々しい〈災厄〉のざわめきとなって響くのである。〈空間の和解〉や〈均衡〉からもっとも遠くあるようなこの喧騒、この脅迫的な雑音、騒音――それは、すでに触れたあまりにもあからさまな生殖のトポスと並んで、いくつかのフィギュールの同一性にもかかわらず、リルケ＝ハイデガー的な詩の運命と『誰でもないものの薔薇』におけるツェランの詩の運命とを隔つ和解しえない距離を提示するものだと思われる。

すなわち、一方では、リルケ＝ハイデガー的な詩の圏域においては、あくまでも〈死すべき者たち〉が問題になっているのに対して、ツェランにとっては、むしろ〈死んだ者たち〉〈あるいは、前に見たように〈死ぬことすらできなかった者たち〉〉と、そして奇妙な〈生き残り〉こそが詩の現実を構成しているということがある。「いちはやく深淵の底に到達するような」少数の人間から出発して詩の冒険が語られるのではなく、逆に少数の生き

残った者たちから出発して、さかしまに、時間錯誤的に詩が語られなければならないのだ。詩の時間のアスペクトは〈いちはやく〉ではなく、〈とうに遅れて〉である。詩は、遅れて生き残った者たちが反転し、死ではなく、むしろあまりにも性急な、切迫した、不可能の生殖、不可能の開花、非在の薔薇を呼びつける冒険である。そこでは、死への冒険はもはや意味を失っているのであり、というのも死すべきものとしての人間の本質自体がすでに、途方もない危機のなかで破産しているからである。

とすれば、人間の死すべきものとしての本質のなかでの転回に救いの可能性を窺うことはもはやできない。もっとも重大であるような危険はすでに到来してしまっているのである。危険へと冒険するというよりは、むしろこうして世界に存在していること自体が危険のただなかであり、深淵のただなかである。世界はすでに、否定し難く禍々しい〈災厄〉なのであって、この〈災厄〉を離れて、別に「危険そのものであるところ」があるわけではないのだ。ということは、〈救い〉という言葉で名指すべきものがここで育つことがまだ可能なのかどうか、それすらも疑わしいのだが、それにしてももしそれでも転回が起こるのだとすれば、それはこの世界のなかで、世界とともにでしかないということにならないだろうか。

ツェランは、たとえばリルケが〈世界内面空間〉と呼んだ次元の方に向かってその詩的な冒険を推し進めることはできない。究極的な〈災厄〉とも思われた出来事の後で、それから生き残り、そしてそれゆえにいつまでもそれに遅れている詩人にとっては、むしろこの世界に――つまりこの不気味な、よそよそしい世界に――あること、そこに現に在るという現存在、この歌なき現存在こそがすでに、危険な、というよりはありえない、不気味な冒険ということになる。「歌は現存在である」とリルケが言うところで、ツェランはまるでその対偶命題のように、現存在が世界の無意味で、不気味な喧騒によっていたるところ寸断され、切断されていることを確認しなければならない。リルケ＝ハイデガーにとって存在の冒険、つまり詩の冒険が〈よりいっそう言うこと〉として規定されていたそのところで、ツェランはむしろ〈よりいっそう少なく言うこと〉においてしか詩を確保できない。すなわち、言語はそこで文として言うことへと到達する以前に、すでに世界の喧騒と区別しがたいような文以前の切れ切れの要素――〈語〉、〈音〉、〈綴り〉、〈文字〉――への解体をくぐり抜けていかなければならないのである。

現存在――それはまず、この狂気じみた世界の喧騒のただなかに開かれてあることだ。喧騒へと開かれてあることだ。大天使の翼のざわめく音だけではない。鐘の音。俗謡の音。船漕ぐ音。時計のチックタックの音。ラップの音。群衆のスローガン。労働歌。げっぷの音。歯ぎしりの音……そして、地球の軸の軋む音までも。

軸の音 Achsenton を、テルスよ、その
明らかな〔地獄の〕耳のため、
魂の耳鳴り
ぼくたちの星のように丸い住居「後悔の歯ぎしり」の
内深く?　なぜなら
その住居はやはり動いているのだ、心という意味のなかで★32

やはり地球は動いている。〈軸〉Achs を軋ませて、悲嘆の〈ああ〉ach をいっぱいに軋ませて、われわれの内面の星のように丸い住居のなか、われわれの〈世界内面空間〉のなか、それでもこの地球が動いている。ツェランの詩は、魂の耳鳴りのように響いてくるこの軋みと喧騒に耳を開き、その不気味さ、そのよそよそしさに随伴しようとする。詩は、芸術は、ここでは世界の不気味さをそれとして、むしろ全面的に引き受けようとする。いや、むしろその不気味さの方へさらに一歩を踏み出そうとするのである。

ウンハイムリッヒな領域への一歩――それこそ、実際、かれのほとんど唯一のまとまった詩論ともいうべき

『子午線』（一九六〇年）のなかで、ゲオルク・ビューヒナーの作品を引き寄せながら、ツェランが語ろうとした詩の行為論的な定義であった――「これは人間的なものからの踏み出し、人間的なものに対峙している不気味な領域への――あの猿の姿や自動人形そしてあの……ああ、またしても芸術もまた住みついているようにみえるあの不気味な領域への――踏み出しです」。[★33] ビューヒナーの『ダントンの死』そして『レオンスとレーナ』に依拠しながら、ツェランはこの詩論で一貫して、芸術がなによりも「気味の悪い、へんちきりんな機械仕掛け」として現われるそのモメントを問題にするのだが、この不気味さは、まさに「古い、太古からの不気味さ」、つまりおそらくは太古から人間のテクネーに係わる不気味さであると同時に、「わたしが今日これほどまで執拗にこの問題にかかずらわなければならないのは」――とツェランは言う――「空気のせい in der Luft、われわれが吸わなければならない空気のせい in der Luft なのです」。

われわれが呼吸するべき空気のなか、その空中に不気味なものはすでにある。そして、それはまた芸術がそれであるのと同じ不気味さである。その不気味さを避けようとするのでも、そこから逃走しようとするのでもなく――というのは、そのようなことはもはや不可能だからなのだが――、むしろそちらへと一歩を踏み出そうとする。ツェランの詩の歩みはそのような行程を辿り、そしてその果てに、しかしわずかにそうした芸術の、また空気のなかに遍在する不気味さとは区別されるような、そしてその不気味さから――ただ一瞬のことにしても――解放されるような出来事をはげしく希めようとするのである。その出来事、それをツェランは〈息の転回〉と名づけていた。

詩――それはひとつの息の転回を意味するものであるかもしれません。詩はもしかすると、その行程を――また芸術の行程を――このような息の転回のために進むのではないでしょうか。もしかすると詩は、あのよそよそしいもの、つまり深淵とメドゥーサの首が、深淵と自動人形が、まったく同じひとつの方向に並ぶように思われるところ、まさしくそこでよそよそしいものとよそよそしいものとを区別することに成功するのではないでしょうか。もしかすると、まさしくそこで、メドゥーサの首はたじろぎすくみ、もしかするとそこで、動かなくなるのではないでしょうか。この一度だけの短い瞬間に？　もしかするとそこで、私とともに――そこでそのようにして解放され、よそよそしいものとなった私とともに――もしかするともうひとりの他者が解放されるのではないでしょうか。

だが、いったいなにが二種類の〈よそよそしいもの〉を区別するのか。なにが不気味なもののなかにとどまる〈よそよそしいもの〉と、おそらくは故郷を失い、故郷から解き放たれて〈よそよそしいよそ者〉となったものを峻別するのか。すなわち、なにが、〈息の転回〉を可能にするのか。

おそらく、この問いに確とした答えがあるわけではない。そうではなくて、逆に、ツェランの詩の冒険のすべては、まさにこのような峻別の出来事の到来そのものへと賭けられているのであり、〈息の転回〉とはまさに、「一息だけより冒険的な」ありかたをする詩が、世界の騒々しい不気味さに付き添うようにしながら、まさにそれ自体ウンハイムリッヒなその本質を顕在化させたテクネーの行程を歩み進み、しかしその果てに、ついにはただ一歩、ただ一息、わずかにそのテクネーそのものの限界を超えること、あるいは意味とテクネーの本質的な結合を考慮するのならほとんどすべての人間的な意味を超えること、そのようにしていかなる意味ももはや届かず、意味によって支えられていないそのような〈深淵〉へと絶望的に超えることにほかならない。不気味なものを通って、しかしついには不気味なものから一息だけ超え出ることができるということ、一息だけ〈他者〉の方へと超え出ることができるということ――それがツェランの詩の非望であり、またその詩の倫理的な根源であったのである。

「詩は他者へと向かおう（willen）とします。詩は他者を必要とします（brauchen）。詩は対者を必要とします」

とツェランは言う。ここには、われわれがリルケの『ドゥイーノ悲歌』を註釈しながら標識づけておいたあの〈brauchen〉あるいは〈willen〉という動詞が回帰してきているのだが、リルケと同様、ツェランにおいてもまた詩はその最終的な根拠を他者への倫理的な次元のうちにもとうとするのだ。詩とは、不気味なものを通過し、それをただ一歩だけ超え出て、しかしそこに他者との〈対話〉の場処が開かれる。詩とは、この〈対話〉の空間の開けの出来事にほかならず、しかもその〈対話〉とは、まさに〈深淵〉のうえでの息の転回でもあるような〈対話〉、すなわち、ただその空間の近さ、その親密さのなかで他者のもっとも固有なもの、けっして分有しえないものが、しかしともに語られるという出来事なのである――「詩の〈ここ〉と〈いま〉においてなお、〔……〕その直接性と近さのなかにおいてなお、それは、みずからにとっての他者にとってのもっとも固有なもの――すなわちその時間――をともに語らせるのです」。

おそらく、――こう言ってよければ――詩は、なによりも時間、もっとも固有なものとしての時間の分有の出来事なのだ。詩は、時間の――不可能な――分有の可能性の場処なのだ。他者との時間の分有こそが、大地の喪失の後で、不気味なものの果てに、詩がそのわずかな希望を集中する出来事なのだ。テクネーの果てに時間が回帰すること、大地の可能性の果てに、おそらくはその限りない豊饒な生殖可能性の果てに、テクネー以前でもあり、それ以後でもあるような、意味以前でもありそれ以後でもあるような、他者のものでもあり自分のものでもあるようなそういった分有＝分割の〈子午線〉の出来事が起こること――それが詩の転回なのである。

ツェランの詩は、〈子午線〉という非現実的な、不気味な線――疑いもなくハイデガーが『有への問い』のなかで述べているような〈無の子午線〉、そのニヒリズムの線と異なるわけではない線――を辿っていって、しかしそこに新しい響きをもった他者との出会いの名、固有なものの分有の名、境界の踏み超えの名が聴き取られるような道のりを歩いて行こうとする。とすれば、ツェランの詩、とりわけいまわれわれが傍らに置いている『誰でもないものの薔薇』の詩の多くが、その最後にもはや文でも句でもないような、ほとんど固有なものの記号であり、名であるような、しかも他者の言葉である名へ、その名の不思議な光へと到達するのは当然でもあるだろうか。


〈イスコール〉（「水門」）

〈「パラクシュ。パラクシュ。」〉（「テュービンゲン、一月」）

〈ハイヤ。／アウム。〉（「詐欺師と泥棒の歌」）

〈今日〉（「いくつかの手に」）

〈小屋々々に乾杯！〉（「ひとつに」）

〈バベル〉（「夜の頂きに冠された」）

〈Oh quand refleuriront, oh roses, vos septembres ?〉（「フーェディブルー」）

〈クリスタル〉（「コントルスカルプ」）

〈アルバ〉（「すべては違っている」）

〈コルキス〉（「そして　タルッサからの書を携えて」）


石のような言葉、いやむしろ、ウンハイムリッヒな領域を通り抜けて、まるでただ光となったかのような言葉だ。その響きのなかで、他者の固有なもの、その時間、その特異な時間が光となって転回する。息の転回――それは人間のもうひとつの大地とも言うべきテクネーの果てに、一瞬、すべてのテクネーから解き放たれた時間の分有を確証するのである。

註

★1 フランシス・ポンジュ「大地」(阿部弘一訳『フランシス・ポンジュ詩集』思潮社、一九八二年、二三頁)。

★2 "Spiegel-Gespräch mit Martin Heidegger—Der Philosoph und das Dritte Reich", *Der Spigel*, Nr. 23, 30-Jahrgang, 31, Mai, 1976.

★3 ハイデガー『存在と時間』第四〇節(原書一八七頁)。訳は、中央公論社「世界の名著」版(原佑、渡辺二郎訳)三二四頁に従う。

★4 ナチズムを問題にする地平において、ハイデガーの〈不気味なもの〉(ウンハイムリッヒ)について集中的に論じたものに、西谷修『不死のワンダーランド』(青土社、一九九〇年)がある。とりわけそのV章、VI章を参照のこと。

★5 立花隆『宇宙からの帰還』中央公論社、一九八三年、二六八—二六九頁。

★6 同前、一二〇頁。

★7 同前、二四一—二四二頁。

★8 同前、三〇〇—三〇一頁。

★9 ここで問題となっていることは、人間にとっての限界経験である。これまでは、多くの場合は、哲学的な問いかけが赴くのは、つねに芸術家、宗教家といった特異性(個人性ではない)に規定された経験であったと思われる。そのもっともロマンティックな表現が〈天才〉ないしは、厳密に同じことだが、〈狂人〉であった。だが、あるいは、今後は、この宇宙飛行士たちのような領域においてこそ、人間のもうひとつの限界領域の可能性が開示されなければならないのかもしれない。その意味では、今回、ここで依拠したような良質の〈ジャーナリズム〉をわれわれはもっとみずからの思考のなかに繰り込む必要があるように思われる。

★10 立花隆、前掲書、三二二頁。

★11 Jean-François Lyotard, "Le temps, aujourd'hui", in *L'inhumain*, éd. Galilée, p. 76.(邦訳、「時間、今日」小林康夫訳、『哲学』第五号、哲学書房、一九八八年、二三七頁。)

★12 リルケ「ドゥイーノ悲歌」第九悲歌(浅井真男『ドゥイーノ悲歌』、筑摩叢書二五二、筑摩書房、一九七八年、二〇三頁による)。

★13 浅井真男、前掲書、所収の「『ドゥイーノ悲歌』の成立」(補遺一)二五五—二七一頁より。この補遺全体は、なかに明記されているように、ドゥイーノ城の所有者であり、リルケによって『悲歌』そのものの所有者ともされたタクシス゠ホーエンローエ侯爵夫人の手記『リルケの想い出』(一九三三年)他の資料を基に浅井真男氏が書いたものである。なお、引用に際して旧字、旧仮名は改めさせていただいた。なお、彌生書房版『リルケ全集』第三巻にも富士川英郎氏による『悲歌』註解があり、その冒頭にその成立の過程が論じられている。

★14 同前。

★15 同前。

★16 『悲歌』のこれ以降の翻訳は、原則的に、前記、彌生書房版『リルケ全集』第三巻の富士川英郎訳を用いるが、論文の展開に関係のある部分に関して若干の変更を加えることがある。たとえば、この引用では、「聴いて」を「聞いて」に変更させていただいた。なお、以下、特別の問題がない場合には、『悲歌』に関しては引用箇所をいちいち註記しない。

★17 「おとりの呼び声」(Lockruf)は富士川訳では「誘いの叫び」となっている。

★18 四行目から原文をあげておくと、

als des *Sch*recklichen Anfang, den wir noch grade ertagen,
und wir bewundern es so, weil es gelassen ver*sch*maht,
uns zu zertören. Ein jeder Engel ist *sch*recklich.
Und so verhalt ich mich denn und ver*sch*lucke den Lockruf
dunkelen *Sch*luchzens. Ach, wen vermögen
wir denn zu brauchen? ……

★19 『オルフェウスへのソネット』、彌生書房版『リルケ全集』第三巻三〇二頁の富士川英郎訳による（ただし、翻訳のタイトルは『オルフォイスへのソネット』となっている）。

★20 ヘルマン・レンツ「ツェランの想い出」、思潮社『現代詩手帖』一九九〇年五月号（パウル・ツェラン特集号）一〇七頁。

★21 言うまでもなく、ここで呼び起こされているのは、ツェランのあの詩「ストレッタ」である。以下、本文中に、「ストレッタ」や「さくそはな（フーェディブルー）」などの詩句が強迫的に反復される場合があろうが、そのつど註記はしない。

★22 ツェランの詩については、基本的には、Suhrkamp版の全集、Paul Celan, Gesammelte Werke, Suhrkamp Verlag, Frankfurt am Main 1983に依拠する。翻訳は、飯吉光夫訳（『誰でもないものの薔薇』静地社、一九九〇年）、ならびに中村朝子訳（『パウル・ツェラン全詩集I』青土社、一九九二年）を参照しながら、とりあえずは筆者なりの文体で訳を試みるが、もとより決定的なものではない。

★23 「行け、おまえの時刻に／いもうとはいない（……）」（「ストレッタ」）

★24 「ハンザ自由都市ブレーメン文学賞受賞の際の挨拶」、飯吉光夫訳『パウル・ツェラン詩論集』静地社、一九八六年、六〇頁。

★25 同前、六二頁。

★26 ツェランの〈ポプラ〉がラテン語の〈populus〉であることは、すでに、生野幸吉氏が、われわれが取り扱った「風景」に即して指摘している（生野幸吉『闇の子午線――パウル・ツェラン』岩波書店、一九九〇年、一二〇頁）。ただし、そこでは生野氏は、そのラテン語を〈民衆〉、〈人々〉と訳している。われわれにとっては、問題は、ポプラ＝民衆という等式を見出すことではなく――それだけならば、すでに詩そのものがそう言っていたわけだ――、そのような〈シボレート〉を通さなければならなかった抑圧の強度を測ることなのである。そして、それゆえに、われわれはこの〈populus〉はどうしても〈民族〉という言葉で訳しておかなければならないと思われた。もちろん、それはいい訳語ではない。それは、〈民族〉であって〈民族〉ではないのだから。そしてそれだからこそ、〈ポプラ〉が必要だったのだから。

★27 言うまでもないが、ツェランの詩に樹がまったく出てこないわけではない。だが、すくなくとも『誰でもないものの薔薇』をちょうど分水嶺として、その前期においては、樹を失った地面を見つめる詩人の眼差しははっきり感じられるだろう。ここでも、われわれの思考を引きつけているのは、あくまでも詩が可能になるという出来事である。詩そのものへの道のりであり、その道の風景である。おそらく、意外に大きな意味をもつと思われるゴッホとの出会いを通じて、〈糸の太陽〉―〈糸杉〉という光の樹がツェランの風景のなかにどのように登場するのかについてはあらためて、別の場所で論及されなければなるまい。

★28 Paul Celan, “Die Niemandsrose”, in “Gedichte 1” Bibliothek Suhrkamp, 1991.

★29 Paul Celan, “Gespräch in Gebirg”, in “Gesammelte Werke III”, Suhrkamp 1983, pp. 169-173. ツェランの詩論の翻訳に関しては、飯吉光夫訳（『パウル・ツェラン詩論集』静地社、一九八六年）に依拠するところが多い。

★30 生野幸吉、前掲書、二三頁。

★31 ハイデガーの『乏しき時代の詩人』に関しては、われわれはここでは二種類の翻訳を参照している。ひとつは、手塚富雄、高橋英夫訳『乏しき時代の詩人』（理想社、一九五八年）であり、もうひとつは創文社版『ハイデッガー全集』第五巻「杣径」（茅野良男、ハンス・ブロッカルト訳、一九七八年）所収の「何のための詩人たちか」である。訳文は、そこに引用されているリルケの詩句に関してはむしろ前者、本文に関しては後者に依拠するが、やはり語彙の問題で若干の変更を加えることもある。

★32 「フーェディブルー」（『誰でもないものの薔薇』）より。

★33 Paul Celan, “Der Meridian,” in “Gesammelte Werke III” Suhrkamp 1983.（飯吉光夫訳『パウル・ツェラン詩論集』六四―一〇一頁）

V

物語の光学

物語の狂気／狂気の物語

I 現存在の〈誰〉——ハイデガーにおける物語の抹消

誰であるのか?——そのような問いにどのように答えるのか。たとえば、おまえは誰であるのかと問われ、私は誰であるかとみずから問うて、その問いにわれわれはどのように答えたらいいのか。

状況によっては、みずからの職務を明らかにし、社会におけるみずからの位置を述べることが答えになる場合もあるだろう。だが、そのとき、はたしてわれわれは〈誰であるか?〉という問いに答えたことになるのだろうか。むしろわれわれは、そこでは密やかに〈誰?〉という問いを〈何?〉という別の問いに置き換えてしまっているのではないだろうか。〈何であるのか?〉という問いにおいては、問われているものを、帰属、機能、目的、あるいは分類といった外的な諸関係において規定することが問題になっている。そこでは関係性、——同語反覆を恐れずに言えば——外的な関係性が問われているのである。そしてそれゆえに、〈状況〉という外的な関係性において問われた〈誰?〉は、ほとんどつねに〈何?〉という問いとして受け取られ、答えられることになる。それは外的な関係の一般性へと開かれるのである。

だが、もし〈誰?〉という問いが、ただ単にこうして〈何?〉という問いへと還元され、吸収されてしまうのでないとしたらどうであろう。すなわち、この問いが、その度ごとの状況と相関する一般的な、外的な規定性ではなく、むしろ特異性——本質的に他と置き換え不能な特異性——をこそ目指しているのだとすればどうであろう。そのとき、この問いにわれわれはどのように答えるだろうか。誰であるのか？——すでに一般的には〈私は何である〉という形式の答えが排除されているこの場合に、もっとも容易な答え、そしておそらく唯一の可能な答えは、名つまり固有名をもって答えとすることであるだろう。

固有名には、確かにもはや一般性には還元できない個別的な固有性が対応している。それは、一般的には、意味作用の論理にではなく、指示作用の論理に従って個別的なものを特定化するものとされている。固有名は対象を指示するのであり、それゆえに〈誰？〉に対して固有名で答えることは、以後、その対象を特定のものとして指示可能なものとして確保すること、あるいは相手にみずからを呼びかけ得るひとつの固有性として委ねることである。

しかしそれでもなお、このような名による個別的な固有性は、けっして特異性にまでは至っていないように思われる。すなわち、それはあくまでも外的な関係づけにとどまっているように思われる。実際、固有名は、それがどのようなものであるにしろ、つねにある種の共同体を前提としているだろう。名が示すのは、その共同体における対象の象徴的な位置であり、その位置はその共同体を形成するさまざまな関係——たとえば親族関係、階層的関係、空間的関係など——によって規定されている。ということは、固有名はすぐれて外的な規定であり、そしてその限りにおいて恣意的な——より正確に言えば、ソシュールにおける〈記号〉がそうであったように必然的にして恣意的な——規定である。言い換えれば、記号が必然的にある体系すなわち〈言語《ラング》〉を前提としていたように、固有名も——たとえそれが単独で用いられている場合ですら——すでに本質的に体系の可能性のうちにあるのである。

たとえば、われわれにとってもっとも親密な固有名の体系は、その基本的な構造において、〈姓-名〉という二重の分節の経済《エコノミー》に貫かれている。つまり言語記号を特徴づけていた〈語〉と〈音素〉による二重分節が、そこでは〈語〉以上のレベルにおいて類似的に反復されているのである。あるいは、それほどはっきりした形においてではなくても、固有名が音素からはじまって語そして語の結合へと至る〈言語〉の諸要素の多重的な分節の経済に従っていることは確かだろう。一般的に体系性はつねに、まさにそうした経済にこそ基づいている。だからその意味では固有名とは〈言語〉という〈語〉の体系の上部に、あるいはその側面に寄生するもうひとつの体系なのであり、それは、こう言ってよければ〈メタ・語〉あるいは〈パラ・語〉なのである。固有名の体系は〈言語〉の体系に寄生している。それはその一部ではあるが、しかし同時にあくまでもその外にある体系、ただそこに取り込まれ、そこに癒着している外部である。しかしまた、いかなる固有名ももたない〈言語〉など考えようもなく、また固有名にもっとも端的に現われる〈名づけること〉の可能性そして指示の可能性こそ〈言語〉のもっとも始源的な営みであると考えられる以上は、固有名の可能性こそまさに〈言語〉の可能性にほかならないとも言えるはずである。そうした可能性を極限にまで展開するとすれば、〈言語〉は――少なくとも具体的な状況のうちにおけるその運用の場面においては――すべて固有名的であり、たとえば普通名詞など実際には存在しないとすら言うこともできるかもしれない。すなわち、固有名とは〈言語〉に寄生するその始源なのである。

だが、〈言語〉と固有名とのあいだのこのような両義的な、メビウス的な関係の詳細に立ち入って、そのきわめて興味深い問題領域の全体を踏査することは、ここでは断念しなければならない。われわれの当面の議論にとっては、固有名が本質的に外的な体系性に依拠しており、その限りにおいて〈誰であるのか?〉という問いを、それがその〈誰〉の特異性に届くはるか以前に、共同体における位置の可能性という外的な規定の内側に留めてしまうということが確認されれば充分である。しかし、そうだとすると、〈誰であるのか?〉という問いはいったい何処にわれわれを導いていくことになるのか。個別性を指示する固有名による答えの可能性を奪われてしまったこの問いは、どこに答えを見い出すのか。

このような場合に、問いそのものが循環し、問いが問い自体に答えはじめることは、ある意味では必然的でもあるだろう。すなわち、〈私は誰であるか？〉――〈私である〉。あらゆる循環がそうであるように、問いと答えのこの循環はさまざまな仕方で解釈され得る。すなわちこの答えは、あるいは問いを単純に折り返し、反復することによって問いそのものを不可能にし、無意味にしてしまうのかもしれない。だが、あるいは、それは、単に問いの対象を指示していただけの代名詞の「私」に対して、同じ言葉を用いながらも人称的存在としての〈私〉を指示することによって、〈私〉という存在の人称性、人格性、さらには実存性を一挙に明らかにしているのかもしれない。「私」は〈私〉――すなわち、〈誰〉という問いが差し向けられるべきもの、他者によって呼びかけられ、またみずから〈私〉と話し出すことができるもの、換言すれば〈私〉-〈おまえ〉、〈私〉-〈それ〉という人称的な諸関係、諸次元へと開かれた存在、そのような構造を通してはじめて世界に開かれている存在であるもの――である。そこでは〈私〉という規定は、もはや外からの規定ではなく、本来的に内側からの規定である。〈誰？〉という問いは内側から折り返されている。とすれば、循環の必然的な運動に従って、この答えはさらに問いの方へと折り返されるだろう。すなわち〈私は私である〉という定式を超えて、それはさらに〈私は《誰》である〉という、問いを問いのまま取り込んでしまったような逸脱の定式へとわれわれを誘導していくことだろう。〈誰〉であること――それは、〈私〉という規定を踏み外し、それを超えて〈誰？〉と問われるべきものであり、さらにはそのような問いとしてあるものであるということである。すなわち、私とは〈誰？〉という問いそのものであるのだ。言うまでもなく、私がそのような問いであるということは日常性においては徹底して隠蔽されている。というのも、そのような次元に赴くためには、〈私が私である〉という最初にして最後の自明性を突破しなければならないからであり、その自明性のうちに安らっているということ、しかもさらに〈私が私である〉ことすらすでに忘却し、放棄しつつ安らっているということ――それこそが日常性の定義にほかならないからである。

言うまでもなく、このように言いながら、われわれは、『存在と時間』において――ちょうどわれわれとは反対の方向から――〈日常的な現存在とは誰であるのか？〉という問いから出発して〈世人〉das Man という実存論的概念の提出へと向かおうとしているハイデガーの問題設定のごく近くにいることになるだろう。★1 反対の方向――とわれわれが言うのは、そこではハイデガーは、まず最初に〈存在の意味〉を問うもの、〈存在問題〉を問うものとして現存在を定義し（第一章第二節）、その後に現存在として規定されたこの存在者が誰であるのかという問いをあらためて提起している（第四章第二五節）からである。論述は存在から、つまり存在論的な問題から出発して方向づけられているのであって、〈誰か〉――すなわちある個別的な、しかしまだ特異化されていない〈ひと〉――がそこで問われているわけではない。言い換えれば、ここでは〈誰であるのか？〉という問いは、特異性に対してではなく、現存在の実存論的な構造の一般性に対して差し出されているのである。ということは、ここでのハイデガーの議論にとっては、現存在はただ単に〈私〉ないし〈自我〉という在り方をしているわけではなく、日常的にはむしろその〈誰〉が見えないような仕方で、つまり〈世人〉として存在しているのだという〈現存在の機構〉が引き出されるだけで充分なのである。

> おそらく現存在は、おのれ自身に最も身近に語りかけるときには，つねにこう言うであろう、私こそ現存在なのだ、と。また、それがこの存在者では「ない」ときに、結局は最も声高にそう言うであろう。現存在はそのつど私のものであるという現存在の機構が、現存在は差しあたってたいていはおのれ自身ではないということの根拠であったとすれば、どうであろうか。前述のように自我が与えられていることに発端を置くのでは、実存論的分析論が、いわば現存在自身と現存在の手近な自己解釈とがたくらむ計略におちいるとすればどうであろうか。★2

現存在はたえずみずからの〈誰〉に対する〈手近な自己解釈〉を張りめぐらせている。それはたえず〈私は私である〉というもっとも手近な自明性に立ち帰り、そうしてその自明性のもとで実は〈誰でもない者〉としての世人へと頽落している——それがハイデガーの分析である。

> 誰もが他者であり、誰ひとりとしておのれ自身ではない。世人でもって日常的な現存在は誰であるのかという問いが解答されたのだが、そうした世人は、誰でもない者であり、この誰でもない者にすべての現存在は、たがいに混入しあって存在しているときには、そのつどすでにおのれを引き渡してしまっているのである。★3

こうして現存在に対して〈世人自己〉と〈本来的自己〉との区別が導入され、そしてそれを通してその存在機構が記述されることになる。言い換えれば、それによってはじめて現存在は〈機構〉、つまり実存的な〈機構〉として措定されるようになる。だが、言うまでもなく、それは現存在にただ単に二つの〈自己〉があるということではない。二つの〈自己〉のあいだに何か別のものが夾雑物としてあって、それが一方の〈自己〉を隠しているというのでもない。そうではなくて、ここにあるのは「おのれの日常的な存在様式をとるときのこの存在機構自身が、おのれを差しあたって逸し隠蔽する当のものなのである」(強調は原文)あるいは「本来的自己存在は、〔……〕本質上の実存範疇としての世人のひとつの実存的変様 Modifikation なのである」★4(強調は原文)と言われるような関係である。すなわち、ここには解釈学的と呼ぶことのできるような一種の循環があって、それが現存在の実存としての機構を形成しているのである。

ハイデガーの〈誰であるのか?〉という問いは、こうして最終的には「本来的に実存しつつある自己の自同性」と「体験の多様性のうちでおのれをもちこたえつつある自我の同一性」とのあいだの存在論的な〈裂け目〉★5を確認することへとわれわれを導く。本来性と非本来性(日常性)とのあいだのこの区別は、誰でもすぐわかるように、もうひとつの根本的な区別——つまり存在と存在者とのあいだの区別——と平行し、密接に連関して『存在と時間』という哲学の叙述の隅々までを作動的に貫いている。乱暴な言い方ではあるが、この著作は——もしそれを一言で言うとすれば——なによりも本来性という次元における実存の解釈に捧げられているのである。だが、それ以上にここで注意しておきたいのは、ここで垣間見られた本来性と非本来性とのあいだの変様的関係としての現存在の機構が、その後、現存在の〈現〉のありようを記述し（第一篇第五章）、次いで現存在の〈存在〉を〈気遣い〉として解釈し（第六章）た後に、今度は何よりも真理の機構として論述されるということである。すなわち、きわめて簡潔にまとめることが許されるならば、そこでは今度は、まさに本来性—非本来性に平行する仕方で真理—非真理という区別が導入され、しかも真理が根源的に現存在の開示性にあることによって、現存在そのものが真理の機構であることが言われるに至るのである。

真理という現象の実存論的・存在論的な学的解釈が明らかにしたのは、次のことである。すなわち、1、最も根源的な意味における真理は現存在の開示性なのであって、この開示性には世界内部的な存在者の被暴露性が属している。2、現存在は等根源的に真理と非真理との内で存在している。

これら二つの命題は、真理現象の伝統的な学的解釈の地平の内部では、次のことが示されるときにはじめて完全に洞察されうるのである。すなわち、1、一致だと解された真理は、開示性から由来しているのだが、しかもそれは、ある特定の変様Modifizierungをうけるという方途をたどってなのである。2、開示性という存在様式自身は、差しあたってはその派生的な変様Modifikationが眼差しのうちへと入ってきて、真理構造の理論的説明を導くということにまでなる。★6

先に、非本来的な世人自己と本来的自己とが実存的変様によって関係づけられていたのと同様に、ここでも伝統的な真理と根源的な真理としての現存在の開示性とのあいだに〈変様〉と呼ばれる動的な関係が介在している。そして、この変様は、ここでは――まさに正当にも――なによりも〈語り〉Redeにおいて果たされている。実際、本来性―非本来性あるいは真理―非真理という区別は、語りなしには、言い換えれば言語なしには、まったく意味をもたないことになるだろう。この引用部の少し先で、ハイデガーが言うように「現存在の開示性には、本質上、語りが属している」のであり、現存在は、本質的に「おのれを言表する」のである。

現存在はおのれを言表するのだが、おのれとは――存在者へとかかわる暴露しつつある存在のことなのである。また、現存在がおのれをそうしたものとして陳述のうちで言表するのは、暴露された存在者に関してなのである。陳述は、存在者がどのように暴露されているのかという点で、その存在者を伝達するわけである。伝達を認知する現存在は、認知しつつ、論じられている存在者へとかかわる暴露しつつある存在のうちへと、おのれ自身をもたらす。言表された陳述は、その陳述がそれに関して陳述している話題のうちに、その存在者の被暴露性を含んでいるわけである。この被暴露性は、言表された内容のうちで保存されている。言表された内容はいわば世界内部的なひとつの道具的存在者になるのであって、この道具的存在者が、とりあげられて語りつがれてゆくことにもなるのである。★[7]

一挙には汲み尽くしがたいさまざまな連関を含み、それゆえに難解な文章だが、ここではきわめて簡単に、暴露しつつある存在と暴露された存在者、そしてまた暴露するものとしての陳述とその陳述において言表された内容（これが道具的存在者となる）がそれぞれ正確に、存在と存在者あるいは本来性と非本来性に対応しており、その両者のあいだの関係こそが、まさに〈変様〉としての陳述にほかならないことを見ておけばよいだろう。

だが、陳述とは何なのか。すでにハイデガーは、いま問題となっている場処のはるか以前で、陳述を〈解釈の派生的様態〉と位置づけたうえで「伝達しつつ規定する提示である」★8と定義していた。それは、またしても、〈了解と解釈とにとって構成的な「として」の構造〉の〈変様〉の様態である。★9すなわち陳述は、〈何か〉としての被暴露性を言表する語りなのである。相変わらず簡単に言えば、そこでは現存在は、みずからの語りを通して、みずからを世界内部的な事物的存在者、すなわち〈何〉として陳述されるのである。そしてそこから〈一致〉という真理についての伝統的な解釈が由来することが示されることになるのである。

伝統的な――しかし現在でも充分有効な――真理の問いは、〈何？〉という問いである。この問いは、明らかに、〈として〉という構制において、まさに世界内部的に存在する事物的存在者をもって、つまり陳述という語りをもって答えることを要求している。そしてそれゆえに、真理は陳述の〈際立った規定〉と見なされるのである。だが、ここで見たようにハイデガーの分析によれば、陳述は派生的なものであり、〈何〉という真理はすでに根源的な真理からの変様にすぎない。だとすれば、存在あるいは本来性の領域にいったいどのようにして接近することができるのか。しかし、このような問いに対してハイデガーはすでにみずからの立場を固めてしまっている。いや、それどころか、ここで問題になっているような問題設定のすべてはまさにその立場――すなわち〈存在の意味の解釈学〉とでも言うべき立場――から帰納的に導かれているのである。〈何？〉に対して〈意味〉しかも（事物的）存在者ではなく存在そのものの〈意味〉が問われ、陳述に対してより根源的な解釈が対置されているのである。実際、「現存在の予備的な基礎的分析」と題された『存在と時間』の第一篇の全体は、そうした前提的構成から出発して世界内存在として規定された現存在の実存的な二重性（存在―存在者、本来性―日常性、真理―非真理など）の機構を存在論的に解明することを通して〈意味〉の問いが向かうべき本来的な領域を明らかにすることを目指していたと言ってよいだろう。

別の言い方をすれば、ここでは世界内存在としての現存在の現象学的分析そのものにおいて、同時にもはや現象学的接近が不可能となり、それに替わって解釈学的接近がむしろ積極的に要請され、必然化される構造を記述することが問題になっていたのである。そしてこの第一篇の試みは、われわれが一瞥をした開示性に基礎を置いた現存在の根源的な真理性の断言において完成する。すなわち「存在と真理とは等根源的に『存在する』」★[10]という命題において第一篇は終わり、そこからはじめて〈存在の意味の問い〉が本来的な仕方で開始されることになる。つまり、現存在の存在論的根拠を〈時間性〉とする第二篇がそこから始められるのである。そして、よく知られているように、その第二篇における記述は〈時間性〉から〈歴史性〉へと進み、そしてその〈歴史性〉を通して現存在の本来的な存在から再び世界内部的に存在する非本来的、日常的存在者へと戻ってくる文字通りの解釈学的な循環を描くことになる。

こうして『存在と時間』という記念碑的な大著を貫くエクリチュールは徹底して解釈学的運動によって導かれ、また同時にそれによってきわめて強く制約されている。〈存在の意味への問い〉というその主導的な、最初の問いそのものがすでにはじめから解釈学的運動によって提起されていただけではなく、そこで求められている〈意味〉自体がすでにあらかじめ解釈学的に解釈され、規定されているのである。それは、逆に言えば、ここでは解釈学的ではないような意味はあらかじめ排除されているように思われるということである。実際、たとえばわれわれが引用したささやかな範囲に限るとしても、はじめに「現存在は等根源的に真理と非真理との内で存在している」と言われていたものが、その数頁後にはなぜ「存在と真理とは等根源的に『存在する』」と言われるのか。非真理はどこに行ってしまったのか。なぜ非真理は消されてしまったのか。もちろんハイデガーがこのような粗雑な問いを予防していないはずがない——彼は〈非真理〉を語るその場処で、西欧の〈真理〉の問いのもっとも古い記憶であるあのパルメニデスの真理の女神が示す二つの道（〈暴露の道〉と〈秘匿の道〉）の物語を引きつつすでに「暴露の道は、クリネイン・ローゴイにおいてしか、つまり両者を了解しつつ区別して、その一方をとることを決断することにおいてしか、獲得されないのである」★[11]と言っていた。すなわち、ハイデガーは、遠くパルメニデスを経由しつつ真理の女神の忠告に従い、二つの道から一方の〈暴露の道〉をとることを決断しているのであり、それこそが真理と意味の道、真理と意味としての存在の道であるわけであった。いわば真理と非真理の等根源性が見極められたその地点で、パルメニデスを身元保証人として、ハイデガーは真理を決断的に選択するのであり、そのことこそが、おそらく、〈予備的な基礎的分析〉（第一篇）の完成を意味しているのである。とするならば、言わばハイデガーが見捨てたもうひとつの道、ここでは解釈学がそうである真理と意味の道には還元され得ないもうひとつの道が可能であったのだろうか。パルメニデスにおいては、それは〈無の道〉であった。[★12] ハイデガーの文脈においては、それは〈非真理の道〉あるいは〈秘匿の道〉ということになる。はたしてそのような道が可能だろうか。道として可能だろうか。――そのような問いを保持しつつ、われわれはもう一度、われわれの最初の問い、すなわち〈誰であるのか?〉という問いへと立ち戻ることにしよう。

われわれがハイデガーと交差したのはその〈誰であるのか?〉という問いが、〈何である〉という解答の可能性、つまりまさしく世界内部的な事物的存在者としての〈誰〉という可能性をすべて汲み尽くして、なおその彼方に問いを開こうとする場処であった。すなわち私は、単に私ではなく、単に〈誰でもない者〉でもなく、むしろこの不断の〈誰?〉という問いとしての〈誰〉であり、それはまさにハイデガーが言う意味における現存在なのであった。ハイデガーは〈現存在は誰か?〉と問うていたが、われわれはむしろ〈私は誰であるのか?〉という問いに導かれて、実存という仕方で存在する〈誰〉としての現存在へと到達するのである。すなわち、われわれにとっては〈何〉によっては汲み尽くせない〈誰〉という在り方こそが現存在の根本的な規定なのである。現存在は〈誰〉としてある。世人という意味での〈誰でもない者〉ではなく、〈誰?〉という問いを開く者としての〈誰〉なのである。

しかし、このようにもはや世界内部的な日常的存在者の方にではなく、本来的な自己存在の方へと差し出された〈誰であるのか?〉という問いはいったい何を問うているのだろうか。この〈誰?〉によってわれわれは何を、あるいは何に問いかけているのか。問題になっていることは、もはやなにかの〈意味〉でもなければ、一般的な解釈可能性へと開かれている〈何として〉でもない。その問いは、世界内部的に、そして共存在的に了解されうる〈何〉という地平を突き破ってしまっている。それは〈何〉として開かれた地平、つまり開示性そのもの、真理の根源的な可能性そのものを超えて、もうひとつの根源性、非真理という夜の根源性へと問いを突き出しているのである。というのも、すでにわれわれが述べてきているように、〈誰？〉はなによりも特異性へと差し出された問いとして考えられなければならないからである。——すなわち、特異なもの、唯一《ユニック》なもの、置換不可能なもの、一般的な意味に還元不可能なものとして〈誰であるのか？〉。

　私はすでにそれなのであるが、しかし私がそれであるこの存在、特異な存在が〈誰〉であるか、どのようにして私は言うことができるだろうか。私はそれを知っているが、同時に知ってはいない。特異性は、本質的に開き開かれた活動である〈知ること〉に対して抵抗し、そこから後退し、そうしてみずからを秘匿しているように思われる。特異性は〈知ること〉の彼方にある。〈誰？〉という問いが求めているのは、この知の彼方にあるものを言うことである。とすれば、われわれはいったいどのようにしてこの特異性を言うことができるのか。言語のどのような様態《モダリティ》がわれわれに知の彼方において一個の特異性を言うことを可能にしてくれるだろうか。

　物語がそれである。実際、もっとも日常的な場面においても、われわれがみずからの特異性において誰であるかを明らかにしなければならないとき、われわれは物語ること以外の何ができるだろう。物語ること——それは多くの場合は必然的に過去を語ることに帰着するだろうが、しかしもっと一般的にまずなによりも時間を語ること、みずからを時間として語ることである。すなわち、陳述がその〈変様〉のひとつであったように、ハイデガーが「現存在の開示性を構成する了解可能性の分節化」と規定していた〈語り〉のもうひとつの変様として、時間性における分節化の様態を考えることが可能だと思われる。ハイデガーは〈真理の道〉を決断的に選んだのと同様に、——その同じ身振りによって——言語の無数の様態のうちで特権的に〈陳述〉と呼ばれる命題的な——しかも解釈学的に〈として〉の構造を潜在させているものとして命題的な——様態を選んでいるように思われるのである。実際、〈物語〉を言うもっとも一般的な言葉であろう〈Erzählung〉という語は、原文四百頁以上のこの『存在と時間』の本文のなかではただ一度だけしか現われない。★15 しかも、そこでは他の多くの様態と並んで〈物語〉は現存在の根源的な了解性と理論的な陳述のあいだの〈中間段階〉と規定されているのである。

> 配慮的に気遣いつつある了解においてはまだまったく包み隠されている解釈と、事物的存在者に関する理論的陳述という極端なその反対との間には、多様な中間段階がある。そうした中間段階は、環境世界において生起していたものに関する陳述、道具的存在者の描写、『状況報告』、「実状」の収録と確定、事情の記述、突発的出来事に関する物語 Erzählung des Vorgefallenen などである。それらの「命題」は、その意味の本質的な転倒 Verkehrung なしには、理論的陳述命題へと還元されることはない。それらの命題は、理論的陳述命題自身と同じく、その「起源」を配視的な解釈のうちにもっているのである。★14

いまわれわれの関心が向いているものだけに絞るとして、ここでは、物語は陳述と同じくその〈起源〉を〈配視的な解釈〉のうちにもっており、しかもその〈起源〉と陳述のあいだに位置するものでありながら、しかしそれが陳述へと還元されるときには〈その意味の本質的な転倒〉を経由しなければならないということが言われている。物語は言わば、陳述の手前にあって、しかもそれとは転倒した関係にあるというわけである。それは、逆に言えば、根源的な解釈《ヘルメーネイア》から陳述に向かう〈変様〉は意味の転倒を含まないような〈変様〉だということである。それに対して、物語の様態は、他の様態と並んで、状況的であり、その特異的な状況性が本質的に転倒されるのでなければ、一般的な、あるいは普遍的な陳述的〈命題〉へと還元されることはないということであろう。ハイデガー自身はこの〈転倒〉の詳細についてはなにも語ってはいない。そしてその記述は、引用文の後にすぐさまロゴスの問題へと急行することになる。つまりここでは、真理とロゴスの規制のもとで、ヘルメーネイアからの多様な派生的様態のなかでとくに陳述の様態が特権化され、それに反して物語的な様態は、単なる〈中間段階〉としてわずかに触れられるだけで終わるのである。

こうしてハイデガーは――選択されたロゴスあるいは真理の名において――『存在と時間』から物語を排除してしまう。だが、それは、ハイデガーの思考が時間的な了解可能性あるいは時間性の分節化の様態をまったく無視したということではない。いや、それどころか、周知のように、ハイデガーの論述は「現存在と時間性」と題されたその第二篇においては、まさに〈物語〉と訳すことも不可能ではない〈Geschichte〉すなわち〈歴史〉そして〈歴史性〉を目指して進み、高まっていくのである。性急さを覚悟して言うとすれば、〈現存在の存在性の根源的な存在論的根拠〉として断言された時間性は、最終的には歴史性として、ということはもうひとつのヘルメーネイア――いや、それどころか究極的なヘルメーネイアの可能性として解釈されることになる。〈歴史〉はそこでは、ほとんど第一篇の世界内存在の分析のなかで〈真理〉が占めていたのと同じような位置を占めている。つまりある意味では、ハイデガーにとっては〈歴史〉こそが時間の、時間性の〈真理〉にほかならないのである。そして、このような歴史＝物語〈Geschichte〉においては、現存在はみずからが〈何であるか〉を解釈し、了解し、また解釈ないし了解するためにみずからを企投することになる。歴史＝物語は現存在が時間性というその根源的な存在論的根拠において〈何〉であるかを明らかにする機構なのである。

だが、そこでもまた〈誰〉という問いは見失われている。少なくともわれわれがいま考えようとしている特異性へと差し出された問いとしての〈誰であるのか？〉は、あらかじめ――おそらく中間的なものとして――却下されているように思われる。そこでは特異性は問われてはいない。時間は特異性としては問われてはいない。

実際、第一篇の世界内存在の分析が現存在の根源的な真理性の断言へときわまり、そこから第二篇の時間性へ、時間内存在へと大きく転回しようとするこの折り返しの地点において、時間という根源的な問題が導入されるのはなによりも〈全体性〉というカテゴリーを通してであるということは思い出されておくべきだろう。あまりにも有名になった〈死へとかかわる存在〉という定式が導き出されるのはあくまでも現存在が本質的に全体性を欠いた存在であり、かつこの未済性に同時に死という有限性が属しているという分析において、みずからの全体性へとかかわるものとしての現存在の決意性が提示されるのである。そこでは時間性の問いはまず全体性の問いに貫かれている。しかし、全体性の問いとはいったいどのような問いなのか。それは本質的に〈何?〉という問いから派生するものではないのか。全体性は〈何〉に属している。〈何?〉と問われるものだけが全体性を問われる。生誕から死まで――とりあえずはそのような〈間〉の時間として現存在の日常的な、非本来的なありようは現われるのだが、しかしそのようなアプローチはあくまでも〈何〉としての現存在にかかわるのであって、そこでは〈誰〉は決定的に見失われているのである。

それに対して、〈誰?〉という問いはけっして全体性を目指してはいない。すでに述べてきているように、そこで問題となっているのは特異性であって、全体性ではない。そしてこのような展望においては、第一篇の世界内存在の分析から第二篇の時間内存在の分析への転回の場面にあってハイデガーが立てる全体性の問いは、実はまだ存在者の問いに従属しているようにすら見えるのである。存在者と区別されたものとしての存在、本来的な現存在としての存在に対して、はたして〈全体性〉というカテゴリーが有効であるかどうかはけっして自明ではない。存在が、全体的というあり方においてあるのかどうかは明らかではないのだ。存在ということで問われるべき問いは、むしろ〈誰?〉という問いではないか。存在は〈何〉という一般性ではなく、〈誰〉という特異性においてあるのではないか。そしてハイデガーの全体性の問いがそこに収斂していく死も、けっして現存在の全体性という意味でのその限界、端、終点、終わり、目的であるのではなく、むしろ絶対的に置き換え不能なものとしてのその特異性の明証であるのではないだろうか。死は存在の限界なのではなく、むしろその特異性の顕現である。われわれに死があり、われわれが死すべきものであるということは、われわれの存在がいかなる普遍性にも回収不能な特異的なものであることを意味している。死は現存在としてあるわれわれの特異性の普遍的な表示なのである。そしてそうだとすれば、――後にあらためて見るように――〈誰？〉という問いもまた必然的に死と交差することになるだろう。われわれはわれわれの特異性においてわれわれの死――事実としての死ではなく、むしろ絶えざる謎としての死――と出会うことになるだろう。

〈謎〉ainigma――それはまた〈物語〉をも意味していた。ここで言う物語とは、――それとまったく無関係であるのではないしても――最終的には必ず〈歴史〉Geschichteに吸収され、統合されてしまうようないわゆる〈筋立てられた話〉storyとしての物語ではない。つまり出来事の単なる時間的な継起の配列が問題となっているのではないのだ。実際、われわれがあらゆる〈何〉を超えて、ということはあらゆる陳述的な命題を超えて〈誰？〉という問いを突き出すとき、それに答えるのはまさに出来事を語る物語の様態ということになるのだが、しかしそこで求められている物語はけっして誕生からはじまる出来事の履歴書的な継起ではあり得ない。そのようなまさに〈生の記録〉bio-graphyとしての伝記的物語は、すでに〈歴史〉として解釈され、すでに〈真理〉として構成された記述、つまりもはやほとんど〈誰〉ではなく〈何〉を語る記述にほかならず、そこではすでに特異性は解釈され、解決され、そして解消されている。物語はそこでは――客観的とは言わないにしても――全体的で、普遍的で、共有されるべきである〈時間〉に従属してしまっている。物語が語る出来事は、世界内にあるこの中立的な、われわれの〈時間〉のなかにある無数の出来事のひとつとして整理されてしまうのである。ところが、そのように歴史化されてしまわないもうひとつの物語、歴史化以前の〈謎〉を保持し続けているような物語の様態がある。たとえばブランショが〈レシ〉récitと呼ぶものがそれである。

> レシはその形式によって通常の物語の使命に答えつづけるかに思える。こうして『オーレリア』はある出会いの単なる報告と見なされる、『地獄の季節』しかり、『ナジャ』しかりである。なにごとかが起こった。ひとはそれを生き、ついで物語る。オデュセイアがあの出来事を生き、ついで生きながらえて、それを語る

> ホメロスとなる必要があったように。たしかにレシは一般に日常的な時間と習慣的な真理、いやおそらくはあらゆる種類の真理の様態をのがれる例外的な出来事のレシである。レシがあれほど執拗にフィクションの軽薄さに自分を近づけるようなものをすべてしりぞけるのはそのためである（ロマンは逆に信じうるもの、日常的なもの以外のことはなにひとつ語ろうとせず、フィクティヴであることに固執する）〔……〕しかしながら、レシの性格はひとがその中に、かつて起こり、ついでひとが報告を試みるある例外的な出来事の報告を見るとき、まったく予感されていない。レシは出来事の叙述ではなく、この出来事の接近、それが生み出されるように招かれている場、来たるべき出来事であって、その強いひきつける力によってレシもまたみずからを実現することを希望することができるのだ〔……〕レシはある一点に向かう動きである、単に未知で、人知れず、無縁であるばかりか、この動き以前には、その外ではいかなるレアリテももつとは思われない点、にもかかわらず、レシがそのひきつける力をひき出すのはただそこからのみであるような切迫した点、そういうわけで、レシはそこに到達する前には〈はじまる〉ことすらできない。しかもこの点が現実性があり、力強く、ひきつける力をもつものとなる空間を提供するのはただレシとその予見しがたい動きだけなのだ。★15

こうして〈レシ〉と呼ばれるもうひとつの物語は、〈あらゆる種類の真理の様態〉を果てしなく逃れつつある一点――すなわち〈誰？〉という問いもまたそれを目指している特異性という一点――に向かう運動である。そこでは物語は、世界内においてすでに起こった出来事の単なる〈報告〉なのではなく、それ自体がはじめから解釈を超えた〈謎〉として〈誰？〉という問いを開き、〈誰〉へと接近する奇妙な――つまり奇妙に錯乱した――運動となっているのである。もしオデュセイアがあの出来事を生き、ついで生きながらえて、それを語るホメロスとなったとしても、ホメロスとはけっして出来事の単なる報告者なのではなく、むしろその出来事は、そうした仕方で、オデュセイアにその〈誰〉を開き、それを返したのだと言ってもいいだろう。オデュセイアはみずからが〈誰であるか?〉という問いに本質的に出会うために、まさにセイレーンに出会わなければならなかったのであり、そしてその出来事が〈謎〉として開いたみずからの特異性を保持するためには、彼はホメロスとなってみずからの特異性にほかならないその〈謎〉を物語として反復し、その接近不能の一点への接近を繰り返し続けなければならなかったのである。

だから〈誰であるのか?〉——この問いはおそらく物語の問いなのだ。それは、原理上、すべての者に開かれているこの共有すべき世界の手前あるいは彼方において〈誰〉という特異性を問い、限りない反復の時間とともにそれを永遠の〈謎〉として呈示しているのである。

2 レシの狂気——ブランショ『白日の狂気』を読む

〈私は知っている者でも、知らない者でもない〉——いまでは『白日の狂気』と題されているブランショの小さなテクスト★[16]はこのように始まる。それが誰であるにせよ——そして言うまでもなくこの〈誰〉こそがここで唯一問われるべきものであるのだが——、ここで〈私〉と言う者は、あるいはこの陳述、あるいは物語、あるいは〈陳述でもなく、物語でもないもの〉の冒頭から、私がなにかであることを一挙に否定してしまうように思われる。私は、知る者（学識者）でも知らぬ者（無知なる者）でもない。そのような〈何〉としての規定のどちらでもないのであり、私を〈何〉と規定して知ること以外のことがここでは問題になっているのである。別な言い方をすれば、〈私が誰であるか?〉を言うことは、けっして〈私は何である〉という命題に帰着する〈知〉の関係にとどまっているわけにはいかないのであり、それは必然的に記述的命題を超えて、物語的な様態に訴えることになる。つまり〈誰?〉という特異性を語るには、どのような特徴的な出来事によってみずからが特異化されているかを言うしかないのである。

だから私は自分が何かを知識として知っている（savoir）かどうかではなく、いったいこの〈誰〉を決定しているようないかなる出来事を体験したのかということを言うのでなければならない。そしてそれゆえに、テクストはすぐさま〈私は喜びを識った（connaître）〉と言うのである。

私は知る者でも知らぬ者でもない。私は喜びを識った。それではあまりにもわずかなことしか言っていない。私は生きており、そしてこの生は私には最大の悦びである。それでは、死はどうなのか？　私が死ぬとき（おそらく間もなくだ）、私は巨大な悦びを識ることだろう。私は死の前兆のことを言っているのではない。それは味気なく、多くの場合は不快なものだ。苦しむことは、ひとを痴呆にさせてしまう。そうではなくて、私が確信している素晴らしい真理とは、私は生きることに無際限の悦びを感じており、また死ぬことに無際限の満足を抱くだろうということだ。★17

〈私は喜びを識った〉――確かに、これではほとんど何も言われてはいない。あまりにもわずかなことしか言われていないように思われる。だが、実は、ある意味ではこの文は、私が言うべきすべて、伝えるべきすべてをすでに言い尽くしてもいるのだ。というのも、この〈私は喜びを識った〉は、私に関するすべての陳述的な命題を超えて、一挙に〈私は誰であるのか？〉に答えているからである。そこでは私という〈誰〉は喜びによって、喜びを識ることによって決定的に特異化されている。言うまでもなく、そのすぐあとでパラフレーズされているように、この〈喜びを識った〉は単に、他に無数にありもする個別的な喜びのいくつかを識ったということを言っているのではない。そうではなくて、それはまさに生が〈最大の悦び〉であり、死もまた〈巨大な悦び〉であるという〈素晴らしい真理〉を私が確信していることとして言われているのである。

〈私は喜びを識った〉とは、まさに〈私は真理を識った〉ということである。ここでは真理は、知という原理上、普遍的で、また陳述的な認識の過程にではなく、あくまでも喜び（悦び）という個別的な、いや特異的な経験へと結びつけられている。それが個別的であるよりははるかに特異的であるというのは、ここで言われ、言われようとしている喜び（悦び）が、実は、なによりも限界を超えるという経験、そしてそれゆえに必然的にあらゆる〈個〉の限界を超えるという経験にほかならないからである。〈最大の悦び〉、〈巨大な悦び〉、〈無際限の悦び〉、〈無際限の満足〉——喜び（悦び）とは、限界のなさそのものであり、その無‐限（in-fini）の経験の確信こそがここで〈真理〉と言われているのである。全体性の真理ではなく、無限性の真理——あるいは、そのように言ってもいいかもしれない。いずれにせよ、この真理は、はじめから時間的であり、またそのようなものとして特異的である。私は喜びを識ったのであり、いま、無際限の喜びを経験しつつあるのであり、そしてまた無際限の満足を抱くであろう——そのような特異な時間の経験としてここで真理が語られているのである。だからこの真理の経験は、無‐限なるものと結びついた時間の経験であるのだが、しかし、それがそうであるのはあくまでも、ある終わり——まさしく時間の終わり、時間の限界あるいは限界の時間——の展望のうちにおいてである。「私が死ぬとき（おそらく間もなくだ）」と私は言い、われわれは以後、この括弧による指示ないし留保が確保し、強制している終わりへと切迫する時間のうちにおいてしかこのテクストを読むことができなくなってしまうのである。言い換えれば、私は、まさに死を前にし、死とかかわるものとしてここで語っている。私は、死へと切迫しながら、おそらく間もなく——おそらくひとつの物語ほどの時間の後に——来たるべきその死、その私の限界が無‐限の経験となるだろうという〈真理〉を語っている。すなわち、私は、生の真理、死の真理を限りない喜び（悦び）として識っている者であると打ち明けているのである。

主要な輪郭だけに限れば、これが『白日の狂気』というテクストの冒頭に示される状況である。だが、冒頭の状況とはいえ、それは語りの単なるはじまりの場処《トポス》ではない。というのは、このテクストに固有の捩じれの構造によって、この冒頭の部分が以後のテクストのなかで、そのまま反復的に取り上げられるからである。すなわち、長短とりまぜて全部で四一のパラグラフからなるこのテクストの終わりから二番目のパラグラフにおいて、この冒頭の語りがまた、そのまま語られるからであり、同時にそこではじめてこの語りにその文脈が与えられるからである。

いったい〈正しくは〉物事がどのように起こったのか、私たちに物語って下さい、と私は要求されていたのだった。──レシ？　私ははじめた。私は知る者でも知らぬ者でもない。私は喜びを識った。それではあまりにわずかなことしか言っていない。私は彼らにその物語をすっかり話したが、彼らは、少なくともはじめの方は、興味をもって聴いていたように私には思われる。ところが、終わりは、私たちのどちらにとっても等しく驚きであった。「はじまりが済んだら、事実の話になるのでしょうね」と彼らは言うのだった。なんということか！　レシはすっかり終わっていたのだ。★18

私は彼らが要求しているのがレシであると思い、要求されているその物語をあますところなく語る。ところが、彼らにとっては、それはあくまでも単なる〈はじまり〉にすぎず、彼らが求める事実についての報告ではない。彼らが求めているのは、出来事が〈正しく〉どのように起きたのかという事実についての陳述であるにもかかわらず、私が彼らに提出するのはレシ、しかもすでに時間の意味と方向（sens）を失った物語でしかないのだ。そして、まさにそれゆえに、このレシは再びその冒頭へと送り返され、反復されることになるが、この循環構造は、「これらの出来事をひとつのレシに仕立てる能力が私にはない」という私の根本的な〈無力〉──結局は、精神の疾病、つまり狂気に帰着されるべき〈不能力〉──と相関しているのである。

これらの出来事をひとつのレシに仕立てる能力が私にはないということを私は認めなければならなかった。私は物語＝歴史の感覚《サンス》（意味＝方向）をすっかり失ってしまっていたが、多くの病いでそういうことが起こるのだ。★19

こうしてこのテクストは物語の不可能性を物語る物語、不可能なレシのレシということになるだろう。別の言い方をすれば、ここでは物語は、歴史的に秩序立てられた出来事の陳述・報告というその定義そのものが不可能になるような物語、陳述し得ないものを語るレシ、つまり報告や陳述が不可能になり、狂気の錯乱が引き起こされるような出来事そのものとの不可能な係わりを語る物語ということになるのである。だが、それは必ずしも、このレシがみずからレシであることを否定しているというわけではない。後に詳しく見るように、このテクストがその最後の文章に至って明白にレシを繰り返すことを否定するのだとしても、しかし私は――物語の感覚を欠き、根本的な無力とともにではあるが――ともかくあるレシを語りはじめ、語り終わっているのであり、つまり私は、ここで問題となっている〈出来事〉を錯乱するレシ以外の形態において語ることはできないのだ。私はその〈出来事〉を他者に陳述し、報告し、伝達することができない。そして、私がそのように語る能力を失い、あるいは錯乱するレシという不能力をもつにいたるということこそがその〈出来事〉が含意していたこと、つまり私の〈狂気〉にほかならないのである。

おそらくわれわれは、こうした語りのパラドックスを、たとえば〈狂人の証言〉という標識のもとに一般化することもできるだろう。狂人に彼がどのようにして狂人になったのかについての証言を求めること――もし彼が事態を〈正しく〉証言することができるのなら、彼はそもそも狂人ではない。そして、彼が〈正しく〉――ということはレシに頼らずに――証言することができないとするならば、彼に証言を求めるというわれわれの行為自体が不条理なものになるだけではなく、われわれは彼が〈誰〉であるかということ――つまり狂人であるということ――を知っているということから一歩も先には進めず、彼がどのようにして狂人になったのかについてはけっして知ることができなくなる。そして、そこから出発して彼が本当に狂人であるかどうかすら確かなことではなくなってしまうのである。言うまでもなく、こうしたパラドックスは単に思弁的なものではない。それどころか、たとえば司法の領域においては、日々こうした状況が生起しているはずであり、というのも法にとっては、あるいは理性にとっては、狂気と非‐狂気、非‐理性と理性とのあいだの分割、境界を決定し、確立し、保持することが決定的に重要であるからである。そして、実際、この『白日の狂気』というレシにおいて私が、そして私の語りが置かれているのは、まさにそうした法の審級のうちなのである。先の引用に続けて――そして、それが最後から二番目のパラグラフの残りになるわけだが――テクストは言う。

しかしこの説明は彼らをいっそう執拗にさせただけだった。私はそのときはじめて、彼らが二人であることに気がついた。伝統的な方法を歪めるこのやり方は、一人が視力の技術者でもう一人が精神病の専門家であるという事実によって説明がつくとはいえ、しかしわれわれの対話を恒常的にある厳格な規則によって監視され統御された権力的な尋問という性格のものにしていた。確かに、そのどちらも、警察の人間ではなかった。しかし、二人である以上、そのことによって、彼らは三人であり、その三人目は、絶対確かなのだが、作家というもの、つまり明晰に話し、理性的に論理構成する人間には、つねに自分が思い出す事実を物語る能力があるということを頑として信じ込んだままなのであった。★20

私は権力の前、法の前に立たされている。しかも私は、あくまでも〈作家〉として、語るべき者として立たされている。言い換えれば、私が係わっている法、ここに現前しているわけではないが、すべてがその命令のもとに進行しているこの見えない法は――私の〈誰〉に関して――私を〈作家〉であるとすでに裁き、すでにそうした予-見（pré-jugé）をもっているのである。この予-見は私に語る能力があると規定し、私に語ることを要求する。その要求に応えて――「レシ？　私ははじめた。私は知る者でも知らぬ者でもない。」――私は物語るのだが、しかしそれはまさにレシでしかなく、法が求める世界のなかの事実の報告ではない。私は法が予-見していたような〈誰〉ではなく、〈作家〉ではなく、つまり物語るべき人ではない――それがこのテクストの準・循環的エクリチュールの運動がとりあえず行き着く場処である。そしてテクストの最後は、ほとんど叫びと言ってもいいようなフレーズとなる。

レシ？　いや、けっしてレシはない、もう二度と。★21

テクストはこうして、けっしてそこに到達できないまま語るべきことのまわりを幾度となく周回するレシというものを否認することによって終わる。レシの否認がテクストの終わりなのであり、それは、ある意味では、このテクストが紛れもなくレシであることを明らかにしているのかもしれない。だが、それにしてもこの最後のフレーズは曖昧である。すなわち、それがどのような物語的な現実に対応しているのかを、われわれはまったく決定することができない。それは、物語る能力の欠如を認めた私がもう二度とレシを語らないと決意するということなのか。もしそうであるにしても、それは私がレシではない別の言語の形態に赴くことを了承するということなのか。それとも、私は金輪際、法の前では語ることを放棄し、沈黙を固守するということなのか。たとえばその沈黙は、テクストの冒頭から指示されていた私の死――おそらく間もなくである私の終わり――に送り返されるべきものなのか。それとも、むしろみずからが法と係わっているという現実の文脈を認識した私がもはや錯乱するレシを必要としない状態、つまり狂気からの覚醒という事態に対応しているのか。

いや、そもそもこのフレーズは私の言葉なのだろうか。少なくとも私だけの言葉なのだろうか。主語も人称も脱落させたこのフレーズの叫びのなかには私の声ばかりではなく、あくまでも執拗にレシを超えて、レシではないものを語ることを要求し続ける法の声も響いてはいないだろうか。すなわち、そこでは沈黙を決意する私の声とレシ以外のものを要求する法の声が、正反対の方向からひとつの同じフレーズを発しているのではないか。だからそれは二声のフレーズ、そして〈二である以上三でもある〉ような多声のフレーズなのではないだろうか。——こういったことのすべてをわれわれは決定することはできない。言語的な意味としてはほとんど曖昧さのないこの単純なフレーズ——「レシ？　いや、けっしてレシはない、もう二度と」——の〈真理〉を、そしてそこから出発してこのレシ全体の〈真理〉をわれわれは決定することができないのだ。われわれは、言うまでもなくなんらかの仕方でこの謎めいたテクストを解釈せざるを得ないのだが、しかしその解釈がこのテクストの〈真理〉と係わり得るという、解釈学的態度にとっては自明の前提は、ここでは必ずしも確かではないのだ。解釈は、あるいは〈真理〉なき解釈であるかもしれない。そして〈真理〉なき解釈——それこそ錯乱あるいは狂気にほかならないのである。

ということは、このレシ、つまりある特異な狂気、特異性としての狂気を語ろうとし、おそらく語ったのであろうこのレシは、その解釈可能性——しかも単に〈二人である以上三人である〉その尋問者たちの解釈あるいはわれわれ読者の解釈というだけではなく、語り手によるその自己解釈をも貫く解釈可能性——を決定的に錯乱させることによって、それ自体が狂気の出来事となるということでもある。それは出来事なのであって、出来事の報告なのではない。すでに引用した別のテクストでブランショが言っていたように、「レシは出来事の叙述ではなく、この出来事の接近、それが生み出されるように招かれている場、来たるべき出来事であって、その強いひきつける力によってレシもまたみずからを実現することを希望することができる」のである。そしてその意味では、狂気の言説こそすぐれてレシなのだとわれわれは言うこともできるだろう。★22 狂人の語りが狂気を孕んでいるのは、必ずしもそれが異常な叙述、異常な報告、異常な解釈であるからではない。そうではなくて、その異常さは、幾度となく反復されるそのたびごとに、それが出来事であるからである。それは語られた狂気ではなく、狂気という出来事なのである。それは「単に未知で、人知れず、無縁であるばかりか、この動き以前には、その外ではいかなるレアリテもつとは思われない」ある一点にそのたびごとに接近する動きである。狂気のレアリテは、まさに限りなく反復される出来事のレアリテである。狂気においては一回性という出来事の本質と反復とが一致してしまう。というのは、そこで問題になっているのは、まさに不可能な出来事、それを生きることができないという意味において不可能な出来事、私の経験として消化することができないが、しかしそれゆえに爾後、私がそれから切り離され得ない出来事であるからだ。

狂気とは、不可能な出来事のオブセッションである。不可能な出来事は、その不可能性のゆえに、絶えざる反復——しかし出来事の表象としての反復ではなく、そこでは出来事と表象がもはや分離され得ないという意味においてまさに同じ出来事そのものの反復——を請求する。生起し終わった出来事の反復ではなく、生起して、しかし終わらない出来事の反復。本当の〈終わり〉を求め続けて、たえず生起し直すような反復。おそらく狂気の出来事ほどみずからの真の〈終わり〉を希求しているものもないのだ。狂気は〈終わり〉を求めている。だが、この〈終わり〉はいわゆる直線的な時間のうえに想定することはできないのであり、それこそが狂気の狂気たる所以なのである。〈終わり〉はこの時間の一点として与えられるのではない。そこでは、あたかもそのような意味での時間は停止してしまっているかのようなのであり、そうした時間の停止こそが、必ずしも時間的ではなく、必ずしも限界的ではないようなもうひとつの〈終わり〉の強迫的なオブセッションに路を開くのである。

そして、『白日の狂気』という題をもつこのテクストのなかで語られる狂気のレシが語り、示しているのは、まさにそのような意味における出来事である。すでに述べたように、その錯乱に〈合理的な解釈〉(だが、解釈はつねに合理的でなければならないだろう)を与えようとすることは無意味であるにしても、しかしその錯乱の言葉のうちでいくつかのトポスを標識づけておくことはできないわけではない。われわれは、このレシという複合体が含む相互の関連が必ずしも合理的に明確ではないいくつものトポスのうちから三つを取り出して、それらを〈終わり〉という視点、視覚において読んでおくことにしたい。

まず第一のトポス——

> 私はさまざまな人たちを愛し、その人たちを失った。その衝撃に打ちのめされたとき、私は気が狂ってしまった。というのも、それは地獄だからだ。だが、私の狂気には証人がいないままだったし、私の惑乱は外に現われることはなく、ただ私の内奥だけが狂っていたのだった。時には、私は激昂することがあった。ひとが私に「どうしてそんなに落ち着いているのか？」と言うからだった。ところが、私は爪先から頭まで身を焼かれていたのだ。夜になると、私は街路を駆け抜け、大声で叫んでいた。しかし、昼には、私は静かに仕事をするのだった。
>
> その直後に、世界の狂気が荒れ狂った。他の多くの者と同様、私も処刑の壁の前に立たされた。なにのために？　なにのためでもない。銃は発射されなかった。私は内心で言った、「神よ、あなたは何をしているのか？」そして、そのとき私は正気でないことをやめた。世界はたじろぎ、そしてその均衡を取り戻した。★23

断っておかなければならないのは、翻訳では明らかではないが、フランス語原文においてはここに引用された二つのパラグラフ（テクストの第四、第五パラグラフにあたる）は、まったく異なった言説のタイプに属していることである。すなわち、第四パラグラフは、〈複合過去－半過去〉という語りの現在時から出発して組織される時間構成をとっているのに対して、続く第五パラグラフは、語る現在との断絶によって特徴づけられる〈単純

過去〉による時間構成が採用されている。ここではその詳細に立ち入ることはできないが、このテクストは、現在から出発して、たえずそこに立ち戻りつつ語り手の体験を語る〈証言〉的な様態と、非現在的な——ということは、語りから独立した——言わばアオリスト的な出来事の連鎖を語る〈物語〉の様態という、ある意味では両立しがたい二つの様態の交錯によって織り上げられているのである。とはいえ、こうした様態の差異は、ここではとりわけ、そのどちらでも基本的には主語が一人称に置かれていることもあって、それほど際立たせられているわけではない。だが、それにもかかわらず、われわれは〈私〉というこの主語あるいは主体がこの二つの様態のあいだで引き裂かれていること、そしてそうした分裂こそここでの狂気の特徴であることを感じないわけにはいかないだろう。

実際、第四パラグラフが語っているのは、なによりもそのような分裂ではないか。私は愛する人々を失い、そしてその喪失の衝撃は私を狂人にする。ここでは「孤独」という言葉は言われていないが、しかしこの狂気は愛する他者の死による孤独という狂気である。言うまでもなく、孤独とは単に〈独りでいること〉なのではない。それは、むしろ分裂させられてあること、つまり外見と内奥とのあいだ、昼と夜のあいだ、そしてさらには世界と世界の喪失とのあいだで引き裂かれてあることなのである。そして、確かに、ずっとのち(第二〇パラグラフ)になって「孤独」という言葉が現われるとき、それははっきりと世界の喪失に結びつけられているのである——「ときおり私の頭のなかに広大な孤独が創り出され、そこでは世界がまるごとすっかり消え去ってしまうのだが、しかしそれはそこから無疵なままで、かすり傷ひとつなく出てくるのであり、そこにはなにひとつ欠けてはいないのだった」。★24 私の内奥におけるこの世界の喪失、世界内の孤独ではなく世界喪失という意味での孤独——それが、まずは、私が語る私の狂気である。だが、もしそれだけであるならば、それは言わば〈内奥の狂気〉、〈夜の狂気〉ではあっても、けっして〈白日の狂気〉となることはなかったにちがいない。このレシが——それがどのような意味であるにせよ——〈白日の狂気〉のレシとなるためには、絶対的な孤独という私の狂気が、もうひとつ別の狂気、つまり世界の狂気となんらかの仕方で関係をもつことが必要であったはずなのである。

そしてその関係を、今度は現在とは断絶した単純過去の様態で、第五パラグラフが語ることになる。「その直後に、世界の狂気が荒れ狂った」——私の狂気と世界の狂気とのあいだにはこの〈その直後に〉という関係しか明示されていない。だが、そこではあたかも私の狂気に対して世界の狂気が応えているかのようである。世界の喪失という私の絶対的な孤独が世界の狂気、すなわち無意味な死へと人々を駆り立てる狂気を呼び寄せているかのようなのである。絶対的な孤独はすでに死を内在化させている。世界の喪失はある意味では死以外のなにものでもないのだ。ところが、その無意味な死、意味を失った世界の必然的な帰結とでも言うべきその死は私に与えられない。銃からは弾が跳び出さないのである。死は回避され、終わりは延期される。そして、そのとき私は——私自身を通して——神に呼びかける。「神よ、あなたはなにをしているのか？」——おそらくこれは、後に法に対する呼びかけ（「近づいておいで、向かいあいであなたが見えるように」）がそうであったのと同様に、〈不用意な呼びかけ〉であったにちがいない。この突然の二人称の次元への訴えは狂気の世界に秩序を返してしまう。世界は均衡を取り戻し、私は理性と思い出を取り戻す。それはちょうど証人なしの一人称的な絶対的孤独の内奥と三人称的な狂気の世界とのあいだの無関係の関係、ほとんど運命的な、それ自体狂気じみた接合が、二人称的な次元の導入によってもう一度隔離され、秩序づけられるかのようである。

実際、このテクストの全体を貫いて、二人称はある独特の機能を果たしている。いや、それどころか、このレシ全体が語っていることは、愛する存在を失い、他者を失い、絶対的な孤独の狂気に囚われた私がどのようにして二人称的な他者を——狂気のうちに——回復しようとするかということであるかもしれないのだ。〈狂気のうちに〉と言うのは、ここで回復されるべき他者は、もはやけっして三人称的な存在には還元されない絶対的な他者、つまり世界の内に存在するのではないような超越的な他者でなければならないからだ。「神よ、あなたはなにをしているのか？」——この呼びかけには、言うまでもなく答えはない。そして、それゆえに、ここではこの呼びかけはむしろ狂気からの覚醒、理性の回復を指示することになる。そして、法に対する呼びかけ「近づいておいで、向かいあいであなたが見えるように」にも応答はない――「不用意な呼びかけだ、もし彼女が答えでもしたらどうしただろうか？」超越的な他者は、それが超越的であるという定義からして、世界のうちで私に対して現前し、私と〈私―あなた〉の関係あるいは〈向かいあい〉の関係を構成することはできないはずである。ところが、このテクストの後半は、まさにそうした不可能な関係のヴィジョンで占められることになる。そこでは、法が、女性のシルエットとなって、私と〈向かいあい〉の関係、さらには対話と接触とゲームの関係を繰り広げるのであり、それこそがこのレシの狂気の視覚、視覚の狂気の内容を構成しているのである。

　いずれにせよ、いま問題となっている第一のトポスにおいては、まだ――あるいはこのテクストの本質的な時間錯誤を考慮すれば、すでにであるかもしれないが――そのような最終的な狂気のヴィジョンは語られてはいない。語られているのは狂気からの覚醒であるのだが、しかしそれがどのような覚醒であるのか、つまりより大きな狂気を発現させる一時的な覚醒なのか、最終的な覚醒なのか、われわれには決定することができない。確かなことは、ここでは中断された終わり、停止された死と神への呼びかけとが対応しているということだけである。すなわち覚醒とはいえ、それは死への、終末への必然性と、それにもかかわらずその終わりの到来が――理由もなく――停止され、中断され、延期されているという危うい均衡以外のなにものでもないのだ。ブランショの別のレシのタイトルを借りるならば、それは死刑宣告であると同時に死の停止であるような両義的な状態である。それは、すぐ後に見ることになるように、おそらくは一時的な均衡、束の間の覚醒にすぎないのかもしれない。だが、この覚醒は単に私に理性を返すだけではない。それはなによりも私に幸福を開示するのである。そしてその〈幸福〉こそが、テクストの冒頭で言われていたあの〈素晴らしい真理〉にほかならない。

理性とともに、私に思い出が戻ってきた。そして、私は、自分が完璧に、完全に不幸だと思っているとき、その最悪の日々にあってさえ、実は私は、ほとんど常に、極度に幸福であるのだということがわかったのだ。そのことを私は考えてみなければならなかった。その発見はけっして愉快なものではなかった。多くのものが私から失われていくように思われた。私は自分の生がまっぷたつに裂けるのを感じたのではなかったか？　そう、そのとおりだった。しかしながら、私が起き上がり、街路を駆け抜けていたとき、私が寝室の一隅にじっと動かずにいたとき、その一分一分ごとに、夜の清々しさと地面のしっかりした確かさとが私に息をつかせ、歓喜のうえに安らぐようにさせていたのだった。★25

あるいは、私にとって言うべきことはこれで尽きているのかもしれない。他者の喪失、世界の喪失、私の内奥の狂気と世界の狂気、終末の回避と均衡の回復、そして絶対的な不幸そのものにおける幸福の発見――簡潔で、貧しい道のりではあるが、ここにはほとんど弁証法的な自己意識の運動があると言ってもよいだろう。いや、あるいはむしろ、ここでは自己意識という〈不幸なる意識〉が狂気の錯乱を通過して、〈意識〉というそのありようそのものを放棄するに至るのだと言うべきかもしれない。というのも、ここで見出される幸福はけっしてもはや〈意識〉の一状態としての幸福や歓喜ではないからである。そうではなくて、この幸福は、意識の最悪の日々においてさえ保証されている幸福であり、〈夜の清々しさと地面の確かさ〉とによって支えられている歓喜、ほとんど存在論的な歓喜なのである。世界の喪失と世界の狂気に囲繞された最悪の不幸のただなかにおける存在論的な幸福の発見、それがこのレシの隠された喜びの水脈である。そして、忘れてはならないのは、この幸福がすでに死を恐れない幸福、生と死との絶対的な分裂に脅かされない幸福であるということである。ここでは存在は――こう言ってよければ――生死の彼方において〈限りない幸福〉として見出されている。存在は、死という意識にとっての絶対的な限界をも含めて限界を超えるものとして発見されているのである。

それでは、このような存在とはいったい〈誰〉なのか――とわれわれは問わなければならない。だが、その問いを問いとして投げ出したうえで、それを中断し、停止し、そしてまず第二のトポスのうちにそれをもち越すことにしよう。というのも、第二のトポスは、まさに〈誰?〉というこの問いがテクストに刻み込まれた直後に展開されるからである――「私は誰だったのか? もしこの問いに答えたりなどしたら、私はいくつもの重大な不安のうちに投げ込まれたことだろう」。

第二のトポス――

外で、私は短い幻覚《ヴィジョン》を得た。ほんの二、三歩先、私がそこから離れなければならない街路のちょうど角のところで、ひとりの女が一台の乳母車とともに止められていた。私にはその女の姿はかなりぼんやりとしか見えなかったのだが、女はその乳母車を正門から中に入れようと動かしていた。ちょうどそのとき、私には彼が近づいてくるのが見えなかったのだが、ひとりの男がその門を通って中に入ろうとした。男はすでに閾を跨いでいたが、突然、後ずさりの運動をして、また再び外に出た。男はその門の傍らに立ったが、その間に、乳母車が、彼の目前を通過し、わずかに持ち上げられてその閾を越えた。そして、その若い女もまた、顔をあげて男をじっと見たあとで、やはり姿を消した。

この短い場面《シーン》は私を錯乱に至るまでに持ち上げた。確かにそのとき、私はそれを完全に理解し得ていたわけではなかったが、しかし確信はしていた。つまり私は、真なる出来事に突き当たってしまった白日が、それから先は、ただみずからの終わりに向かって突き進んで行くような瞬間をとらえたのだということだ。私は自分に言うのだった――さあ、やってくるぞ、終わりが来るぞ、なにかが起こるのだ、終わりが始まるのだ、と。私は歓喜にとらえられていた。★26

錯乱を描くのではなく、錯乱そのものであろうとするこのテクストにそれでも、たとえばエマニュエル・レヴィナスが言うように一種の〈焦点〉のようなものがあるとすれば、レヴィナスの言う〈白日の狂気〉というタイトルそのもの——すなわち〈名〉としての焦点——は当然のこととして、★27 もうひとつ言わばイマージュの焦点、想像的な次元の焦点を構成しているのがこの〈短い幻覚の場面〉であることは疑いを入れない。

明らかにテクストの全体は、この〈幻覚〉がそれである〈真なる出来事〉の廻りを回っている。どのようなレシもあるひとつの特異な出来事を語るものであるとするならば、『白日の狂気』というこのレシが語る出来事、真の出来事、真であるがゆえにあくまでも謎であり、幻覚であるような出来事とは、まさにこのいかなる特別な出来事もそこでは起こっていないかのように思われる日常的な、無意味な、些細な出来事なのである。実際、いったい何が起こったというのか。ある建物の入口で男が乳母車の女に道を譲ったというだけではないか。そこにはそれ以上のなにものもない。だが、同時に、このほとんど無意味な出来事は、それが私に〈終わりが来る〉、〈終わりが起こる〉という確信を与え、錯乱的な歓喜へと持ち上げることにおいて、おそらくいかなる解釈も拒むような、そしてそれゆえにあらゆる解釈を誘発するような〈謎〉となっているのである。

その謎を解釈するというよりは、むしろ呈示するという意図において、われわれがここで指摘しておきたいのは、まず、この場面がこのレシのなかでは唯一、第三人称の世界の出来事を報告しているということである。そこでは私は、——幻覚であれ現実であれ、あるいはそうした区別が意味を失う視覚においてであれ——厳密に〈見る者〉として位置づけられている。その意味では、乳母車の出来事は、私に起こった出来事ではない。私はこの場面においては単なる観察者にほかならないのである。だが、同時に、この出来事は私からまったく独立した出来事なのでもない。というのも、私はすでにこの出来事を〈幻覚〉として、私の視覚の変容として語っているからである。少なくとも、ここでは私の視野の異様な狭窄が強調されていることは確かであろう（「その女の姿はかなりぼんやりとしか見えなかった」、「私には彼が近づいてくるのが見えなかった」)。私の視力は弱まっており、その弱さがむしろ〈真なる出来事〉を可能にしているかのようなのである。

それでは――第二の指摘になるが――〈真なる出来事〉とは何なのか。はたしてそれは〈男が乳母車の女に道を譲った〉という出来事なのか。レヴィナスはこの出来事に「それは、アパートの入口の前で、ある男が乳母車に道を譲るシーンである。それは、何かが起こった――つまり何かが『取りきめなしに』起こった――出来事である。一方が他方を前にして身を引く。一方は他方に対してある」★[28]という注釈を加えている。だが、少なくともテクストにおいては、この建物が〈アパート〉であるということはまったく確かではない。いや、たとえそうであるにしても、しかし引用文の次に続くパラグラフにおいて強調されている〈中庭〉(=法廷)の真っ暗な始まり〉あるいは極度の〈寒さ〉という記述からは、むしろこの内部が〈死〉の領域であることが暗示されているようにも思われるのである。そして、そのような読解は、この出来事を乳母車に対する、つまり他者に対するこの男の献身として読むのではなく、むしろ〈死〉を前にしての男の怯懦と読むことも可能にするかもしれない。実際、すでに第七、第八パラグラフにおいて、私は、つねに死を逃れようとする男たちに対して、「生に対して〈黙れ〉と言うことも、死に対して〈行ってしまえ〉と言うこともけっしてなかった美しい存在」としての女たちを対置していたはずである。その記憶のもとにこの〈真なる出来事〉を読むならば、入りかかった入口から後退するこの男の運動はむしろ閾を越えることへの躊躇であることになるだろう。そして、それに対して乳母車と女とはむしろ敢然として閾を超える運動の形象ということになるだろう。テクストにおいて際立たせられているのは、あくまでも〈閾を越える〉ことであり、しかもそれは〈姿を消す〉(disparaître)こと、つまり〈逝去する〉こととも言われているのである。

　第三の指摘は乳母車に関わる。何故、乳母車なのか。もちろん、このような不用意な問いに正解があろうはずもないが、しかしレシ全体の焦点であるこの〈場面〉にさらに焦点を求めるとすれば、それがこの乳母車であることは確かだろう。乳母車――しかし明らかに、乳母車そのものではなく、――私からもわれわれからも見えず、けっしてそれとして語られることはないが――当然その中にいるであろう存在、〈インファンス〉in-fance というその語源通りに〈言葉をもたない〉存在である幼児こそが問題なのである。乳母車はその見えない幼児を指示し、かつ隠蔽している。その存在を隠され、かつ暴露されているこの幼児は、私の視覚そして幻覚の中心点であり、このレシの消失点である。この幼児は誰なのか。ここで語られている〈真の出来事〉はこの幼児の見えない形象を通して〈誰〉という問いへと結びつく。レシが語る出来事が〈謎〉であるのは、その出来事が〈何〉の出来事ではなく、〈誰〉の出来事であるからだ。レシは〈誰〉という問いを〈謎〉という形式のもとで呈示するものなのである。この幼児は誰なのか――しかし、言うまでもなく、この問いに実定的に答えることは不可能である。それは世界内の第三者である誰かではあり得ない。それは誰でもない。だが、その誰でもない幼児とこのレシを語る私とはまったく無関係であるのではないだろう。その無‐無関係をこのテクストは、何気ないが、しかし明白な仕方で示唆していないわけではない。それは〈持ち上げる〉(soulever)という動詞であり、それが――文学的なフランス語の慣習からは異例と言ってもいいと思うが――パラグラフの断絶を超えて連続する二つの文に用いられることによって、両者のあいだに無関係の関係が打ち立てられてしまう。すなわち、乳母車が閾を越えるために持ち上げられることに、私がその場面によって錯乱へと持ち上げられることが対応しているのである。私は持ち上げられる。錯乱へと、そして閾ないし限界を越えるようにと。そして、それだからこそ、この出来事は〈終わり――すなわちある限界への到達、限界の超越――が起こる〉という出来事となるのである。

　だが、それは必ずしもこの幼児が私であるということではない。そのように言うことが不可能なわけではないにしても、しかし問題は幼児を私に回収することではなく、私の〈誰〉がそこで〈見えない幼児〉という形象を通過していると考えること、そして〈誰〉という問いがそこで私と幼児のイマージュとを分有していることを理解することにある。実際、もし私がまだ終わりの閾を越えてはいないのだとすれば、私はまた門の外に佇んで立つその男でもあるわけだし、さらにはジャック・デリダがまったく異なる経路を経て導入した「私は法の母である」という驚くべき読解★29によれば、私はまさに〈母〉であるべきこの若い女でもあることになるだろう。だから私をそうしたさまざまな形象のどれかひとつに割り当てることには意味がない。しかしまた、こうした三者関係にまさに父、母、子からなるエディプス構造を読み取り、私がそうした構造としてあると言うことも、それだけでは不充分であるだろう。〈誰?〉という問いは構造を要求する――それが精神分析のもっとも重大な帰結であったわけだが、しかしこの問いはそうした構造において停止してしまうわけではないのだ。問いは構造を横断し――その横断こそが幻覚を呼び起こす――、意識と世界とを同時的に限界づけているある閾へと関わり、そしてその閾を越えるのである。〈誰?〉という問いが、私の終わりそして同時に始まりを越えること、世界の光に照らされた可視性の領域をはみ出てしまうこと、そしてそのことによって私を〈限りないもの〉へと導いていくこと、それがこのレシが従っている運動なのである。

だが、言うまでもないことだが、レシが言い得るのはあくまでも〈終わりが来る〉ということまでである。何かが始まる。何かが起こる。レシとはそのたびごとに、その生起そのものなのだが、しかしけっしてその生起が起こり終わってしまうまでにはそれに随伴することはできない。だから〈終わりが始まる〉という断言は、レシがそのたびごとにそこから引き返さなければならない地点なのである。少なくともレシのなかにはその先はない。そしてそれゆえにこの第二のトポスは同時にある種の折り返しを誘導することになる。その折り返しは、たった一行の文、しかも発話の相手に直接呼びかけ、そのことによってレシの内部に突然語りの発話次元を導入する文からなるパラグラフによって刻み込まれているのである。

――これらすべては現実であったのだ、覚えておいていただきたい。★30

この第一九パラグラフはおそらくテクストの最終パラグラフと呼応しつつ、テクストの内部においてそこでテクスト全体がメビウスの環状に捩じれる襞の機能を果たしている。ここでは——言うまでもなくそれこそが狂気の条件なのだが——それまで想像的であると考えられていた場面に現実性が返される。つまりある意味ではレシからの覚醒でもあり得るこの発言を通過することによって、レシは第三のトポスを語ることになるのだが、しかしそれ以後、そのレシははっきりと狂気へと折り返されたトポスとなるのである。

第三のトポス——

私には敵はなかった。誰にも悩ませられてはいなかった。ときおり私の頭のなかに広大な孤独が創り出され、そこでは世界がまるごとすっかり消え去ってしまうのだが、しかしそれはそこから無疵なままで、かすり傷ひとつなく出てくるのであり、そこにはなにひとつ欠けてはいないのだった。私は危うく視力を失いかかった。誰かが私の眼のうえでガラスを押しつぶしたのだ。この衝撃で私はひどく動揺した。そのことは認める。壁のなかにのめり込み、燧石の茂みのなかをうろついているような感じだった。なかでも最悪は、突然の、恐ろしいまでの白日の残酷さだった。私には凝視することもできなかったし、凝視しないこともできなかった。見ること、それは恐怖であり、見るのをやめれば、額から喉まで真っ二つに裂けるようだった。そのうえ、私にはハイエナの叫びが聞こえていたが、その叫びは私を野獣の脅威にさらすのだった(その叫びとは、きっと私の叫びだったと思う)。

ガラスが取り除かれ、瞼の内側には一枚の薄膜、そして外側には壁のような脱脂綿が滑り込まされた。私は喋ってはいけないのだった。というのも、話すと包帯の留金が引っ張られてしまうからだった。「あなたは眠っていましたよ」と後になって医者が言った。私が眠っていただって! 私は七つの日の光に立ち向かっていなければならなかったのに。なんという凄まじい輝きだったことか！　そうだ、いっぺんに七つの日だ。七つの大光明がただ一瞬の鮮烈さとなって、私に弁明を求めていたのだ。いったい誰がそんなことを想像できただろう。ときおり、私は自分に言った、「これは死というやつだ。いろいろあるが、しかしそれだけのことはある。なんと強烈だ」と。しかし、多くの場合は、私は何も言わずに死につつあったのだ。ついには、私は私が向かい合いで白日の狂気を見ているのだと確信した。光が狂気となり、明るさがいっさいの良識を失ってしまっているということ、それこそが真理だった。それは常軌を逸して、規則もなく、目的もなく、ただ私に襲いかかって来るのだった。この発見は私の生を貫いて噛みついてくる打撃だった。★31

こうしてレシはみずからが語ろうとしている出来事に〈白日の狂気〉という名を与えることになる。だが、この〈白日の狂気〉と呼ばれている出来事はけっしてすでに第一のトポスで語られていた〈世界の狂気〉と別のものなのではないだろう。まさに〈物語＝歴史の感覚《サンス》（意味＝方向）〉をすっかり失ってしまっているこの錯乱のレシにおいては、一方向的な時間継起に従って出来事が語られているわけではない。われわれが取り上げた三つのトポスは必ずしも、その順序で生起した三つの異なる出来事の報告なのではないのだ。われわれはむしろそれらの三つのトポスがひとつの同じ出来事、ひとつの同じ中心の反復強迫的な物語化の試みであると考えるように誘われている。とりわけこの第三のトポスにおいては、〈孤独〉、〈世界〉、〈壁〉、〈白日〉、〈茂み〉、〈真理〉、〈打撃〉など多くの言葉がテクスト冒頭の数パラグラフの記憶へと送り返すことは、少し注意深い読解には明らかなはずである。すなわち第三のトポスは、まったく別な仕方で、第一のトポスにおいて語られたことを反復しているのかもしれないのである。第一のトポスにおいては〈私の内奥の狂気〉と〈世界の狂気〉とは〈その直後に〉という接続句によって結ばれているだけであった。ところが、この第三のトポスにおいては、この二つの狂気のあいだの関係が、今度は、視覚の事件、光の出来事として語られていると読むこともできるのである。

〈誰かが私の眼のうえでガラスを押しつぶした〉――現実の出来事としては、これが物語のすべてである。私は視力、つまり世界を見、世界と関わる能力を失いそうになる。だが、奇妙なことに、私はそのことによって闇そして夜へと断罪されるのではなく、過剰な昼、過度の光へと断罪される。私は光の強度、狂気あるいは死としてのその強度と向かい合うことになる。そして、その強度は、あからさまに黙示録的な記述からも明らかなように、なによりも終わりの強度であると言ってよいだろう。だから、それはまた〈終わりが来る〉という、このレシ全体が語ろうとしているただひとつの出来事の別のヴァージョンなのでもある。それはこの〈終わりが来る〉を、あくまでも視覚の事件、光の出来事として語ろうとする。つまり終わりは光の方から、白日の狂気の方から、世界の狂気の方からやって来るのである。

この狂気は、レシのなかではまずガラスによって形象化されている。〈眼のうえでガラスを押しつぶされる〉という不思議な状況は、ガラスが――それを端的に眼鏡と考えてもいいわけだが――なによりも見ることを可能にするもの、見ることの可能性の物質化であることを思い起こさせるであろう。ガラス――そして奇妙にもそれが取り除かれた後に眼のなかに挿入される薄膜《フィルム》――、それは物質化され、鉱物化された光であり、それが眼のうちに暴力的に侵入することによって、世界と私とのあいだの自然な、つまり透明な関係が決定的に破壊されるのである。私はもはや単に世界のなかに存在するのではない。ガラスは私と世界とを決定的に隔てている。私はガラスという透明性の物質化、すなわち世界と私との関係の可能性そのものによって世界から隔絶しているのである。可能性が、可能性そのものとして対象化されているがゆえに、そこでは不可能性、つまり可能性であると同時に不可能性でもあるようなダブル・バインドとなっているのである。そしてそれこそが狂気の構造というものだろう。そこでは私は見ることもできなければ、見ないこともできない。というのもそれは視覚なしの視覚であるからだ。そこには見るべきいかなる対象もない。私が見るのは光であり、見ることそのものである。そこでは見ることは世界と私とのあいだの対象性の関係ではなく、そのような関係そのものが終焉する、あるいはそこから生まれてくる黙示録‐創世記的ないしは終末‐起源論的な強度の関係なのである。あらゆる世界内の関係の以前ないし彼方にあるこの関係、それは狂気の関係である——とこのレシは語っているようなのだ。

換言すれば、私の狂気そして世界の狂気というそれぞれの狂気を通して見出されるのは、私と世界とのあいだの関係そのものの根源的な狂気である。私は透明な開けとして世界に開かれているのだが、しかしその透明性、その開けそのものは狂気である。もし世界内存在の開示性が根源的な〈真理〉として解釈されるのだとしても、しかしその真理は狂気である。言語を超えた強度——私は白日の狂気に耐えているあいだ言葉を禁じられていることに注意しよう——として狂気なのである。しかもこの狂気すなわち耐えがたい強度となった光は私に〈弁明〉を要求し、清算を要求する。白日はすでに私を訊問し、追及している。狂気となった白日が私を審判にかけているのである。そしてその問いこそ、〈誰であるのか?〉という問いにほかならないはずである。

確かに、この問いはそれそのものとしては、テクストのこの部分ではっきりと定式化されているわけではない。テクストはむしろもうひとつの〈誰?〉の問いを表面に浮かび上がらせているように思われる——「誰があなたの顔にガラスを投げつけたのか? あらゆる問いを通してこの問いが回帰してくるのだった。もう直接には私にそう尋ねることはなかったが、しかしその問いはあらゆる道が通じている交叉点だった」。★32〈二人である以上、そのことによって三人である〉対話者の訊問の焦点にはこの〈誰?〉の問いがある。誰があなたの顔にガラスを投げつけたのか?——それは、同時に、誰があなたの狂気を引き起こしたのか? という問いでもあるだろう。しかし、私はこの単純な問いに答えることができない。言うまでもなく、ここには〈証人であることを不可能にする出来事の証人〉というすでに述べたパラドックスがあるのだが、しかしむしろ実は、このレシを通して私はこの問いに答えることしかしていないのだと言うべきかもしれない。ただ、それはあくまでもみずからの錯乱を語ることによってしかなされない。錯乱を語ることが、その〈誰?〉に答えることであり、また同時にもうひ、と、つ、の、そして同じ問いである〈私は誰であるのか?〉という問いに答えることなのである。というのも、問題はもはや世界のなかの他の多くのなかの一人である〈誰か〉をそれとして名指すことではないからだ。名によって〈誰か〉を規定することが不可能になり、無意味になるという事態こそが、むしろここでの狂気の実態である。私は、監禁された施設の中で、「私の肩に跳びのって、私の頭上で手足を振り回す白い髭の老人」に「では、おまえはトルストイかい?」と言う。すると、「医者はそれゆえに私を正真正銘の狂人だと判断する」★33のである。〈誰?〉という問いはもはや名の同定によっては停止されない。命名は単なる遊戯と化している。〈誰?〉という問いは世界内の名を超えて狂気の領域へと私を連れ出すのである。

こうして私の錯乱は、訊問者の背後にシルエットとして見られ、ついで私に膝を触らせる〈女性的要素〉である法との二人称的な戯れの関係として語られる。〈誰?〉という問いが呼びつけるのは真理ではなく、法である。〈誰?〉と問うことによってわれわれはすでに法の前にいるのである。つまり現実的な世界における法による訊問の場面に、幻想的な狂気の世界における法との戯れの場面が対応しているのであり、前者が〈誰があなたの顔にガラスを投げつけたのか?〉という問いに支配されているように、後者もまたおそらくは〈私は誰であるのか?〉、あるいはさらには〈人間は誰であるのか?〉という密かな問いによって方向づけられているのである。すなわち、女性の形姿をとった法は、私とのカップルを構成しつつ、なによりも私が誰であるかを言おうとする。

——あなたは飢饉よ、不和よ、殺人よ、破壊よ。
——どうしてそうなのだ?
——なぜなら私が不和の、殺人の、終末の天使だからなの。
——それなら、私たち二人とも閉じ込めておくのに充分すぎるくらいだ。★34

そしてこの戯れは、私が強度の限りをつくして一点を——しかも私がいるべき一点を——見つめることによって、私があの狂気の白日そのものになることに行き着くのである。そして、そのとき法は叫ぶ、「ああ、光が見える、ああ、神よ」。

この言葉は、おそらくテクストの冒頭で、来たるべき死を免れてしまった私が叫んだ「神よ、あなたは何をしているのか？」という応答なしの問いに遠くから対応しているのだろう。神は答えない。しかし、いま私の錯乱のうちで、法は私を通して、私において、白日の光を見、神を見るのである。私は、私の狂気また世界の狂気において、神である。飢饉の、不和の、殺人の、破壊の、終末の神なのである。

＊

〈誰？〉という問いがどのような特異性へとわれわれを連れ出すのか。また、その特異性がそこでどのように——必然的に——狂気ないし錯乱へと係わることになるのか。きわめて不充分であり、論じ残したことは多いが、それこそが、『白日の狂気』という一種の極限的なレシの読解を通じて、われわれが追跡してきたことである。特異性の体験は、それが真正のものであるならば、必ずや本質的なコミュニケーションの不可能性に貫かれているはずである。〈誰？〉という問いは、一度限りに決定的に答えられてしまうような問いではない。それは、ある種の錯乱を通じて、そのたびごとに反復の、しかし特異性の反復の出来事として起こるのである。それは狂気の問いだ。狂気においては〈誰？〉というこの問いが現実的な世界を超えて、その手前あるいはその彼方において問い糺しているのである。この問いは限りなきものへとわれわれを連れて行く。だが、この限りなきものは同時に〈終わり〉なのでもある。終わりないし終末とは、時間的な終点でもなければ、われわれの実存にとっての死でもない。終わりとは〈誰？〉という問いに対応するものなのである。終末とは、私が誰であるかが問い糺され、そして法によってそれが告げられる時のことである。そして、そこでは奇妙なことに、終わりと限りなきものとは限りなく一致するのである。

そしてそれこそ、物語の謎、レシの謎ではないだろうか。物語はすでに狂気である。そこでは、謎としての出来事のうちで、一回的な特異性と限りなき反復、真理と非真理とが一致している。物語は狂っており、しかしその物語の狂気を通してわれわれはわれわれの〈誰？〉という問いに随伴するのである。

3　法と良心――誰／何が呼ぶのか？

ハイデガーの『存在と時間』においては狂気のための場処はない。すでに述べたようにその構成の主要な軸線のひとつである本来性と非本来性との対立のどちらにも狂気のための場処はない。しかし、言うまでもなく、狂気とはそもそも場処をもたないものであるにはちがいない。本来、場処をもたないものが起こること――つまりフランス語の固有語法《イディオム》を借りれば〈場処をもつ〉(avoir lieu) こと――それこそが狂気の定義であるべきだろう。それは明らかに世界へと頽落している世人の日常的な非本来性には属さない。だが、同時に、それが現存在の本来性のうちに帰属するということもありえまい。だが、そうなのか。狂気は現存在の本来性からも非本来性からも締め出された単なる余白なのだろうか。それは考えられるに値しないものなのか。いや、むしろこの問いを少し変えるべきなのかもしれない。すなわち、現存在の本来性と言われているものは、狂気あるいは錯乱とまったく無関係なものであり得るのだろうか、と。本来性への関わりが狂気じみたものを通過しないということがいったいどのように保証されているのか。むしろ本来性、固有性が呼びつける狂気というものもありはしないか。本来性の狂気、固有性の狂気がありはしないか。『存在と時間』が発表された一九二七年と『白日の狂気』が書かれた一九四九年のあいだの二十年間に少なくとも西欧世界は――思考にとっては決定的な仕方で――本来性の狂気に出会ってしまってはいなかったか。本来性の理念が狂気を招き、また狂気が本来性を求め、そして現存在の、人間の、われわれの本来性が――本来的に――狂っているという〈経験〉を識ってしまったのではなかったか。

明らかに『白日の狂気』というテクストは、そのささやかなヴォリュームを通してではあるが、歴史的な現実としてあったその巨大な〈狂気〉に向かい合おうとしている。証言が不可能となる狂気、つまり経験不能の狂気――言うまでもなく狂気とは〈経験〉が不可能となる経験である――である以上、それを証言しようとするのではない。証言して、それをひとつの〈歴史〉、歴史という意味でのひとつの〈物語〉に仕立てることが問題なのではない。そうではなくて、まさにそのような物語化、歴史化が不可能なもの、〈歴史〉のなかに場処をもち得ないものとしてその語り得ない〈打撃〉を語ることが問題なのである。そして、それがまさに物語不能なものへの強迫的な反復であるレシの錯乱を要求したのである。

すでに垣間見たことからも明らかなように、このレシの錯乱を特徴づけているのは、最終的にはひとつの身振り、つまり法を呼ぶという身振りである。法を呼び、法を現前させ、そして差し向かいに法を見るという欲望が、このレシの錯乱を貫いている。法が私を呼ぶのではなく、私が法を呼ぶのであり、そこには倒錯的な転回があるのである。

というのも、本来的には――すなわちたとえば『存在と時間』の論理構成からすれば――、まさに法こそが、その本来性において、呼ぶものであるように思われるからだ。確かにハイデガーは〈法〉という言葉を用いてはいない。彼は〈法〉ではなく、〈良心〉という言葉を選ぶ。おそらく、この選択は『存在と時間』が、実はそれが打ち立てようとしている存在の哲学に完全に踏み込むまでには至らず、まだ意識の哲学のさまざまな係留を断ち切っていないということを示すものであり、この書物の歴史的な限界線を呈示しているとも思われるが、ここではその問題に立ち入ることはできない。いずれにせよ、ハイデガーにおいては、この良心が呼ぶのであり、しかもこの良心の呼び声は、もしそれがなければ本来性―非本来性という区分が根拠づけられないがゆえに、この著作全体にとっての最も枢要な要石の役割を果たしているのである。

周知のように、『存在と時間』の第二篇「現存在と時間性」の第一章は現存在の全体性を問うて〈死へとかかわる存在〉の分析を展開している。それに続く第二章「本来的な存在しうることの現存在にふさわしい証しと、決意性」では、今度は〈良心の呼び声〉の分析を通して現存在の本来性が問われている。そしてこれら全体性と本来性とのふたつの次元が現存在の決意性として総合され、そこから現存在の本質的な時間性が明らかにされるという構成になっているわけである。言い換えれば、――図式的に過ぎる言い方だが――死と法のふたつの問題領域が決意性という自覚的な時間性へと収斂されることによって歴史性の地平が開かれることになるのである。それは、ブランショのレシにおいては、言わば死と法の謎めいた関係がもはや歴史の意味が失われた、そしてその意味で終末論的な狂気の世界へと導いていたことと鮮やかな対照をなしている。

それでは『存在と時間』において良心はどのように呼ぶのか。この著作で恒常的に援用されている解釈学的な解釈格子に従って、そこでは良心の呼び声は次のような構造的な連関において把握されている。すなわち、そこでは〈呼びかけられている者〉は世人自己としての現存在であり、また〈呼ぶ者〉は〈おのれの不気味さの根拠のうちで情状づけられている現存在〉自身であり、また〈めざされているもの〉は現存在の固有な自己であり、その呼びかけの様態は〈ひたすら不断に沈黙という様態〉であり、そしてその呼びかけが了解するようにほのめかしているものは現存在の本質的な〈責めあり〉という非力である。ここでは現存在の倫理性は、あくまでも存在の本来性とのかかわりにおいて構造化されている。おのれの本来性がここでの法なのであり、良心の呼び声はそうした自己の本来性への必然的に循環的な呼びかけである。ということは、ここでは現存在の倫理性は、ハイデガー独特の解釈学的な循環の運動に屈しているのである。その解釈学的な、つまりある意味ではあらかじめ〈意味〉に従属している倫理の構造を詳細に分析することはあきらめなければならない。ここではただ、こうした構造連関のうちの〈呼ぶ者〉についてだけ、もう少し詳しく見ておくことにしたい。

現存在は、被投性に直面して、そこから、世人自己の偽りの自由という安易さのうちへと逃避するのである。この逃避は、居心地のわるい不気味さに直面してそこから逃避することだとすでに特色づけられていたのだが、この不気味さこそ、単独化された世界内存在を根本において規定しているのである。不気味さは不安という根本情状性において本来的に露呈し、また、被投的現存在のもっとも基本的な開示性として、現存在の世界内存在を世界の無のまえに置きすえるのだが、現存在は、直面するこの無に対して、もっとも固有な存在しうることという理由のために、不安のなかで不安がるのである。おのれの不気味さの根拠のうちで情状づけられている現存在が良心の呼び声の呼ぶ者であったとすれば、どうであろうか。★35

良心の呼び声において呼ぶ者は、こうして〈おのれの不気味さの根拠のうちで情状づけられている現存在〉ということになる。だが、もしそうだとするならば、いったいここでの良心とは何なのか。それははたしてわれわれが考えていたように、なんらかの〈法〉の形象《フィギュール》、つまり隠喩であれ換喩であれ、〈法〉のなんらかの代理であるような一契機なのだろうか。いや、このように本質的に単独化され、その絶対的な意味で孤独である現存在、根本的な不気味さにおいて世界の無へと投げ出されている現存在として記述された呼ぶ者は、むしろ〈法〉の側にあるのではなく、まさにブランショのレシにおける〈私〉がそうであるように、世界における絶対的な孤独から出発して〈法〉を希求する存在なのではないだろうか。すなわち、良心とは、世人自己を〈内心の法廷〉(for intérieur)へと召喚する法なのではなく、逆にみずからこそが法を求め、法を呼ぶ声なのではないだろうか。言うまでもなく、良心はけっして〈私〉と一致することはないし、また〈私〉と言うことがない。それは〈ひたすら不断に沈黙〉という様態において語るのであるが、しかしその沈黙の呼び声はなによりも法への呼びかけであり、法が語ること、法が語られることへの希求なのではないだろうか。

だが、ハイデガーの良心の解釈は、そのような法の方にではなく、あくまでも現存在の本来性、固有性（「もっとも固有な存在しうること」）の方に向かうことになる。それは世界内の不気味な単独性から存在のもっとも固有な意味（「責めあり」）へと向かう運動のうちに位置づけられている。そこでは〈存在しうること〉が〈もっとも固有な意味〉として展望されているのであって、そのような意味へと企投することこそが現存在の決意性として語られることになるのである。そしてその意味では、ハイデガーにおける良心の呼び声は、結局は法を呼ぶことはなく、ただひたすら自己を、しかももっとも固有なものとしての自己を呼ぶことになる。だが、それは言い換えれば、良心はもっとも固有なもの、もっとも本来的なものとして現存在が誰であるのかと問うているということである。良心は現存在の〈誰〉を呼ぶ。それは〈誰であるのか？〉と問う。そして、この問いは、おそらくは、ハイデガーの考察を超えて、われわれを法への途上へと据えつける。すなわち、〈誰であるのか？〉という問いは〈もっとも固有な自己〉すらも超えるべき問いとして、みずからの固有性、本来性を突き抜け、それを超えるべき呼びかけとして考えられなければならないと思われる。〈誰であるのか？〉という問いは、世界内的に考えられた〈誰か〉を名指すことを目指しているのではないことは明らかだが、しかしまた〈自己のもっとも固有な存在〉の可能性（「存在しうること」）のうちに収斂させられるべきものでもない。世界内の不気味な単独性に裏打ちされたわれわれの特異性は、固有性ないし本来性として翻訳されるわけにはいかない。特異性とは、純粋な固有性でも本来性でもなく、むしろそのような可能的な固有性が決定的に破れるようなカタストロフィを指示しているからである。そして〈誰であるのか？〉という問いは、われわれをそのようなカタストロフィの点へと導いていくのであり、そしてそこではじめてわれわれはなにか〈法〉と呼ぶことができるものと出会うことになるのである。

　そして、その意味では法はすでに狂気のうちにある。法は狂気という世界の外部のうちにある。そして自己の固有性の特異的な破壊という狂気の一点を通過することなしにはわれわれは法と関わることはできない。なぜなら法においては、もはや真理と非真理、本来性と非本来性といった対立が無効となるように思われるからである。そこでは真理と非真理とが一致する。本来性と非本来性とが、その等根源性において一致する。そして、そうした等根源性において私が誰であるかということを、けっして意味には還元できない仕方で、つまり解釈不能の謎という形式において法は言うのである。この法の言うこと、それこそがレシがそこに向かう「未知で、人知れず、無縁である」ような牽引の一点なのではないだろうか。言うまでもなく、法は陳述という形式において言うのではない。法は、直接に、私が誰であると規定したり、陳述したりするのではない。そのような意味では、法はけっして何も言いはしないのである。とはいえ法は、ハイデガーの良心の場合のように黙秘しているというわけでもない。それは言うことと隔絶され、対立させられた沈黙のなかに沈み込んでいるわけではない。そうではなくて、法においては、言うことと沈黙することが一致しているのであり、それこそが謎、つまり物語なのである。というのも、法が言うのは、〈誰であるのか?〉という問いが限りのない問いであるということにほかならないからだ。そこでは、私という有限性と無限性とが——たとえば〈喜び(悦び)〉において——一致する。そして自己と他者とが、根源的な分有において一致する。そしてそのような〈誰〉であるということを法は言うのである。

とすれば、法が物語を呼ぶのは必然ではないだろうか。すなわち法はそこで法が呼ばれるべき物語を呼ぶのであり、物語とはそのような意味における法の接近、法への接近の場にほかならないのではないだろうか。物語とは、〈誰?・〉という特異性を法の謎の方へと開く狂気の場処なのではないだろうか。

*

ブランショの親友でもあったジョルジュ・バタイユは、『白日の狂気』とほぼ同じ時期(一九四三年)に発表したあらかじめあらゆる分類を拒否しているような傲岸で、特異で、文字通り狂気じみた書物『内的体験』のなかで、あるささやかなレシを語っている。一見するとほとんど意味のない自伝的な逸話にすぎないそのレシは、しかし〈誰?〉という問いが法あるいは神的なもの、そして狂気と死と交叉する一点を鮮やかに照射することによって、不可思議なこの書物全体の密やかな中心を暴き出しているだけではなく、ハイデガーとブランショとのあいだを彷徨してきたわれわれの思考全体をすでにその深淵のような一点のうちに沈めてしまっている。それを、遅れて終わりに到着した一種の銘《エグゼルグ》として、ここに引用しておこう。

——もう十五年(あるいはもう少し前かもしれない)になる。私は夜おそく、どこからだったか、帰宅する途中だった。レンヌ通りには人気はなかった。サン゠ジェルマンの方から来て、フール通り(郵便局の側だ)を横切ろうとしていた。私は開いた雨傘を手に持っていたが、雨は降っていなかったと思う。(しかし酒を飲んでいたわけではない、はっきり言っておくが、確かである。)私は(あとで言う必要を除けばだが)必要もないのに雨傘を開けて持っていたのである。その当時、私はまだとても若く、混沌としていて、空虚な陶酔でいっぱいになっていた。場違いの、めくるめくような思念、しかしすでに気づかいと厳密さとでいっぱいになった思念、はりつけの苦しみを与えるような思念が次々と勝手に輪舞しているのだった……このような理性の難破のうちにあって、強度の不安、孤独な頽落、卑劣さ、いかがわしさなどが地歩を占めていた。つまりもう少しで、祝祭がまた始まるところだったのだ。確かなことは、こうした安逸さ、そして同時に私がぶつかっていた〈不可能事〉が私の頭のなかで炸裂したということだ。星空のように笑いを散りばめた空間が私の眼の前にその暗黒の深淵の口を開けた。フール通りを横断しながら、私はこの未知の〈無〉のなかで突然……になった。私は私を閉じ込めていたあの灰色の壁を否定し、一種の恍惚のなかへと飛び込んだ。神のように私は笑っていた。顔の上まで下ろした雨傘が私をすっぽり包み隠していた(私はわざとこの黒い屍衣で身を覆ったのだ）。私は、おそらくそれまでけっして誰もが笑ったことのないように笑っていた。まるで私が死んでいるかのように、ひとつひとつの事物の薄い奥底が開かれて、裸の状態になるのだった。★36

襲ってくる狂気の錯乱のなかで、私は〈……〉に、つまり名づけることのできないものに、もはや単に私であるのではないような〈誰〉になる。私は私の、そして同時にもはや私のものではない特異性に出会う。屍衣にほかならない黒い雨傘の下にいったいどのような顔が隠されていたのか。そこにはまだ〈顔〉と呼べるようなにか固有なものが残されていたのか――それはもはや誰にもわからないのだ。

★註

★1　ハイデガー『存在と時間』第一部第一篇第四章第二五節「現存在の誰かに対する実存論的な問いのために置かれた発端」――この節の冒頭には「この存在者はそのつど誰であるのかという問いに対する答えは、現存在のいくつかの根本規定性が形式的に暗示されたさい、すでに与えられたように見える。現存在はそのつど私自身がそれである存在者なのであり、その存在はそのつど私のものなのである」と書かれている（原佑・渡辺二郎訳、「世界の名著」中央公論社、一九七一年、による）。以下、ハイデガーのこの著作に関しては、煩瑣を厭って、引用等の参照は、全巻を通して付けられている節による。訳は、基本的に、右記の「世界の名著」版の訳をお借りする。

★2　『存在と時間』第二五節。

★3　同書、第二七節。

★4　同前。

★5　「だが、そうだとすれば、本来的に実存しつつある自己の自同性は、存在論的に、体験の多様性のうちでおのれをもちこたえつつある自我の同一性からは、ひとつの裂け目（Kluft）によって切り離されていることになる」（同書、第二七節）——これが第一部第一篇第四章の最後の言葉である。

★6 同書、第四四節。

★7 同前。

★8 同書、第三三節。

★9 「いまや、はじめて、固有性といったようなものへと近づく通路が開かれる。陳述が事物的存在者をそのものとして規定する当のものは、その事物的存在者そのものから汲みとられる。解釈の〈として〉という構造はひとつの変様をうけたわけである。」（同書、第三三節）

★10 「存在——存在者ではない——が『与えられている』のは、真理が存在するかぎりにおいてのみである。また、真理が存在するのは、現存在が存在するかぎりにおいてのみであり、また、そのあいだだけである。存在と真理とは等根源的に『存在する』。」（同書、第四四節）

★11 同右。

★12 パルメニデスのかの難解な「真理の女神の詩」（Diels-Kranz, *Die Fragmente der Vorsokratiker*, 28B）を参照されたい——「探究の道はいかなるものだけが考え得るかを。そのひとつは〈それは有る、そしてそれにとりて有らぬことは不可能だ〉と説くもの、これは説得の道だ（真理に従うものゆえ）。他のひとつは〈それは有らぬ、そして有らぬことが必然だ〉と説くもの。これは汝に告げるが、まったく探究し得られない道だ」（山本光雄訳編『初期ギリシア哲学者断片集』、岩波書店、一九五八年、三九頁）による。

★13 Rainer A. Bast/Heinrich P. Delfosse, *Handbuch zum Textstudium von Martin Heideggers* 'Sein und Zeit', Band. 1. Frommann-Holzboog 1979 による。ただし、註まで含めればもう一箇所この言葉が現われるところがあるが、そこでは「トルストイの『イワン・イリッチの死』という物語」と言われているだけである（『存在と時間』第五一節）。

★14 『存在と時間』第三三節。

★15 Maurice Blanchot, *Le livre à venir*, éd. Gallimard, 1959, I. "Le chant des Sirènes", (Coll. Idées, pp. 13-14). この書物の全訳には『来るべき書物』粟津則雄訳、現代思潮社、一九六八年があるが、ここでは、——この拙論を遠くより献じるという筆者の意思によって——いまは亡き宮川淳氏が『季刊パイデイア』（第七号、竹内書店、一九七〇年）にのせた論文「顔と声の主題による引用の織物」から彼の訳を引くことにしたい（二〇—二一頁）。

★16 Maurice Blanchot, *La folie du jour*, éd. Fata Morgana, 1973. これには、邦訳がある（『白日の狂気』田中淳一訳、朝日出版社、一九八五年）が、本論文中では、このテクストからの引用はすべて拙訳を用い、レフェランスとしてはFata Morgana版の原書の頁数をFJの略号の後ろに指示することにする。なお、このテクストの初出は、一九四九年 *Empédocle*（「エンペドクレス」）という雑誌であるが、そのときにはまだ〈La folie du jour〉というタイトルは見出されない。そこではただ単に、モーリス・ブランショによる〈Un récit〉（ひとつのレシ）と書かれているだけである。しかも、表紙に印刷された目次ではこのあとに疑問符がつけられていて〈Un récit?〉（レシ？）という題になっている。この問題に関しては、Jacques Derrida, *Parages*, éd. Galilée, 1986 が詳しい。この書は、デリダによるブランショ論を四篇集めたものと言えるが、そのなかでも第二の "Survivre" は *Empédocle* の表紙、中表紙、本文の三つの頁のコピーを掲げて（pp. 130-134）、言わばデリダの恒常的な〈(主題化不能の)主題〉としての〈パレルゴン〉ないし〈ジャンル〉の問題のひとつとして詳しく論じている。

★17 FJ p. 9.

★18 FJ p. 36.

★19 FJ p. 37.

★20 FJ p. 37.

★21 FJ p. 38.

★22 実際、ブランショが先の引用文のなかで、レシの例として挙げていたのは、すべて錯乱ないし狂気とかかわるテクスト(ネルヴァルの『オーレリア』、ランボーの『地獄の季節』、ブルトンの『ナジャ』)であったことを、ここで思い出しておくべきだろう。ブランショのこの『白日の狂気』はまさにこの系列に属するものとして書かれているのである。

★23 FJ p. 11.

★24 FJ p. 21.

★25 FJ p. 12.

★26 FJ pp. 18-20.

★27 「一見すると、そこで取り上げられているテーマは秩序なく分散しており、その配列ないし繋がりは、テクスト内部の区分と音楽的効果とは別に、特別な分析に値するだろうが、『白日の狂気』はある焦点のようなものをもっている。それは〈白日の狂気〉という表題そのものである」(エマニュエル・レヴィナス「『白日の狂気』についての試論」若森栄樹訳、前掲『白日の狂気』邦訳に所収。四一—四二頁)

★28 レヴィナス、同前、邦訳五四頁。

★29 前掲書(*Parages*)のなかの第四論文 "La loi du genre"(「ジャンルの法」)を参照せよ。そこでは、デリダはここでの〈私〉が女性であるという解釈の可能性とフランス語の固有語法〈donner le jour〉(光を与える=産み出す)——この産出が〈ジャンル〉という問題設定とストレートに関わっていることは言うまでもない——に基づいて、例えば「私は女であり、しかも美しく、私の娘、法は、私を狂気じみて愛している。〔……〕法は狂気であり、しかも〈私〉に狂っているのだ。そして、この光の狂気を通して、それが私と関係し、私を見つめる」(p. 286)というような曲芸的かつ発狂的な読解をおこなっている。

★30 FJ p. 20.

★31 FJ pp. 21-23.

★32 FJ p. 35.

★33 FJ p. 32.

★34 FJ p. 33.

★35 『存在と時間』第五七節。

★36 Georges Bataille, *L'Expérience intérieure*, éd. Gallimard, 1954, p. 46. 邦訳『内的体験』(出口裕弘訳、現代思潮社、一九八三年)があるが、ここで

は拙訳を掲げる。というのも、この引用箇所の少なくとも筆者にはもっとも決定的と思われるところで、解釈を異にするからである。出口氏は、原文の〈……〉を筆者とは別様に解して「私はこの『虚無』の中で、突如として未知の存在となった……私は私を閉じ込めていた灰色の壁を否認し、ある種の法悦状態に突入していった」（同書、八四頁）と訳しておられる。筆者の方は、本文中にも記したようにあくまでこの〈……〉を、文と文とのあいだの沈黙ではなく、文のなかの沈黙、つまり〈……〉としか表記できないものとして読みたい。そこにこそ、このレシの衝撃と強度のいっさいがかかっているのである。〈誰であるのか？〉という問いに対する真正の答えは、確かにこれ以外でありえない。すなわち、〈誰であるのか？〉――〈……〉。

VI

物語と実存

墜落と希望——ブルトン『ナジャ』における痙攣的実存

「誰?」という問いに徹頭徹尾、貫かれたテクストということになれば、誰もが異存はないと思うが、まずアンドレ・ブルトンの『ナジャ』を措いてはない。実際、一九二七年の夏から冬にかけて、奇妙にパセティックな状況のもとで、ほとんど一気に、書かれた、どんな文学ジャンルにも分類しがたいこのテクストは、その冒頭、ちょうどベンヤミンがボードレールの詩の冒頭の詩句について語った「深淵からの浮上」という言葉があてはまるような不意撃ちの問い「わたしは誰か?」によって開始される。そして以後、この問いは、曲がりくねった迷路を進むこのエクリチュールの端から端まで、途切れることなく、通奏低音のように響きわたるのだ。

しかし、すぐさま言っておかなければならないのは、このテクストのなかでは、この問い「qui suis-je?」(わたしは誰か?)は、すぐさまフランス語のこの言葉が指し示すもうひとつの意味の斜面、つまり「わたしは誰に随(憑《つ》)いているのか?」という問いへと反転的にずらされる。いや、そのずれこそが、これから書かれようとするエクリチュールのいっさいを予告し、誘導するものなのである。

ブルトンは書く——

> わたしは誰か? こんなことはわたしには滅多にないことだが、ある箴言を借りて言うならこうなる。つまり、すべては、わたしが誰に〈とり憑いて〉いるかを知ることに帰着する、と。言っておかなければならないが、〈とり憑く〉という言葉はわたしを当惑させる。というのも、いくつかの存在とわたしとのあいだ

の関係が、わたしが考えていた以上に特異的で、不可避的で、攪乱的であると言わんとする言葉だからだ。それは、その字義以上のことを意味するのであって、生きているわたしに幽霊の役を振るのだ。つまり明らかに、わたしがいまそれである〈誰〉qui であるために、わたしが何であることをやめなければならなかったのかも暗示しているのだ。少々行き過ぎのこんな解釈に従えば、この言葉は、わたしがわたしの実存の客観的な、多かれ少なかれ確固とした顕われだと思っているものが、実は、そのほんとうの領野がどんなものかわたしには完全にはわからない活動から、この生の境界 les limites を通りすぎてやって来るものにすぎないということを理解させる。〈幽霊〉についてわたしが抱く表象は、その姿やある特定の時間や場所への盲目的な隷従といった紋切り型を含めて、わたしにとってはなによりも、永遠に続く責苦の固定イマージュと同じものなのだ。わたしの生とはただ、そんな種類のひとつのイマージュにすぎないのかもしれず、新たな場所を探査していると信じながら、結局は、すでに充分に知っていることを知ろう、すでに忘れてしまったことのほんの一部を学ぼうと努めているだけで、かつての自分の足跡に戻ってくるように断罪されているのかもしれない。★1

こうして「わたしは誰か?」という問いは、テクストの冒頭で発せられるや否や、すぐさま転倒され、反転される。というのも、その問いは、それに対する答えを誘発するというよりは、むしろ「わたしは誰か?」の「わたし」とは、実は、「幽霊」あるいは「イマージュ」ではないか、という「解釈」――ブルトン自身が「少々行き過ぎの」と形容している「解釈」――を呼び起こすからである。「わたし」とは、この生の向こう側に広がる、「わたし」にはわからない活動領域から、生の境界を通り過ぎてこちらにやって来る「イマージュ」としての存在にすぎないのではないか、という疑惑、いやほとんど確信である。この「イマージュ」には自由はない。というのも、それは、「幽霊」がそうであるように、「永遠の責苦」であり、その法とは、「反復」、「固着」、「隷従」であるからだ。
シュルレアリスム運動というものをどのように考えるにせよ、しかしその中心が、意識に現前している「この現実」が、その不完全な部分的反映にすぎないような超現実の活動領域があるという理念であることだけははっきりしている。超現実は、場合によっては、無意識の欲望や集団的な通底性として把握されたり、唯物論的な、革命論的な「未来」として設定されたり、さらには、ここで「幽霊」という言葉が暗示するように「死後の世界」あるいは生死を超えた超現実として想像されたりもする。すなわち、シュルレアリスムは、客観的な「この現実」がある不分明な境界領域と隣り合わせに接していることは認めたが、しかしそれがどのような領域であるかを固定的に特定はしなかった。それが、シュルレアリスム運動の豊かな多様さの理由でもあったろう。

しかし、言うまでもなく、シュルレアリスムとは、そのような芸術表現上の革新的な創造性のための単なる方法論であったわけではない。それは、芸術の、詩の方法である以上に、まずは、主体についての、確かに直観的ではあるが、しかし長い時間をかけて論理的に追求されなかったわけではない新しい認識、すなわち——それこそ、ここでの作業が多少なりとも跡づけようと試みることなのだが——デカルトの『方法叙説』にも匹敵するような主体への新しい総合的な問いかけの運動であったのだ。デカルトが、長い懐疑の旅、その物語を経たあげくに最後にコギトの確実性に到達するのに対して、シュルレアリスムの運動においては、主体ははじめから、そして最後に至るまで危機のなかにある。そこではある意味では危機をその本質とするような主体が問い、そして問われていた。それは確実性に至って、みずからを断言し確立するような主体ではなく、危機そのものを絶えざる運動として冒険し続けることを、本質的な宿命とするような主体＝運動であった。自己同一的な確実さそのものの危機を生きることをその本質とするこのようなシュルレアリスム的主体は、それゆえに必然的に、他者によって侵され、また犯されることになる。同時にまた、分有され、〈ともにある〉ことへと開かれてあることになる。だからシュルレアリスム運動のもっとも先端的な前線が、けっしてひとつの固有名に収斂させられないのは、当然のことであったろう。バタイユ、アルトー、ブルトン……運動体としての政治的な対立や分裂もその論理的な帰結のひとつであるような仕方で、危機の主体は、みずからを表現する。それは、デカルト的な認識の主体ではなく、あくまでも表現の主体であった。そして、表現とは、それが真正であるならば、必然的に主体を危機に陥れないわけにはいかない——先回りをして言っておくならば、それこそが、『ナジャ』というエクリチュールの冒険の果てにブルトンが辿り着く、まさにデカルトの「コギト・エルゴ・スム」に匹敵すると言っていい、あの断言「美とは痙攣的なものであろう、さもなくば存在しないだろう」が宣言している事態にほかならない。

その意味では、『ナジャ』というテクストは、シュルレアリスムのなかの単なるひとつの逸話ではないだろう。われわれが考えるように、もしシュルレアリスムが、単に芸術の一様式なのではなく、新しい危機的な主体の確立——しかし「危機的」である以上「確立」は定義上、不可能ではないか、とすぐに問わなければならないのは言うまでもないが——への挑戦であったとするならば、その挑戦が思考をもっとも遠くまで搬んで行ったのは、少なくともその運動の名実ともに首領であったブルトンにおいては、『ナジャ』の冒険であったろう。そこにおいて、冒頭の「わたしは誰か?」という主体への不安に満ちた問いは、紆余曲折の多い道行き (parcours) を経て「美とは痙攣的なものであろう、さもなくば存在しないだろう」という美の、しかし単に美のだけではない、存在の断言へと到着するのである。われわれのここでの興味は、だからこのテクストが懐胎する物語的な、つまりレシ的な道行きに随伴しつつ、最初の問いが、最後の断言に変化し、転化し、飛躍するその変局点を見極めることである。「誰?」という問いが、いったいどこまでもち堪えることができるのか? どこで、——もしそうならば、だが——何によって乗り‐超えられるのか? それが問われているのだ。

だが、実は、『ナジャ』というテクストの少しでも注意深い読者は、誰でも、この変局点がきわめて鮮やかに、眼に見える形で、そこに刻み込まれていること、しかもそれが明確に著者自身によって自覚されていることを知っている。それは、テクストのほとんど最後の部分に見出される「性急な読者にとっては無視できるほどわずかなもの」だが、しかしブルトン自身にとっては、「計り知れない価値をもった、常軌を逸した空白 intervalle」である。

見通しをよくするために、事態を整理しておけば以下のようになる。ブルトンは、一九二七年の夏、ヴァランジュヴィル-シュル-メールのアンゴの館で、『ナジャ』を書き始める。八月の終わりまでのうちに、ナジャの、そしてナジャとの物語が一気に書き進められるが、最後にナジャが精神病院のなかに消えていくことが語られたところで、エクリチュールは中断される。いや、「中断」とは、それから数ヶ月後に、ブルトンがそれを再開したところで、かれによって言われた言い方であって、むしろその「中断」そのものが、必然的な「完成」であったともわれわれは読むことができる。というのも、この中断されたテクストの最後に響き渡っていたのは、なによりも「誰が（生きてそこに）いるのか？」Qui vive? という誰何の問いであったからだ。「わたしは誰か？」という問いからはじめられたエクリチュールが、その最後に「誰が（生きてそこに）いるのか？」というもうひとつの「誰？」の問いへと辿り着く。最初の問いは、なんらかの事実確認文によって答えられ、解決されるのではなく、より危機的な、よりパセティックなもうひとつの疑問文、「叫び」となった問いへと転調され、増幅されるのである。

以上に付け加えるには、わたし自身の弁護のためのいくらかの言葉しかない。《非・狂気》と狂気とのあいだにはよく知られているように境界は不在なのであって、そうだとすると、わたしは、そのどちらか一方に属する知覚や観念にそれぞれ違った価値を認めるなどということはできないのだ。疑う余地のほとんどない真理よりもさらに限りなく意味深く、はるかに重い射程をもった詭弁というものがあるのだ。それを詭弁だからと言って忌避するのは、偉大さを欠き、また興味を欠くことだ。たとえそれが詭弁だろうとも、少なくとも、その詭弁のおかげによってこそ、わたしは、わたし自身に向かって、そしてまたわたし自身に出会うためにもっとも遠いところからやって来るものに対して、「誰が（生きてそこに）いるのか？」Qui vive? というつねにパセティックな叫びを投げつけることができたのだ。誰が（生きてそこに）いるのか？　それはおまえなのか、ナジャ？　この生のなかに《彼岸》l'au-delà が、彼岸のすべてがある、というのはほんとうなのか？　わたしにはおまえの声が聞こえない。誰がそこにいるのか？　わたしひとりなのか？　それは、わたし自身なのか？[★2]

もし『ナジャ』の冒頭の問いが、――われわれが述べたように「深淵からの浮上」であるとしたら、畳みかけられるこの問いの反復は、深淵のなかへの再度の宙吊りである。そして、その意味では、答えのない問いへと宙吊りのまま開かれたこのエクリチュールの切断面以外に、『ナジャ』の真正の終わりなどというものは考えることはできない。「わたしは誰か？」――その問いは、まだ「わたし」なるものがそこに存在していることを前提としていた。しかし、まさに終わりなさの露呈という意味での終わりにおいては、もはや「疑う余地のほとんどない」この前提すら自明ではない。誰かはいる。だが、その誰かが「わたし自身」なのか、「わたしひとり」なのか、それとももうひとりの誰か、たとえばナジャなのか、もしそうならば、そこには「ふたり」いるのか――確かなことはなにもない。「詭弁」であろうがなかろうが、この不確かさは、「わたしがいる」という自明な真理よりも「さらに限りなく意味深く、はるかに重い射程をもって」いるのだ。

「誰がそこにいるのか？」という問いに答えはない。誰かがいるにしても、しかし誰何の問いに応えているのかもしれない他者の声は聞こえてはこないのだ。すぐ間近にいるのでありながら、言葉は届かない。境界のすぐ向こうには、明らかに誰か、しかも見知らぬ誰かではなく、むしろ親しいはずの誰かがいるにもかかわらず、それが誰なのか、ひとりなのかふたりなのかすら、明言することができないのだ。

言い換えれば、ここで「わたし」は、誰かに、境界の向こう側にいる誰かに随き、憑いているのである。あるいは、同じことだが、随き、憑かれているのである。すでにこのエクリチュールが開始されるやいなや、その冒頭を切り開いた「わたしは誰か？」という問いは、すぐに「わたしは誰に随（憑）いているのか？」という問いに反転されていたわけだが、エクリチュールは、その反転のうちにみずからが予告し、定めたその運命を成就したのでもある。つまり、「わたしは誰か？」という冒頭の一フレーズは、まさに深淵（abîme）に沈めるように、そのエクリチュールの全体の「中心紋」mise en abyme となっているとも言えるだろう。

しかし同じ問いとはいえ、「わたしは誰か？」が一―三人称的な事実確認の地平にとどまっているのに対して、「誰がそこにいるのか？」はあくまでも二人称的な呼びかけである。実際、このエクリチュールにおいて、ブルトンがナジャに直接に、いや、そこにいるのがナジャかどうかすらわからない状況で直接に、「ナジャ」という名を呼ぶのは、ただこの最後の箇所だけなのだ。それは最後である。最後に、ブルトンは、もうそこに現前しているのかいないのかもわからないナジャに向かって、ナジャの名を呼ぶ。そして、それは紛れもなく、このエクリチュールの起源に発せられた呼びかけへの、遅れてきた、必然的に遅れてきた応答としての呼びかけなのである。

というのも、テクストとしては確かに「わたしは誰か？」から始まるこのエクリチュールは、はっきりとしたその起源をもっており、しかもそれはテクストのなかに明確に語られているのだが、その起源とは、まさにナジャの呼びかけ、彼女のブルトンへの呼びかけ、しかも問題となっているエクリチュールそのものを命じる呼びつけにほかならないからだ。『ナジャ』を読む誰にもけっして忘れることのできない、まさにパセティックなナジャのあの呼びかけ――

それから、突然、わたしの真ん前に立ち、ほとんどわたしを押しとどめるようにして、からっぽの城のなかで部屋から部屋へと誰かを呼んでいるような異様な呼びかけの仕方でわたしに言うのだった。《アンドレ？　アンドレ？　……あなた、わたしのことを小説に書くわ。間違いない。嫌、なんて言わないで。で

も気をつけて。なにもかも薄らいで、消えてしまうから。わたしたちのなにかが、どうしても残らないといけないの……》★3

一九二六年十月十日という日付をもつナジャのこの言葉は、『ナジャ』というテクストの全篇に鳴り響いている。いや、それどころか、あたかもブルトンがこのテクストを書くのは、ナジャのこの声、この言いつけに従ってであるかのようなのだ。その言いつけは、ナジャが発するものだが、しかしそれはすでに遠いところからやって来たものでもある。ナジャはすぐ目の前に現前していながら（しかしそうだろうか、彼女はそんなにも現前していただろうか？）、しかしその声は、「からっぽの城」のなかの空間を経たものであるかのように遠い距離を隔てて届く。しかも彼女のほうも、あたかもそこにブルトンが現前していることが不確かであるかのように、「アンドレ？　アンドレ？」と、二度にわたって、呼ぶのである。あたかも、一方が他方を「押しとどめるかのように」接近している二人が、しかし実際には、互いの現前を妨げる眼に見えない境壁によって隔てられているかのようである。つまり、この「アンドレ？　アンドレ？」という呼び声にこそ、まさに正確に、それから十ヶ月後にブルトンが、エクリチュールを通じて呼ぶ、あの「誰が（生きてそこに）いるのか？　それはおまえなのか、ナジャ？」が対応しているのだ。その意味では、『ナジャ』というエクリチュールは、ナジャの「アンドレ？　アンドレ？」という呼びかけに対して、ブルトンが「それはおまえなのか、ナジャ？」と呼び返すこの決定的に遅れた応答のうちにその冒険のいっさいがあるのだと言うこともできるだろう。

『ナジャ』というテクストの特異性は、このようにそのエクリチュールが他者によって予言され、言いつけられているところにある。つまりブルトンが、ナジャの物語を書くことを決意するのは、かれの純粋な自由意志からというよりは、あくまでもナジャとの約束に従って、そのふたりの関係、この不完全な、互いに十全に現前しあっているわけではないふたりから、その「わたしたちのなにか」が残るようにするためであるかのようなのだ。

実際、このテクストを開始する言葉である「わたしは誰か?」にしたところで、このテクストのなかには、ナジャが残した幾葉かのデッサン（図17）が収められているのだが、その一枚には、大きな疑問府に包まれた彼女自身の姿が描かれており、しかもそこには「彼女は何?」と書き添えられているのだから、自分自身に向けられたナジャ自身のこの三人称の「何」の問いを、「わたしは誰か?」という一人称の「誰」の問いとしてブルトンが引き継ぎ、受肉することからこそ、エクリチュールの作業がはじまったのだと言わなければならない。★4 ブルトンは言わばナジャになりかわり、ナジャとともに、ナジャが「何」であるか尋ね、それが同時に「わたしは誰か?」と「同じ問い」であるような、非対称の対となったこの「問い」を生きるためにこそ、「ナジャ」という物語を書こうとするのだ。だからこそ、この問いが、すぐさま同音異義表現の「わたしは誰に随（憑）いているのか?」に反転せざるをえないのは、その発話状況がすでにして、ブルトンがナジャに随き、ナジャがブルトンに憑くその二重化から出発しているからなのだ。『ナジャ』のエクリチュールはけっしていわゆる自動書記《オートマティスム》ではないが、しかし他者とともに、つまりきわめて近くにいながら、しかし絶望的に遠い他者とともに書くというその本質的な構造は保持されているのである。そして、そのエクリチュールは、その二重化された対構造が、誰かがいるにしても、しかしそれがいったい誰なのか、他者なのか、「わたし自身」なのかすらもはや不分明であるような危機――「誰がそこにいるのか?」――へと崩落する地点へと至るときに、けっして解決も終わりもない未完成のままで投げ出されるのである。

にもかかわらず、この約束が果たされ、ナジャとの冒険が語られ終わり、ナジャの不安に満ちた呼びかけに、ブルトン自身もようやく追いついて、それに応えることができたと思われたときに、しかし作品としては、それは終わることができなかった。不安と懐疑に満ちたまま投げかけられた問い「誰がいるのか?」は、当初の不安と懐疑とをいっそう深化させているだけであり、そう問う者を深淵のいっそうの深みへと宙吊りにするだけである。物語は終わり、エクリチュールはその本質的な終わりなさ、本質的な中断性を露呈した。しかしそこでは、なにも終わってはいなかった。そして作品としては、それはみずからを閉じることができなかった。それは閉じられないまま放棄されようとした。いや、単に作品というだけではない、ブルトン自身の生もまた、そのままでは一方的に中断されたままにとどまっていることになっただろう。ナジャは錯乱し、ヴォークリューズの精神病院のなかに沈み込み、消えて行く。しかし残ったブルトンも、また、ナジャの物語を書きつつ、しかし最後には、そこに「誰がいるのか?」すらもはや確かではないような不分明な深淵へと呑み込まれようとしかかっていたのだ。

正真正銘のこの危機――この絶望を読まなかったものはけっして『ナジャ』を読まなかったということになるだろう――を脱するには、ブルトンは、他者を必要とした。ナジャとは異なって、ブルトンにとっての「謎」ではない女、むしろナジャがすぐれてそれである「謎」からかれの「目を逸らせてくれる」女、現に実在する女を必要としたのである。この女に向かって二人称で呼びかけながら、ブルトンは、「おまえが実在する以上、そし

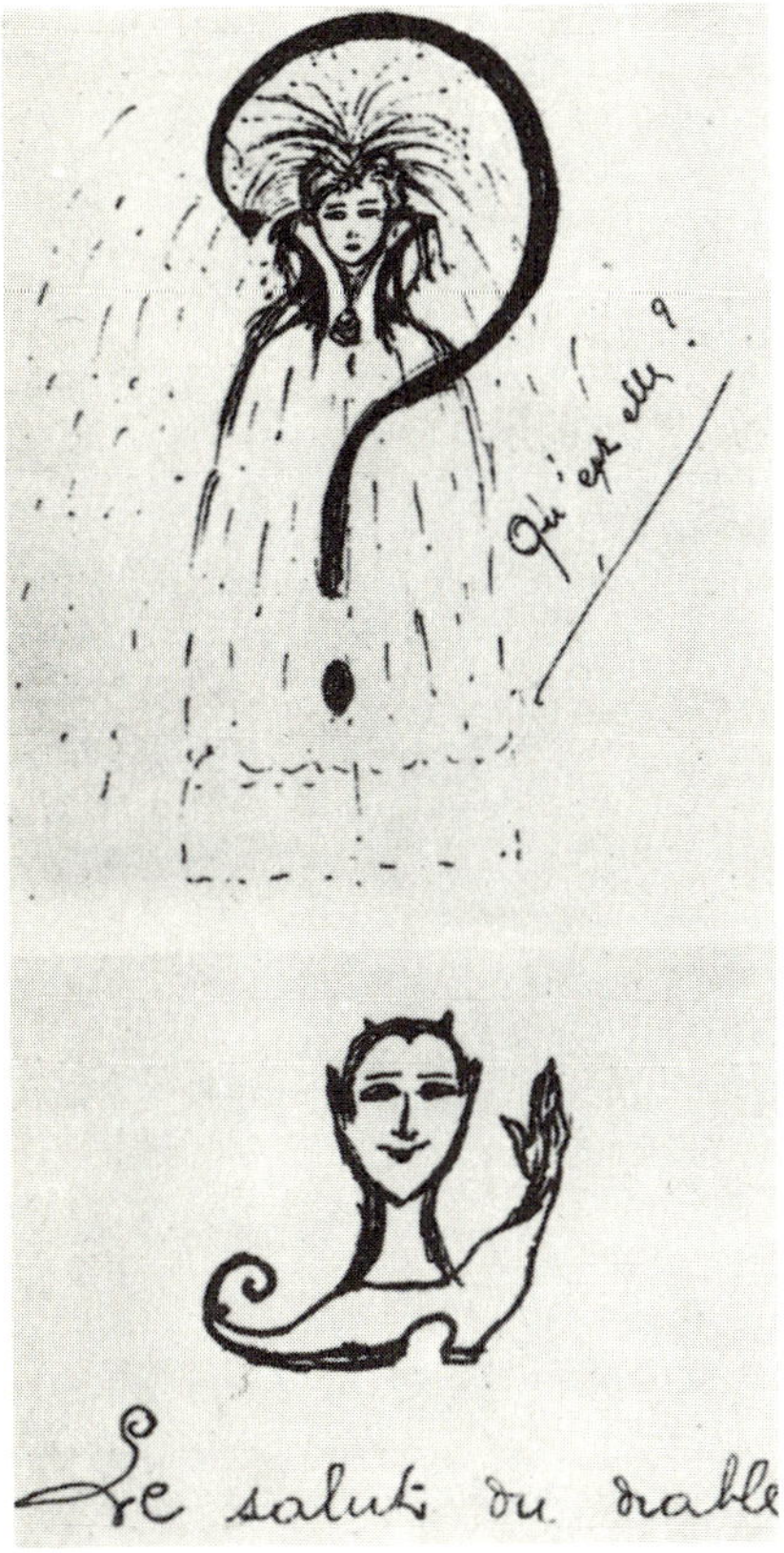

図17　ナジャのデッサン（ブルトン『ナジャ』より）

ておまえだけが実在する術を知っているのだから、そうなればおそらくこの本が実在する必要はさほどなかったのだ」と書いている。「この本」とは、「ナジャ」という名をもつこのテクストだ。いまようやくかれが書き上げつつあるこの本は、その女が実在する以上、存在する必要がさほどなかったと言うのである。なぜなら、ナジャにかかわるすべては、イマージュであり、実在ではないからだ。すでにテクストの冒頭で、私とは、幽霊のように一個のイマージュであることがほのめかされていた。そして、ナジャの物語は、その幽霊性をよりいっそう増幅することにしかならなかった。そこでブルトンが求めたのは、必然的に反復的であり、代行的であるそのイマージュの苦しみに満ちた連鎖を断ち切り、それに替わって、それを終わらせる確とした実存であった。実存こそが欲望されていたのだ。

「わたしにとって、おまえは謎ではない」という言葉の直前にブルトンは次のように言っている。

わざとそうしているのではないが、おまえは、わたしにとってもっとも親しい形態に、そして同じく、わたしが予感するいくつかの姿に置き換わったのだ。ナジャはそんな最後の姿 figure のひとつだったのであり、それをおまえがわたしに隠してくれるとは完璧だ。

わたしにわかっているのは、こうした人格の置換の現象はおまえでもって打ち止めになるということだ。なぜならおまえに置き換わりうるなにものもないし、わたしにとっては、おまえの前でこそこうした謎の連鎖が終息するべきだからだ。★5

だが、ここには奇妙なねじれがある。ブルトンは、「(ナジャがそれである姿を) おまえはわたしに隠してくれる」と言うのだが、しかし少なくとも読者にとっては、この女、わざわざ「ナジャとは違うもうひとつ別の名が必要だった」と言われていながら、そのテクストのなかではついにその名が明かされない女、後の『通底器』においてすらただ「X」という記号でしか指示されない女は、けっしてその姿を現わさない。ナジャの姿が別の、より実在的な姿によって隠されるどころか、『ナジャ』を読むどんな読者の脳裏にも刻まれて残るのは、圧倒的なナジャの存在感であって、第二の女、ブルトンがあれほど、ほとんどむきになって「実存する」と強調する女の姿は、テクストのどこにも刻み込まれてはいないのだ。

ナジャに代わる名として呼び寄せられていながら、その名を明かされず、「おまえだけが実在する」と言われながら、その姿も言葉もほとんど記述されないこの女が、実際は、シュザンヌ・ミュザールという名の女性であって、ブルトンが彼女に出会ったのは、一九二七年十一月ブランシュ広場のカフェだったこと、友人の恋人であった彼女とブルトンはすぐに愛し合うようになり数日後には二人で南仏に逃避行に及ぶこと、そして十二月にパリに戻ってきたところで、『ナジャ』の最後の部分が書かれたことなどを、われわれは、ブルトン研究の成果として知っている。それは電撃的な出会いであった。★6 そしてなによりも情熱的な出会いであったのだろう。その情熱 passion が、精神的な、しかし致命的な危機に瀕していたと言っていいブルトンに、愛と、そしてなによりも実存を与え返したと言うべきなのかもしれない。

実際、『ナジャ』においては、あくまでもまずは、ブルトンが語るナジャの物語を聞き取る者という資格で登場し、そしてそれゆえにか、それともナジャについてのエクリチュールが最後に到達したあのナジャへの呼びかけの二人称を引き継いだ結果なのか、それともまた彼女の名を明かさず隠しておくためになのか、ついにその実存を書き込まれることのなかったこの女――後にブルトンが行なった操作に忠実にわれわれもまたXと呼んでおくことにしよう――の姿がわれわれには不可視であるのに対して、われわれ読者が目にするのは、実は、ブルトン自身の写真であった。『ナジャ』というテクストにおける写真の意味はきわめて重要である。いまここでは、その全体的な意味を詳らかにする余裕はないが、しかし少なくともその初版の段階では、ブルトン自身のポートレートは、この本に挿入された写真の最後のものという位置を占めており、しかもそれは、まさにあの「誰がそこにいるのか？　わたしひとりなのか？　それは、わたし自身なのか？」という問いとともに中断されたあのエクリチュールが、「常軌を逸した空白」を経て、テクストが再開される正確にその場所に挿入されているのである。一九六三年の再版にあっては、その後にグレヴァン博物館の蠟人形の写真と、後に（娘にその名が与えられるのだから、別の意味で）決定的に重要なものとなる「暁」aubeという名を含んだ看板の写真が加わることで、その意味はずらされ、弱められてしまうのだが、初版に従えば、『ナジャ』は、ある意味では、ナジャという危機の物語、危機的なエクリチュールを経て、危うくナジャと同じく向こう側へと沈み込みかかったブルトンが、しかしみずからの実存を取り戻す「作品」として完成するかのようなのだ。

『ナジャ』というタイトルのこの作品には、彼女自身を描いた彼女のデッサンはふんだんに収録されているが、しかし彼女の写真はない（再版では、彼女の「羊歯の目」だけの写真が並列されたモンタージュが挿入されている）。ブルトンの写真だけが、その最後に、しかしけっして余白に置かれた作者紹介の類ではなく、登場するのだが、それはまるで、「わたしは誰か？」という最初の問いが、長い危機的な迂路を経て、最後に現にあるみずからの姿 figure に帰着するかのようなのだ。

その写真には、本文の一部がキャプションとしてついているのだが、それは、「常軌を逸した空白」の直後の最初の行「わたしは（ある種の言い方だが）羨ましい……」J'envie (c'est une façon de dire) である。かれは、わざわざ「（ある種の言い方だが）」と言っている。われわれとしては、文法規範を無視して、これは、「生きてある」en vie「わたし」のある種の断言なのだと解釈する権利を保持したいのだ。

作品の冒頭では、わたしは幽霊であることが暗示されていた。それが、その最後においては、実存へと生還したのだと言うこともできるかもしれない。そうであれば、ブルトンは、ここでまるでオルフェウスのように、向こう側の世界へ赴き、そこを彷徨い、そしてそこから——まさにエウリュディーチェを連れかえることに失敗して——ただひとりこちらに生還したと言ってもいいかもしれない。オルフェウスが失敗したのは、「振り返るな！」という命令に逆らってあくまでも「見よう」としたからである。同じように、ブルトンがナジャと運命をともにしなかったのは、「見えないこと」を選ぶことができなかったからでもある。

実際、その最初の出会いにおいて、ブルトンは、なによりもナジャの場違いな仕方で化粧をほどこされたあの眼に引きつけられるのだが、その直後に、ナジャが語るのは、長い間一緒に暮らしていた男が生まれつきの手指の不具をもっていることに気がつかなかったという驚くべき盲目性の話なのである。彼女は、確かに、見えないものが見える「見者」だが、しかしその特異性は、見えるべきものが見えないという盲目性に裏打ちされていた。★7 そして、ナジャは、ブルトンにも、文字通り生命をかけた激しさで、「見ない」ことを要求するのでもある。あの「常軌を逸した空白」のあとのコーダの部分につけられた例外的に長い註――しかもなぜそれがこの場所に挿入されなければならないか誰にもわからない場所に置かれた註――で、ブルトンは、本文のナジャの物語のなかでは言わなかったエピソードを、それがナジャ以外の女でもよかったかのような一般化された言い方で語っている。

この日までは、わたしには、わたしに対するナジャの態度のうちに潜む、多かれ少なかれ意識的な、完全な価値転覆 subversion の原理の適用に属するもののすべてをはっきりと把握することができていたわけではない。その一例をあげるだけにとどめておくが、ある晩、ヴェルサイユからパリへの道を運転していたわたしの隣にいた女、それはナジャだったが、しかし全然別の女であってもよかったし、ほかの誰々でもよかったのだが、突然、アクセルの上のわたしの足を踏みつけ、両手でわたしの目をふさごうとしながら、終わりない接吻がもたらす忘却のうちに、われわれがおそらくもはやお互いのためにしか存在しなくなることを、そのまま全速力で一緒に美しい並木へとぶつかっていくことを望んだのだった。愛のためのなんという試練だろう。わたしがこの欲望に屈しなかったことは言うまでもない。わたしがナジャに対してそのときどんなところにあったか、またわたしが知る限りだが、ほとんどつねに、どこまで行くようになっていたかは、ご存じの通りだ。だが、わたしとしては、あの瞬間に恐ろしいほどの迫力で、愛をともに認め合うこと une reconnaissance commune de l'amour がわれわれをいったいどこにまで突き進ませたかを、開示してくれたことに関して彼女に感謝しないわけにはいかない。このような誘惑に、どんな場合であっても、自分がますます抵抗しにくくなっていることを感じるのだ。これがほとんど必然であることをわたしに理解させてくれたことを、この最後の思い出において、わたしは彼女にお礼を言わなければならない。★8

場違いな註のなかに書きつけられた奇妙な感謝。愛の名において、ともに認め合う愛が、その陶酔を通して、価値転覆的にふたりを死あるいは、非‐実存あるいは——こう言ってもいいだろう——狂気にまで連れだすような情熱に結ばれていることを開示してくれたとブルトンは言っているのだ。それは、ある意味では、ナジャからブルトンに贈られたもの、ほとんど遺贈されたもの、いや、少なくともかれがそのようなものとして受け取ったものだ。

だが、この遺贈をかれが真に受け取るためには、実は、もうひとりの他者の存在、つまり実存するXが絶対的に必要であった。それはブルトン自身が認める通りである。「おまえだけが実存する」と述べた文章に続けて、かれがXを知る前にこの物語に与えようと考えていた「結論」は、「おまえを通してしか、そのほんとうの意味とそのすべての力を得ることはない」と言っているのである。あるいは、その少し前、われわれがコーダと呼ぶ本質的に未完成のナジャの物語の中断のあとの再開の最初に、ブルトンは次のように書いていた。

この物語の中断の日付である八月の終わりから、あらたな感動の重みに屈しているわたしを見て、今度の場合は、精神よりは心こそが問題なのだが、わたしを戦きのうちに捨て置きながら、この物語がわたしから離れていきつつあるこの十二月の終わりまでのあいだ、わたしは、よくも悪くも――人は生きるのだが――この物語が守ってくれた最上の希望、さらには信じてもらいたいのだが、その実現、その完全な実現、そうなのだ、その希望の信じられないような実現を生きてきたと考えたいのだ。★9

すなわち、ナジャの物語が守り、贈ってくれたものとは、希望である。「最上の希望」である。ナジャが精神病院に入ってしまったことを告げる直前の文章でブルトンが書いている言葉を用いるなら、「神秘的で、ありそうではなく、ユニックで、驚かせるような、そして疑いなく確実な愛、そのようなものとして、あらゆる試練においてしか可能ではない愛」が存在するという希望なのである。

当然のことだ。なぜなら、ナジャという名は、しかも彼女がみずから選んだその名は「ロシア語の希望という言葉のはじまり」なのだから。ナジャとは、希望の中断の名、希望を告げながら、しかしその実現を成就せずに「はじまり」だけで消えていく名なのだから。そしてだからこそ、「わたしたちのなにかが、どうしても残らないといけない」のであるとも言えるだろう。それは、みずからが消えて行くことを知っている者の言葉である。わたしは消えて行くが、しかし「わたしたち」のなにかが残り、残ることで、「はじまり」にすぎないこの希望を完成させ、実在させなければならない。つまり作品が存在するのでなければならないのだ。それが「小説」であるか、あるいは別の何かであるか、それはどうでもいい。重要なのは、作品としての実存なのである。

とすれば、われわれは、まさに終わりなき終わりという難破の危機に瀕したエクリチュールをまさしく作品へと救い出そうとして、ブルトンが再開したコーダの、しかもはじめの部分につけられた、もうひとつの不思議な註のことを思い出さないわけにはいかないだろう。そこでは、かれは、かつてマルセイユの港で出会った、沈みゆく太陽をタブローの上に追いかけるように描きつづけていた画家について語っていた。

画家は、突然、(太陽に) ひどく遅れていることに気がついた。かれは、壁に映った赤い斑点を消し去り、水面に残っていた一、二の残光を追い払った。かれにとっては完成し、わたしにとっては、世の中でもっとも未完成のものとなったかれのタブローは、そのときわたしには、とても悲しく、とても美しいものに見えた。★10

この註をわれわれもまた「とても悲しく、とても美しい」と言ってみたくなる。精神の闇のなかに没していったナジャとそのナジャに随伴しながら、「ひどく遅れて」しまい、しかしその「遅れ」ゆえに、いまこうしてその約束、その希望、その運命を「作品」として、もっとも未完成のままに、しかしそれゆえにこそ、完成させようとしているブルトン自身の作業について、これほど的確な表現はありえないだろう。ブルトンは自分が何をしようとしているのか、きわめて正確に自覚していた。そして、われわれは、ここでまったく何気なく「美しい」という言葉が発せられていることに注意をしておくべきだろう。完成し、同時に未完成であるこの真っ黒なタブローはそのときブルトンには美しいと感じられていた。そしてそれに応じるように、言わば (その複数の意味において)「ナジャ」を「作品」とするために書かれたこのコーダの部分では、ほとんど突然に、愛と並んで、「美」が問題となるのである。「愛」と「美」とは、実存の、そして作品の存在根拠である。ブルトンは、ナジャとの約束に従って、Xという「もうひとつの名」をとり、その実存の力によって、ナジャによってはじめられはしたが、しかしナジャによっては完成されることなく中絶されてしまう愛と生と作品とを完成させようとするのだ。

ナジャがブルトンに「あなた、わたしのことを小説に書くわ」と予言し、命令したとき、それに続けて、「あなた、もうひとつ別の名をとるわね、どんな名を言って欲しい? とても大事なの。少しは火の名前ではないとね、だってあなたのことになると、いつでも火が出てくるから。手もそうだけど、火のほうがもっと本質的よ。わたしに見えるのは、こんなふうに (トランプの札を消すときのような身振りをして) 手首のところから出ている炎で、手が燃え上がるや否やあっと言う間に消えちゃうの。ラテン語かアラビア語の偽名が見つかるわよ。約束して！　きっとよ」と言う。ブルトンは最後の部分に註をつけて、アラブの家の戸口に描かれた「ファティマの手」と呼ばれている「赤い手」へと送り返している。一般には、この「もうひとつの名」はブルトン自身の「偽名」と解釈するのが普通だろうが、しかし、かれは、ナジャの約束を実現するために、まさに「ナジャ」という偽名に代わるもうひとつの名――しかし、繰り返しておくが、その名はついに明かされない――つまりXの名を「とる」必要があったのでもあるし、またコーダのなかの記述によれば、まさにそのXの手が、「少しは火の名」に違いない「暁」という標識を指し示すことになるのだ。★11

いずれにせよ、ブルトンは、ナジャとの約束に、忠実であった。いや、ただ『ナジャ』というテクストを、実在する「作品」として完成させることにおいて、というだけではない。それ以上に、ブルトンのその後のエクリチュールは、ある意味で、ナジャとの約束の延長上にあったと考えられるのである。

そう言うためには、われわれは、おそらくもう一度、ブルトンにとってナジャが、――「誰」ではなく――「何」であったのか、を考えてみる必要がある。

というのは、ナジャの物語は、本来、けっして単なる愛の物語ではなかったはずだからだ。問題は、愛ではない。確かに、ブルトンとナジャとの関係は、パリのシテ島をその中心とする夜の彷徨が、大きくパリの境界を超えて、サン・ジェルマンの森へと至った十月十二日の深夜に――再版では、その固有名が消されている――プリンス・オブ・ウェールズ・ホテルにおいて、二人が結ばれることによって、「愛」とも呼びうるような通俗的な男女関係へと堕するとも言える。実際、エクリチュールにとってはそこから先の展開は意味がないかのように、ブルトンによる日記的な出来事の記述はそこで終わっているのである。

しかし、ブルトンにとってのナジャの重要性は、愛の対象にあるのではなかったことははっきりしている。そうではなく、重要なのは、ナジャとの彷徨であり、つまり彼女が彷徨のそれぞれの場所において、現実のその場所を、「この生の境界」の「向こう側の領域」との結び目に変化させることなのである。ナジャは、この生と向こう側を分かつ境界の渡し守であり、通訳者であり、シャーマンである。その点において、彼女は、まったく置き換え不可能な存在なのだ。ナジャによって、パリは、そのまま一個の特異な「磁場」となる。ナジャといると、「すべてが急速に上昇と墜落の見かけを呈する」のであり、現実のさまざまな対象が、「向こう側」の暗号となる。符号から符号へ、徴候から徴候へ、信号から信号へ、あるいは後にブルトンが定義するような意味でオブジェからオブジェへ、ナジャの彷徨につれて、そのまわりには、「蜘蛛の巣」――それについては、ブルトンは『ナジャ』のはじめの部分で「その隅や周りに、蜘蛛がいなければだが、世界でもっともきらきらと輝き、もっとも優美なものだ」と述べていた――のような暗号の関係網が形成されていく。そのような世界の変容こそ、まさにかけがえのないナジャの牽引力なのである。つまりナジャは、その存在そのものが、自動記述《オートマティスム》なのである。

そして、それこそ、ブルトンが求めていたものであったにちがいない。思い出しておかなければならないが、シュルレアリスムとは、「心の純粋な自動現象」（『シュルレアリスム宣言』）として定義されるものだった。自動記述は、シュルレアリスムの単なる一方法なのではなく、その核心である。それは、いっさいの理性の統御を取り除いた、たとえば催眠状態や入眠状態というまったき受動性のもとでの表現である。一九一九年、ブルトンはフィリップ・スーポーと自動記述による『磁場』のエクリチュールを行なうが、それこそシュルレアリスムの最初の一歩であったことは間違いない。

書くこと、ほとんど書き取りをするかのように書くこと――それは、意識を徹底して受動的な状態に置くもっとも容易な方法だったのだ。ここでのアクセントは、あくまでも受動性にある。オートマティックに書くことによってはじめて、われわれは、なにもしないでいるときよりも、より受動的な状態に達することができる。「わたしは書く」――それは、「われ思う」の純粋な能動性や主体性の手前にある根源的な受動性の領野を開示する。「わたしは書く」――すると、「なにかが訪れる」。なにかが近づいてくる。なにかが起こる。そこでは、意味は静的な表象ではなく、あくまでも出来事として機能するようになる。それこそ、シュルレアリスムの核心にある確信なのである。

だが、自動記述が引き起こす受動的な意識状態のうちに、なにかが、この現実の世界に属しているわけではないという意味において根源的に未知なるものが、訪れるとしても、しかしいったいそれをどのように見極めたらいいだろうか。ある記号が、現実とは異なるもうひとつの秩序から限界を超えてもたらされた「信号」や「暗号」であることが、いったいどのようにわかるのだろうか。自動記述によって書かれたものをどのように読んだらいいのか――それは、シュルレアリスムにとっては、きわめて大きな根本的な問題であったのではないだろうか。シュルレアリスムは、自動記述という作品を産み出す方法から出発したが、しかしそのようにして産み出されたものを読むための方法論に関しては、長い模索が必要であったのであり、そのひとつの帰結が、『狂気の愛』においてブルトンが到達する「オブジェ的偶然（客観的偶然）」の理論であったと思われる。エンゲルスの理論がひとつのきっかけになっているこの根本的な作業概念がどのようにブルトンのなかで練り上げられていくのかをここでは詳細に検討する余地はないが、しかしナジャとの出会いは、そのような理論的な結実への遠い、しかし最初のステップであったことをわれわれは、余裕があれば、証明することもできたにちがいない。ブルトンは、それまでにも、霊媒や女見者といったさまざまな媒介者（メディウム）に関心を寄せ、また出会っているが、おそらくナジャにおいて、はじめて、真にかれの高さに匹敵する媒介者あるいは暗号解読者に出会ったと言っていいだろう。実際、出会った翌日、『失われた足跡』に引用されたジャリの詩をそのまま生きてしまう。二番目の節に涙を流し、「黄金虫の羽音を喰いながら、ふくろうは」という詩句に、「これは死よ！」と叫んで、まさに死の接近に怯える。ナジャはもっともシュルレアリスト的な読み手として登場する。つまりもっとも受動的な、読むことをやめることができないという意味で徹底して受動的な読み手としてである。

ナジャがテクストを、また街路の風景を、そしてさまざまなオブジェを読むとき、その読解は、彼女の能動的な能力に属しているわけではない。彼女のすべての言葉は、通常の言葉がそうであるような、AかAでないか、という分割を前提としてはいない。言葉はそのまま超現実的な事実なのであって、彼女にとっては、それはそれ以外ではありえないのだ。言い換えれば、ナジャの言葉は、そのまま自動記述なのである。彼女は、生ける自動記述、自然状態あるいは野性の状態における自動記述そのものである。彼女は書き、いや、それ以上に書かれるのだ。彼女の生そのものが、自動的に書かれた存在なのである。

そういうことのいっさいは、彼女自身が語っているように、彼女がつねに父親的な支配力を及ぼす男性（ブルトンはまさにナジャにとってのそのような父の代理をする男のセリーの最後ということになるだろう）に服する傾向があり、いっときは男によって催眠状態にされるような怪しげな関係を結んでいたことなどにも起因するかもしれないが、ここでは彼女自身の精神分析には立ち入らない。われわれにとって重要なことは、あくまでもブルトンにとって、ナジャが、作品のための自動記述ではなく、存在として、生として自動記述であったということなのだ。

しかし、そうだとして、ブルトンの自動記述とナジャの自動記述のあいだには、ある決定的な差異がある。そして、その差異にこそ、『ナジャ』というテクストを貫く深淵が口を開けているのだ。

それは、ブルトンにとって、ナジャのこの受動性は、なによりも「現実のすべての束縛」から解き放たれた「自由」の存在として映っているのだが、しかしたとえナジャが世俗的なすべての価値意識から逸脱しているように見えるにしても、彼女自身は、後の精神病の発症が明確に示しているように、根源的に自由を奪われているのだ。あるいは、次のように言うことができる。もしミシェル・フーコーが言うように、狂気を「作品の不在」absence de l'œuvre として規定することができるとするならば、ナジャはまさに「作品の不在」を病んでいるのに対して、ブルトンの自動記述は、あくまでも作品そして実存の側にある、のだと。★12 ナジャは、詩的な句を口にするが、それは本質的に断片的である。つまり、けっして「全体」を構成することができないオブジェである。

彼女は、また、いくつものデッサンを描くが、しかしそのどれも小さな紙片への走り書きであり、けっして「作品」へと到達する力を保持してはいない。ナジャには、「作品」こそが解決できない問題なのであり、それだからこそ、彼女は、ブルトンに「あなた、わたしのことを小説に書くわ」と作品の希望を託さざるをえないのだ。

ナジャとブルトンのあいだの約束とは、作品の約束であった。それは、「作品の不在」である狂気へと至る受動性から、作品＝働きそして実存を救い出すことであった。もちろん、それは、第一義的には、ナジャとブルトンの出会いから「なにかが（作品として）残る」ようにすること、『ナジャ』というこのエクリチュールを作品へともち来たらせることである。だが、同時に、それは、ブルトン自身が、みずからの実人生、その現実的な実存において、ナジャ的な受動性を、深淵に呑み込まれることなく生きるということを意味している。言い換えれば、ブルトン自身が、みずからの実存において、自動記述を生きるということを意味しているのだ。ここには、相互に密接にからみあった、互いに切り離しえない、二重の約束がある。すなわち、作品を書き上げること。そして、実存を書くこと。そして、それこそ、ブルトンが「美」とそして「愛」という標識のもとに、引き受けたことなのだ。

われわれがコーダと呼ぶ『ナジャ』の最終部分で、ブルトンは、「おまえだけが実在する」と言われるXを愛そうとし、そうしてみずからに対して（そして同時にナジャに対して）、愛の可能性を証明しようとする。『ナジャ』というエクリチュールを作品へともたらすことができるためには、この実存と愛は不可欠のものであったのだろうが、しかしそれにもかかわらず、このコーダは、かれがナジャ的な深淵への墜落の予兆から少しも免れていなかったことを明確に示しているのだ。

Xに対するいささか誇張された、強引な愛のディスクールが現われるその直前に、ブルトンは、「あまりにもばかげていて、陰鬱で、しかも感動的な話」を物語っているが、そこでは、ドゥルイ――「ふたりのかれ」とこじつけてもいいかもしれない――と呼ばれる人物は、まるで二人の分身がいるかのように、入っていったホテルの部屋の窓から落下するのだ。そしてまた、あの「美とは痙攣的なものであろう……」という最後の言葉の直前には、ブルトンにブルトン自身の「消息」を伝えるものとして、ル・サーブル島付近で消息を絶って、おそらく遭難し墜落した飛行機について報じる朝刊の記事が引用されているのである。

ブルトンは、みずからが墜落しえたかもしれない、ということを知っている。かれの分身の一方は、そこでそのテクストを書き、作品として完成させようとしているが、しかし同時に、もうひとつの分身は、ナジャが沈み、呑み込まれていった狂気あるいは死の淵へと墜落していきつつあることを完璧に自覚しているのである。その恐るべき力を受けながら、しかしブルトンはその限界に踏みとどまることを選ぶ。深淵の縁にあって、しかし作品と実存のうちにとどまり続けることを決意するのだ。

だが、とどまるとはいえ、それは、たえず「作品の不在」あるいは、そのようなものとしての死へと引きずりこもうとする強大な力に抗してである。とすれば、それは、必然的に、発作的な「痙攣」saccadeを伴わないわけにはいかない。まるで「リヨン駅で、出発しようとたえず跳びはねているのに、けっして出発しないし、出発しなかったとわたしがわかっている汽車」のようにである。『ナジャ』のほとんど末尾に見出されるこの奇妙な、不可解な表現は、たとえばジョルジュ・セバックが伝える、★13 Xことシュザンヌ・ミュザール自身の証言によって、一九二七年の十二月の終わりに、彼女が、リヨン駅からほかの男と南仏へと逃げようとするのを、ブルトンがシュルレアリスムの仲間数名とともに妨害しようとした(実際は、妨害は成功しなかったようだが)というエピソードによって、幾分かはブルトンだけにわかるその含意が明らかになるのだが、しかしわれわれとしては、Xもまた、きわめて短時間のつきあいの後で、ブルトンから逃れ去っていこうとしていたこと、そして『ナジャ』の最後の頁がそうしたまたしても危機的な状況のもとで書かれたことが確かめられれば、それで十分である。

だから、作品は痙攣的である。愛は痙攣的である。そして、実存もまた痙攣的であるのだ。そして、そのすべてが「美とは痙攣的なものであろう、さもなくば存在しないだろう」という最後の言葉のうちに言われているのだと考えることが許されよう。この言葉自体がここでは、存在と非存在によって分割されている。その分割の縁にあって、それは、あたかも未来における果たすべき約束であるかのように、未来形の時制のもとで、かろうじて「美」――つまり、作品、実存・愛――を断言しているのである。

　こうしてナジャから出発して、しかし彼女の出発あるいは落下に随伴することはかろうじて避け、踏みとどまり、しかし彼女の作品そして実存への希望を、文字通り分かちもって、彼女には欠落していたその後半を補いつつ実現するという約束をブルトンは忠実に果たそうとしたのだとわれわれは言うことができる。しかもその忠実さは、『ナジャ』を超えて、その後のかれの作品そして実存のほとんどすべてに及んでいるのである。

　実際、すでに『ナジャ』のコーダにおいて、Xとの愛は、難破しかかっていた。それはすでに発作的な「痙攣」を刻んでいた。かれは、実存する愛を求めて、たえず対象としての女を探し求めるのだが、そのたびごとに、女は逃げ、消え、去っていく。それは、『狂気の愛』における、結婚の相手であり、そこから「暁」aubeという名の娘までが誕生するのだから、かれのもっとも美しい愛の物語であるべきジャクリーヌ・ランバとの愛ですら、逃れることのない運命であったろう。「向日葵の夜」として名高い、かれらが最初に出会った日の夜のパリの彷徨は、ナジャとのパリの彷徨を思い出させずにはいないが、しかし、――Xと同じくテクストのなかでその名が語られることのない――このジャクリーヌという女性にはナジャのような「メディウム」の資質はなく、かれらの彷徨が、サン・ジャックの塔からはじまる暗号や信号の「蜘蛛の巣」を形成するかどうかは、ただひとえにブルトンにかかっていた。ブルトンは、そこで、すでに『通底器』において試みていた夢の分析と詩の分析を応用してみずから過去に書いた詩作品とこの彷徨とを暗号の網の目によってつなごうとするのだ。時間を超えた、その意味では、時間錯誤的な「送付」あるいは「回付」という原理によって、作品と実存とを結び合わせ、そうすることで、ブルトンは出来事を書き、書かれる実存という生ける自動記述、逆説的にきわめて人工的であるが、しかし自然状態の、野性の自動記述を、作品として実現しようとするのだ。『狂気の愛』の最後が、当時生まれたばかりの娘が十六歳になった未来の時間へと送付されるべき書簡で終わっているのは、きわめて意味深い。すでにジャクリーヌの登場そのものが、彼女が、ブルトンの眼の前でブルトン宛の手紙を書いているという奇妙な「回付」の場面からはじまるのであって、[★14]『狂気の愛』は言うなれば、ブルトンが、ナジャ的な「メディウム」の不在に対して、エクリチュールの「回付」という原理を発明することで、作品と実存を同時に、オートマティックに書くことを夢見る書物であると考えることができるかもしれない。

だが、そういったすべてに光をあてるためには、詳細な踏査を必要とするし、ここではそこまで踏み込む余裕はない。われわれとしては、ただブルトンは生涯、ナジャとの約束に忠実であろうとしたように思われること、そして生涯にわたって、ブルトンが作品を書くときには、そこにナジャの影がさすことを仮説的に言うことができれば、それでいい。『ナジャ』からはじまる四部作の最後の作品である『秘法十七番』――そこでは、前二作とは異なって、冒頭から「エルザ」と愛の対象の名が呼ばれているのが特徴的だが――にしても、ナジャがそれであったメリュジーヌの記述に多くの頁が割かれ、そのあげく、ナジャが予言した言葉に忠実に、「わたしは火の意志を成就する」という言葉が発せられるのであって、ナジャはつねにブルトンに取り憑いたままなのだ。『ナジャ』には採録されていないが、彼女が、紙に口紅を塗った唇を押しつけたデッサン（？）があって、そこには「これは私」（C'est moi）と書かれていた。そして、その裏も同じように口紅による唇の跡があって、そこには「そしてこれもまた」（et ça encore）と書かれている。[★15]その紙が、「あなたのお守り。ナジャ」と記された封筒のなかに入っているのである。それは、護符だったか、あるいは一種の呪詛の徴だったか、いずれにせよ、ブルトンは、ナジャというこの恐るべき受動性が開いた運命的なエクリチュールの危険に満ちた可能性を、みずからの実存において、ずっと保ち続けたように思われるのだ。

「美とは痙攣的なものであろう、さもなくば存在しないだろう」――この命題は、確かに「コギト・エルゴ・スム」のように、その純粋な形式性のうちに護られた（絶対的な）確実性を保証するものではない。それは、すでに分断されており、その分断の縁で、かろうじて来たるべき時間に向かって、その危険、その危機を選び取ろうとするものだ。それは、まさに「賭ける明日」demain joueur、そのアレア(危険＝偶然)aléaを宣言する言葉なのだ。主体は根源的にアレアとともにある。そして、そのアレアとは、まさに未来の時間に関わる危険なのである。われわれは、だからその原理をつぎのように書き換えることもできるだろう。「作品は痙攣的なものであろう、さもなくば存在しないだろう」と。いや、さらに「実存は痙攣的なものであろう、さもなくば存在しないだろう」とすら言わなければならないのだ。

なぜならば、われわれの実存は、「非・狂気」にも「狂気」にも等しく根源的に属しているからである。すでに引用した『ナジャ』のあのパセティックな断絶の箇所で、ブルトンは、「《非・狂気》と狂気のあいだにはよく知られているように境界は不在なのであって」と言っていた。本質的な境界は不在である。しかし同時に、この分割、ナジャとブルトンを分け隔てた分割はやはり実在するのであって、ブルトンは、ハイデガーなら「等根源的に」と言うところだが、実存が、われわれの現存在が、等根源的に「非・狂気」と「狂気」とに属していることを認め、引き受けつつ、その境界のただなかに実存しつつ、かろうじて、そのアレアを「愛」に、あるいは「美」に変えようとするのだ。

すでに触れたように、『ナジャ』が書かれた年である一九二七年に出版された『存在と時間』のなかで、ハイデガーは、「現存在は等根源的に真理と非真理との内で存在している」★16と言っていた。しかし、同時に、パルメニデスの真理の女神をその保証者として、かれは、「存在と真理とは等根源的に『存在する』」と言い換えるのだった。それに対して、ちょうど同じ時期に、ブルトンは、ナジャという狂気の女神の、保護とも呪詛とも区別できない危険な、しかし現実的なかかわりのなかから、「非・狂気」と「狂気」との等根源性そのものを「愛」あるいは「美」として生きる道を切り開こうとしていたのである。「誰がそこにいるのか?」Qui vive?――もはやいかなる同一性も保証されないその深淵の縁において、しかしあくまでも痙攣的な実存を選び取ろうとしていたのである。

＊註

この論文の内容の一部は、二〇〇三年四月一日に、筆者が客員教授として招かれていたパリ第八大学において、そのフランス文学専攻所属の教官間のセミナーで報告したものと重なるところがある。そのさい、ピエール・バイヤール教授をはじめとする十数人の出席者より貴重なコメントをいただいた。ここに謝意を記させていただく。

★1 André Breton, "*Nadja*", in *Œuvres complètes* I, éd. Gallimard, 1988, Paris, p. 647. 以下、原則的には、プレイアッド版所収の再版テクスト（一九六三年版）に従って、未確定の拙訳を掲げる。

★2 *ibid.*, pp. 741-743.

★3 *ibid.*, pp. 707-708.

★4 いや、むしろ「誰か？」という問いこそ、ブルトンとナジャとを結びつけたものであると言うべきかもしれない。すなわち、ブルトンがナジャと出会った最初の日、もっとも決定的だったのは、別れ際にブルトンが放った問い「あなたは誰？」に対して、ナジャが、間髪を入れずに、「躊躇なく」とテクストは強調しているが、「わたしはさまよえる魂」と応えたその瞬間の閃光にこそあるだろう。その直後にかれらは翌日の再会を約束するのである。ナジャのこの応えは、決定的である。というのは、それは、わたしはまさに「わたしは誰？」という問いそのものを生きる「さまよえる魂」なのだと言っているからである。ブルトンは書く。「……ほかのすべての問いを全部集約しているような問い、そしてたぶんわたししかそんな問いを投げかける者はいない問いを投げかけたのだが、その問いは、少なくともはじめてその高みに見合った答えに遭遇したのだ」。まるで――このテクストのなかでそのレフェランスは何度か暗示されるのだが――オイディプスによってはじめてその「高みに見合った」答えを返されたスフィンクスのようである。あるいは、はじめてスフィンクスに出会ったオイディプスのようである。いずれにせよ、ブルトンは「落下」を運命づけられているのである。こうして、「わたし（あなた）は誰か？」は、ブルトンとナジャとのあいだの「シンボル」、その原義に忠実に「割り符」のような機能を果たしているのだ。ということは、すでにナジャもブルトンもそれぞれ幾分か以上に、みずからが「さまよえる魂」であり、いや「幽霊」のようなものであることを自覚していたということである。ブルトンの「誰？」という問いにしても、けっしてそれは気の利いた知的な問いなのではなく、たとえば友人にしてみずからの「分身」ですらあったジャック・ヴァシェの死（一九一九年）以降、ブルトンはみずからをその「幽霊」とすらみなしていたのである。ブルトンにとっては、ナジャは、けっして偶然、パリの街角で出会った愛の対象としての女なのではない。そうではなく、ナジャは、ある意味では、ジャック・ヴァシェの影の上に書き込まれているのである。そして、それゆえに、このテクストにおいては、ナジャの、ナジャとの物語が真にはじまるその以前に、いくつものエピソードが語られなければならなかったのでもあるだろう。そこでは、ヴァシェの名は語られないにもかかわらず、そのエピソードのいくつかは明らかに、ヴァシェと結びついているのである。ここでは、この「書き込み」の構造の分析を行なう余裕はないが、これに関しては、巖谷國士氏による白水社版の邦訳の巻末に収められた充実した訳者解説を参照されたい（ブルトン『ナジャ』巖谷國士訳、白水社、一九七六年）。

★5　*op. cit.*, p. 752. そして、「わたしにとって、おまえは謎ではない」は、初版では二つ形容詞が付加されていた。つまり「わたしにとって、おまえは恐ろしく、また魅力的な謎なのではない」と。

★6　シュザンヌ・ミュザールは、ブルトンの友人のエマニュエル・ベルルの恋人であったが、出会った直後に、南仏へと二人は駆け落ちをする。事情に詳しくない読者のために付け加えておけば、ブルトンはナジャに出会う前から、結婚していたのであり、関係はかなり複雑である。結局、ブルトンは一九三一年に妻シモーヌと離婚。しかし、シュザンヌと結ばれるわけではなかった。だが、そうしたブルトンの実存的現実にはわれわれは当面、関心がない。

★7　余白における縫い取り線として、すでにオイディプス神話を喚起したわれわれとしては、ここでは、踝を針で刺し抜かれ、それゆえ、「脹れた足」という名をもつオイディプスと「再婚」していながら、しかし夫のその肉体的な特徴、その存在の特徴を「見る」ことがなく、それをみずからのかつての行為に結びつけることのできなかったオイディプスの母にして妻であるイオカステの「盲目」を思い出さないわけにはいかない。謎は、つねに、見ることが見ないことであるような二重性のうちにある。

★8　*op. cit.*, p. 748.

★9　*ibid.*, p. 746.

★10　*ibid.*, pp. 746-747.

★11　すべては、あたかもナジャとの、あるいはそれの反復であるジャクリーヌ・ランバとの夜の彷徨から、「暁」aubeという夜明けの光へと至ることが、密かに、ということは、無意識において、目されていた、とでもいうようである。ブルトンの名の冒険は、「暁」aubeという「火」と、そして——そのはじめの音は紛れもなく「eau」（水）と同じなのだから——「水」との婚姻とも言うことのできる「開け」へと究極化するとも言えるだろう。「水」とは、言うまでもなくナジャの「本質」と考えられていたものである。ブルトンは、『狂気の愛』の冒険において、まさにオンディーヌであり、実際、職業として「泳ぐ女」であったジャクリーヌ・ランバと出会い、そしてその結婚から、Aube（オーブ）という娘が生まれる。『狂気の愛』の最後の章は、未来の一九五二年のオーブに宛てたブルトンの手紙となっているが、その後、一九六三年にブルトンが企てた『ナジャ』の改訂版では、すでに述べたように、挿入された写真の最後は、本当はレストランの看板なのだが、複数形の「暁」LES AUBESという看板、そしてそれが指し示す彼方にアヴィニョンの橋が見えていたのだ。つまり、すでに一九二七年の段階でテクストのなかで「暁」という言葉はアクセントをつけられていたとはいえ、六三年の再版で、ブルトン自身の手によって、『ナジャ』の究極の目的・終わりは、「暁」という名であるという強い暗示が導入されたのだ。だが、誰でも知っているように、アヴィニョンのあの橋は、途中で途切れている橋、中断している橋であった。写真が暗示する「暁」の本質的な複数性のことはいま問わないにしても、ブルトンはほんとうに「暁」に到達したのか、それともナジャという名が示す運命の通りに、それは中断で終わったのか、われわれは「夢見るように」そんなことを考える権利はある。

★12　言うまでもなく、この「作品の不在」という表現は、フーコーの『狂気の歴史』のなかに見出されるものだが、『ナジャ』の経験を、この表現をキーワードにして読み解き、そこから「書物の不在」という理念を引き出しているのはモーリス・ブランショである。本稿は、ある意味では、ちょうどこの稿が構想された時期に逝去したブランショが、かつてブルトンの死にあたって書いた、実質上は『ナジャ』論でもある「賭ける明日」（『終わりなき対話』所収）の余白に位置するものである。ここでは、ブランショの立場とわれわれの立場との詳細な突き合わせを行なう余裕はないが、われわれの努力は、一言で言えば、ブルトンのうちに、「作品の不在」から「作品」すなわち「実存」を救い出す仕事を見出し跡づけることにあると言えるだろう。

★13　Georges Sebbag, *L'imprononçable jour de ma naissance 17. André Breton*, éd. Jean-Michel Place, 1988, とりわけ三八番の断片を参照のこと。

★14　『狂気の愛』のもっとも奇妙な点は、カフェで目の前にいた見知らぬ女が書いていたものが、ブルトン宛ての手紙であったというこの決定的な手紙が、いかなるものであったのか、明らかにされないことであろう。手紙は封印されたままなのである。それを補うかのごとく、ブルトンは十一年前に自分が書いた詩を一九三四年に起きたこの出会いの出来事への「回付」として読み解こうとし、さらには、十六年後の自分の娘への手紙の「回付」で締めくくろうとする。エクリチュールの回付――それこそ、ブルトンが達した作品と実存を救うひとつの方法であったことは確かだろう。

★15　これは、二〇〇三年四月に行なわれたブルトンのコレクションの競売にかけられたもののひとつ、Calmels Cohen 編集の競売カタログの「草稿」の巻の「二一二四」番である。筆者は、競売前の展示会でこれを見ている。

★16　これについては、本書のV所収の「現存在の〈誰〉――ハイデガーにおける物語の抹消」を参照のこと。ハイデガーの存在論の余白に、「非・狂気」と「狂気」の「等根源性」を生きる危険な「受動性」の存在論を透かし見ることが、本稿の最終的な課題であったのだ。

「光を創り出す者はほかならぬ反抗であり、反抗だけなのだ。」——ナグ・ハマディ文書が発見されるおよそ一年前のこと、亡命先のアメリカ合衆国で、アンドレ・ブルトンは、シュルレアリスムの核心を形成するさまざまな文書のなかでも、ひときわ燦然と輝いているかれ自身の四部作の最後を飾るべき作品、しかもタイトルが暗示するように疑いもなく、そのなかでももっとも秘教的な作品『秘法十七番』★1を書いている。冒頭の文は、そのほとんど末尾に読まれるものであって、そこではヴィクトル・ユゴーとコンスタン神父の神秘主義を参照しつつ、ブルトンは「生まれながら奴隷であることを拒否した天使の失墜」つまり「墜ちてゆくルシファー」に言及している。それは、ユゴーの詩句からの引用で「ルシファーが墜ちてゆくとき、彼からのがれた一枚の白い羽根から生まれた〈自由〉天使は闇の中にわけ入ってゆく、彼女がひたいにいただく星は大きくなり、まず流星に、ついで彗星と燃えたぎる大かまどとなる」と読まれる。そして、この「自由天使」の名において、「光を創り出す者は反抗である」という冒頭のテーゼが発せられるのである。

では、疑いもなくシュルレアリスムの精髄と言ってよい、このように極限化され、神話化すらされた「自由の秘教主義」とでも言うべき思想は、グノーシス的であるだろうか。

難しい問いだ。冒頭の言葉に続けて「そしてこの光はただ三つの道しか自分に認めない」として、その三つの道が——これは『秘法十七番』の最後の言葉なのだが、「詩、自由、愛」だと高らかに宣言されるとき、われわれは、そこに、少なくとも星晨までを含めてこの現実世界をすべて「闇」であると主張したとされる古代グノーシスとはほとんど対極にあるような肯定の、明るさの響きを聞き取らざるをえない。シュルレアリストたちは、確かに現実を超えた至高性を希求したと言うことはできるが、しかしそれを、古代のグノーシスの徒のようには、完全に世界の「外」に位置づけたわけではなく、むしろ絶えずこの世界のなかに、至高性の表現——暗号、信号、記号——を探し求め続けたのだと言うべきだろう。言うまでもないことだが、シュルレアリスムとは、まずなによりも芸術的な創造の思想なのであって、シュルレアリストたちにとっては、世界には、芸術として創り出されたのであれ、そうでないのであれ、出来事、オブジェ、詩といった無数の特異点が満ちており、その謎に触れることこそが、至高の超現実への通路にほかならなかったのである。

とすれば、たとえブルトンが、ナグ・ハマディ文書の発見に寄せて「かくも長いあいだキリスト教の異端としておとしめられてきたものが、その真の位置に戻されるのを見ることをわれわれがどんなに熱望しているか」と語って、シュルレアリスムの秘教性とグノーシスの秘教性とを結び合わせるのだとしても、グノーシスは、けっしてマルクスの革命理論やフロイトの精神分析がそうであったようには、シュルレアリスムの形成に直接的な影響を及ぼしているわけではない。

だから、重要なのは、グノーシス、とりわけ古代グノーシスとシュルレアリスムのあいだにどんな直接的な関係があったかを知ることではない。そうではなくて、むしろシュルレアリスムの経験、その「光」の経験を通して、それが遠い古代のグノーシスの、単に発見され、伝えられた文書ではなく、われわれの知らない、それを生きていた人々の経験へと通じていくかどうか、を実験的に、発見的に探ってみることなのだ。そうすることで、古代から西欧現代につながる思想の地盤において、地上を進む滔々たる「理性」の流れとは異なって、地中深くに隠れているが、しかし時に応じて、間歇的に湧出してくるもうひとつの水流の存在を手探りしてみようとすることなのだ。

思い出しておこう。アンドレ・ブルトンが、われわれがかれの四部作と呼ぶ作品群の最初の書を書いたとき、それは一九二八年刊行の『ナジャ』であったわけだが、それは次の問いから始められていた——「わたしは誰か？」。言うまでもないが、この問いは、たとえば「アンドレ・ブルトン」という、世界のなかに登録され、認められた名をもって答えうるような単純な問いではない。「わたしは誰か？」と問うているのはわたしである。この問いへの真正な答えがあるとすれば、それは、世界のなかにではなく、世界とは異なるものとして、世界の全体を前にしてそう問うことができるものとしての、わたしの内においてでしかない。「わたしは誰か？」という問いは、社会的なひとつの名によって答えられるべきものではなく、ある特殊なひとつの「知」、世界のなかの事物に関する対象措定的な「認識」ではなく、ある意味で主体意識を超えた直観的な「知」ないし「認識」によってしか答えられないはずである。言うまでもなく、それは、まさに言葉の根源的な意味で「グノーシス」にほかならないのであって、「わたしは誰か？」という問いは、「われわれはどこから（世界へ）来たのか？（世界から）どこへいくのか？」という問いとともに、すぐれてグノーシス的な問いなのである。

世界の対象に向けられた「認識」ではなく、けっして世界の事物には還元できないものである「わたし」が「誰」であり、「どこから来た」のか、そして「どこへ行く」のか——そこに、われわれは、グノーシス的思考の最初の徴候を見出してもよいだろう。とすると、同時に、われわれは、もしこのような「グノーシス」が、それでもなお言語によって表現されなければならないとすれば、それは必然的に、世界内的な言語の論理や対象の記述論理を超え出たものとなるだろうことを理解する。すなわち、一般的にグノーシス的思考にとっては、神話あるいは詩こそが、その本質的な表現とならざるをえないだろうというわけである。

わたしは、ある日この世界に誕生し、そしてある日そこから去っていく。しかし、そのわたしの誕生と死にもかかわらず、世界は世界として存在し続けるのだから、その明証を認めるかぎり、わたしは、即今、世界には住んでいるにしても、本質的には——すなわち魂としては、至高性としては——世界には帰属しない。その限りで世界とわたしとは、それがどれほど不均衡で非対称であっても、ある絶対的な二元論を構成するのだ。そして、これこそ善悪という正統的なグノーシスの二元論の手前にあって、それに先立つ根源的な二元論である。言い換えれば、われわれは、この世界を悪ないし闇とし、その世界の外に絶対的な善と光を設定する古代グノーシスのラディカルな二元論を、世界とわたしとのあいだの絶対的な二元論というより、一般的な二元論のひとつの分枝、解釈、変奏として理解することもできるだろうということだ。

いまは通りすがりに書きつけておくだけだが、おそらく「神」という理念は、一般的に言って、世界とわたしとのあいだのこの絶対的な二元論に対する「調停」として機能する。「神」とは、このわたしがそれである主観性と主観性の萌しなどどこにもないこの厳然たる世界との「一致」を保証する仕掛けである。「神」という超越的な存在（それは「存在」するのでなければならない）において、世界とわたしとは媒介され、一致し、和解する。

だが、もしその世界が絶対的に和解しえないものとして現われていたらどうであろう。まさに、その和解の途である「神」そのものが徹底して否定されるような世界であったらどうであろう。古代グノーシスの徒たちは、世界の外にもうひとつの世界を構想することによって、自分たちに敵対する世界に対しては絶対的な二元論を保持し、ということは世界と和解してそれを救うことはなく、しかしみずからには、世界そのものを二重化することによって、まさに「シュル（超）」であるような「超世界」とのあいだの一元化をもって和解と救いを志向しようとしたと思われる。そのためには、古代グノーシスの徒たちは、「神」についての言説のいっさい、つまりかれらの宗教的な体系のいっさいを、その二重化に向けて再組織しなければならなかった。

グノーシス文書において特徴的なことは、それが零からの宗教的言説の創造であるのではなく、すでに存在している宗教的言説の再解釈、再編成、変奏、変形であることだ。グノーシス的な思考は、それが世界とわたしとのもっとも根源的な二元論に根づいているがゆえに、——一九六〇年代のジャック・デリダなら「追補性」とか「原・エクリチュール」とでも呼ぶかもしれない本質的な転倒によって、と言っていいだろうか——、すでにある宗教的言説に対する、おそらく限りない変形操作によってしかその表現に至らない。というのも、それは、すでにある世界和解的な宗教的神話構成から出発しつつ、しかしそれでもなお、この世界が根源的に和解不能であることを説明しなければならないからである。そして、それは当然のこととして、世界そのものの「起源」への問いとなる。すなわち、「世界はひとつの過誤から生じた」というフィリポによる福音書の節が端的に表明しているように、世界の「起源」そのもののなかに、この世界が本質的に和解不能であるようなある根源的な過誤を仮説しなければならない。グノーシスの思考は、必然的に、本来的な救済のための一元的な起源と、しかしその単一性を傷つける世界の非起源的な起源としての過誤によって、一元論と二元論の危うい橋渡しを構築せざるをえないのだ。

過誤——他方でシュルレアリスムの、とりわけブルトンの秘教的思想に問いかけているわれわれにとっては、古代グノーシスの文書のなかで、世界創成を導くこの過誤がなによりもソフィア（知恵）である女性神に帰せられていることが興味深い。

ヨハネのアポクリュフォンの一節——

しかし、われわれの仲間なる姉妹、すなわち「知恵」（ソフィア）は——彼女もまたひとつのアイオーンであったので——自分の内からある考えを抱くに至った。そして彼女は霊の考えと「第一の認識」によって自分の中から自分の影像を出現させたいと欲した。霊は彼女に同意も承認もしていなかったにもかかわらず。また、彼女の伴侶、すなわち男性なる、処女なる霊も同意していなかったにもかかわらず。彼女は賛同者を見出さないままに、すなわち霊の同意がないまま、彼女自身の賛同者が知らないうちに、自分で承認し、彼女の内にある情欲のゆえに流出した。★2

一元論と二元論のあいだの衝突《イヤチュス》は、ここでも反復されている。それは、伴侶を欠いた単独の生殖である。男性・女性というもうひとつの、ある意味ではより強力な、二元論が、世界の起源の一元性と二元性の交錯を神話的に保証しているのであり、しかもそのいびつな生殖が生み出す世界とは、なによりも「影像」の世界であり、イマージュの世界なのである。もちろん、古代グノーシスの教義にとっては、イマージュとは、「上なる天」が、世界と超世界とを分ける「カーテン」越しに落とす「陰」であり、「物質」である。言うまでもなく、否定的なものである。にもかかわらず、それは、反転的に、イマージュの生成論、しかも世界のそれと共延長的な生成論ともなっているのだ。人間に現前するこの世界を「闇」や「悪」と見る、ある意味では絶望の思考とも言っていい古代グノーシスの思考は、しかしそれまでに存在していた宇宙論的言説や宗教的言説を変形し、再組織する際に、徹底して男性・女性という性愛的な二元論を駆使している。そして、そこには、おそらく古代のグノーシスの徒たちの存在、そしてその共同体を内から支えていたなんらかの官能性の秘密があるように思われる。グノーシスの思考の光は、少なくともその神話変奏の次元において、性愛の論理を横断しているのであり、しかもかれらはみずからの教義（ロゴス）を、まさに物語の変奏を通じて、つまりイマージュの増殖を通じてしか表現できなかったのだとすると、かれらはまた、ソフィアとその過誤を共有するソフィアの子どもたちでもあったはずなのである。

では、シュルレアリスムに戻って、このソフィアのイマージュを、ブルトンの四部作が捧げられているある種の女神のごとき女たちに、たとえばその最初のフィギュールであるナジャに投影させてみることができるだろうか。それがわれわれのここでのささやかな意図である。

「わたしは誰か」という文は、フランス語原文（Qui suis-je?）では、「わたしは誰に随いていくか」とも読まれるが、その両義性は、ブルトン自身によってはじめからはっきりと明示されている。すなわち、「わたしは誰か」という問いは、世界内での答えを求めていないにしても、しかしだからと言って、独我論的な直観によって解答に到達できるわけでもなく、それはあくまでも世界のなかでの他者との出会いを通して、他者という迂回路を通してでしか開示されはしない。シュルレアリスムとは、ブルトンにとっては、ある意味では、「わたし」という存在を、「わたしとは誰か」に向かって大きく開くような、――オブジェであれ、出来事であれ、他者であれ――特異な出会いを探し求め続けることであったと言うこともできるだろう。すなわち、わたしに向かってこの世界のリアリティとは別のもうひとつの超リアリティが存在することを開示するような特別な信号、あるいは特別な他者の目配せを探すこと。わたしが根本的に他者との「共謀関係」にあることを教えてくれる徴候。たとえば、ブルトンはテクストのなかで次のように言っている――「さらに問題になるのは、じつは純粋な確認行為に属するのかもしれなくても、そのたびごとに、どこから見てもひとつの信号の様相を呈し、だがどんな信号であるか正確には言えないような事実であって、そのため私はたったひとりのときにさえ、ほんとうとも思えない共謀関係を愉しむ、つまりたまたま自分ひとりで舵をとっているのだと思いこむことがあっても、それは錯覚なのだと思い知らされてしまう、そういう事実なのである」★3と。

一九二七年十月四日、パリのラファイエット街でブルトンが出会った、ロシア語の「希望」を意味する言葉の最初の部分を借りて「ナジャ」とみずからを呼ぶ女は、かれにまさにさまざまな信号を送り届ける燈台でもあり、また、その名が示すように、自身がひとつの信号なのであった。かれは、街中で偶然に出会ったこの若い、貧しい女の眼のうちに――「この眼のなかをよぎるこんなにも異常なものはいったい何なのだろう?」――一瞬にして必然的な共謀関係の目配せを認めて、その光のなかに身を投じるのである。

それは、ブルトンの側からすれば、けっして安易なアヴァンチュールというわけではない。かれにとっては、それは、世界に対抗して「自由」を確立するための精神の冒険でなければならない。

注意しなければならないのは、ナジャとの出会いのすべては、なによりも自由の原理に基づく、現実の世界への反抗のコンテクストのなかに書き込まれているということだ。現実の世界はブルトンにとっては、なによりも「労働」の世界として現われていた。「労働」という世界の、あまりにも人間的で、現実的な原理とは別な仕方で、各人にとっての「生の意味」がありうることを啓示してくれる存在こそが、ナジャであったのだ。実際、出会ってすぐ、北駅近くのカフェに腰をおろした二人の話が、日々の労働に従事する「善良な人々」の上に及ぶと、ブルトンは彼女に、自由のために労働が要求する隷従から解放されなければならないと激しく主張する。そのときは何も反論しなかったナジャが、別れ際に、ブルトンに、かれは「ひとつの星に向かって進んで」おり、その星とは、「心＝中心（cœur）のない花の心＝中心（cœur）のようなものだ」と言い放つ。その言葉の「詩」がブルトンを感動させ、打ちのめすのである。

こうしてナジャは、ブルトンのロゴスをイマージュへと翻訳し、そこにまったく新たな次元を開く『妖精』となる。彼女は、まさに「見者《ヴォワイヤン》」なのであり、しかもブルトンひとりのための「見者」なのだ。「見者」はイマージュを見る。そして、見えているがゆえの切迫においてそれを断言する。だが、間違えてはならないのは、イマージュとは、そこではオリジナルな事物の単なる蒼ざめたコピーなどではない、ということだ。むしろイマージュとは、そのもっとも本質的な力においては、「いま、ここ」の現在への拘束を断ち切り、あくまでも現存として現われるこの世界に、過去の、未来の、そして非時間の開けをもたらすものなのだ。ナジャは、ドーフィーヌ広場では、そこらじゅうに死人を見る。あるいは、マリー・アントワネットの側近のなかにいる自分を見出す。そして、ブルトンの本質が「火」であることを見る。さらに「あなたはわたしのことを小説に書くわ。きっとよ」と予言するのである。

ナジャとは、イマージュの「流出」である。もうひとつの現実の溢れるような「流出」である。われわれは、もちろん、彼女のその神秘的な知を、「知恵（ソフィア）」と呼ぶには躊躇がある。しかし、それは、間違いなく、この世界のなかのさまざまな徴候を通して、この世界の外を見る直観的な、イマージュ的な知であり、そうであれば、われわれは翻って、「ソフィア」のなかにそのような過剰、つまり過度を、そして過誤を見るべきなのかもしれない。すでに古代グノーシスの徒が想像する「ソフィア」とは、対のバランスを欠いた激しい「情欲」にとりつかれていた。しかも、それは「絶対的な父」を知ろうとする欲望から出発したものだった。

ナジャとの冒険を振り返ってブルトンは書いている――「彼女のほうでは、わたしの知るかぎり、言葉のあらゆる効力において、わたしを一個の神と考え、わたしを太陽だと思いこむことがあった」と。そして、また、「あなたはわたしの主人。わたしはあなたの唇の端で息をついたり息をひきとったりするただの原子。涙にぬれた指先で、静謐に触れてみたい」というナジャの言葉も書きとめている。

そして、「ソフィア」が墜ちていったのと同じように、ナジャも墜ちていく。言うまでもなく、狂気の淵へと墜ちていくのである。火であり、光である神を知ろうとして、ナジャはイマージュの過剰な流出となる。それは、伴侶からの同意なしの増殖である。完全な対が形成されない以前の流産である。すなわち、こう言ってよければ、かれがどのように思いこもうとしても、ブルトンとナジャのあいだには、まだ、愛がなかったのだ。そして、それこそが、「ナジャ」という神話の最大の教訓なのだ。

実際、『ナジャ』という作品は、不思議な破綻を記録している作品であって、というのも、ナジャの精神病院への入院によって彼女の物語が終わるや否や、テクストは、突然に、読者には誰だか定かではない、二人称の「きみ」への長い呼びかけが始まるからである。すなわち、「ナジャ」はその名が告げる通りに、「はじまり」にすぎなかった。希望のはじまり、そして愛のはじまり。ナジャが狂気という形において、世界の外へと決定的に墜ちて行ってしまうのと時を一にして、ブルトンにとっては、暁の光の記号の下に置かれた断固としてこの世界に「存在する」――「きみだけが存在する術を知っているのだから」――ひとりの女との愛がはじまるのだ。「きみ」と呼ばれる次の女、「やはり、愛なのよ」と言って、その後に――ブルトンは「不当にも」と言うが、しかし実は正当にも――「いっさいか無か、よ」と言う「暁」の女神への道を切り開きつつ、しかしその手前で、「愛」の手前で、確固とした「存在」ではなく、「イマージュ」にすぎないナジャは墜ちていく。それも当然だろう、ナジャの世界とは、「すべてが急速に墜落の見かけを呈する世界」なのだから。もしブルトンが星の方へ、その「心のない花の中心」であるような自由の方へと上昇していくなら、ナジャは、その光の中心から、「ソフィア」のように、あるいはルシファーのように墜ちていくのだ。

だが、そうしながら、実は、ナジャはけっしてブルトンを離れることがないのも事実なのだ。ナジャはヴォークリューズの精神病院のなかに消えてしまう。しかし、ブルトンは、ナジャが開き与えた「わたしは誰か」に最後まで忠実に生きていくのである。『通底器』(一九三二年)、『狂気の愛』(一九三七年)を経て、冒頭に触れた『秘法十七番』を読み終わろうとする読者は自由という「中心的な星」に捧げられたその最後のパッセージを読みながら、そのことを確信せざるをえないだろう。

ここでまた見出された星は、明けの明星、窓の他の星たちをかげらせていたあの星だ。〔……〕それは二つの神秘の統一そのものからできているのだった。いわく、愛の対象の喪失からよみがえるべく定められ、ただそのときにおいてはじめてその完全な自覚、そのトータルな威厳に達する愛、ほかならぬそれ自体の剝奪という代価を払ってのみ自分をはっきりと知り、高められることに捧げられた自由。わたしを導いてきた夜のイマージュのなかでは、この二重の矛盾の解決は、死んだ知恵の残骸を閉じ込める樹の保護の下で、蝶と花とのあいだで保たれる交換を借り、永遠の更新の確信が結びつけられた液体の途絶えることのない流出という原則にしたがって、なされる。★4

ここには、おそらくナジャのすべてがそのまま生きている。ブルトンはブルトンになるために、ナジャという「さまよえる魂」を必要とした。それとパラレルに考えるのなら、古代グノーシスの徒たちが描く絶対的な「父なる神」もまた、みずからがそうであるためには、「ソフィアの過誤」を必要としたのである。そして、そうならば、古代グノーシスの徒にとってもまた、逆説的に、この和解不能の現実世界の起源でもある「ソフィア」は、同時に、かれらの絶望にとって、夜明けのように微かな、しかし疑いもない希望でもあったのかもしれない。すなわち、それがどのようなものであれ、「ソフィアの過誤」のもう一歩先に、なにか秘密の愛の原理が萌していなかったか。暗黒の時代に、しかし閉ざされた共同体のなかには、「中心なき花の中心」のように、愛の流出がなかったのかどうか――われわれには、遠く夢みるように、そう考えてみる権利はある。

註

★1 André Breton, *Arcane 17*, Brentano's Inc., New York 1945. アンドレ・ブルトン『秘法十七番』、宮川淳訳、晶文社、一九六七年、引用箇所は邦訳一二〇頁。

★2 大貫隆編著『グノーシスの神話』、岩波書店、一九九九年、七二―七三頁。

★3 アンドレ・ブルトン『ナジャ』巖谷國士訳、一九七六年、一七―一八頁。

★4 『秘法十七番』前掲訳書、一一八頁。傍点は引用者。

あとがき

この本は、西欧近代における「表象」と「主体」の構造的な相関関係を、ゆるやかな歴史的なパースペクティヴのもとに論究しようとしたものである。

言うまでもないことだが、「表象」と「主体」の関係は、相即的であり、補完的であって、あらかじめ「主体」なるものがアプリオリに存在して、そこに「表象」という次元が付け加わるというわけではない。「主体」はあくまでもなんらかの「表象システム」のなかで、その場所を与えられるのであり、「主体」と「表象」とが同時にそこで定位されるような包括的な「表象（主体）装置」こそが、ここで問いかけられている主要な領域である。

このような装置は、もちろんどの文化の、どの時代にも、その構造的存在を想定できるものである。しかし同時に、広い意味で技術的に、新しい「表象装置」を発明することを通じて、自覚的に、新しい「主体」を創設しようとすることこそが、「モデルニテ」の根源的な欲望であると考えることができる。

その意味では、「表象装置」への問いは、「モデルニテ」への歴史的な問いを内包せざるをえない。本書が、デカルトにおける屈折光学とコギトの思想、そして透視図法という完全に技術的な「表象装置」のあいだの本質的な連帯性を確認する論からはじまるのは必然的であったと言えよう。

とすれば、本書を貫く関心は、こうした「デカルト的透視法」の装置が、その後の歴史のなかで、どのように変形され、置き換えられ、問題化され、場合によっては、破壊され、失墜し、しかし同時に、またどのように、それらすべてにもかかわらず、保持されたのかを見届けることにある。

だが、ひとつお断りしておかなければならないのは、透視法といういかにも光学的な装置から出発してはいるが、ここでの問題構制にとっては、そのような空間的なモデルばかりではなく、言語的なものもまた装置と考えられているということである。すなわち、「物語」もまたすぐれて「表象（主体）装置」なのであり、そこでは、主体にとってのまさに光学的、空間的な規定性そのものの解体あるいは危機が問題となっている。

その意味では、本書の問題構制の力線のひとつは、「デカルト的透視法」（Ⅰ）から――不在の身体の問題を顕在化させつつ――デュシャン的な死の透視法（Ⅲ）へと至る軌道を描き、また、もうひとつは、同じく「デカルト的コギト」（Ⅰ）から出発して、「物語」という装置を通して浮かび上がる、理性ではなく、狂気の主体論（Ⅴ、Ⅵ）へと延びていく。そのあいだに、ちょうど間奏のように、あるいは全体への反歌のように、「大地」という表象されざるものが表象されることによって引き起こされたわれわれの時代の存在の危機とそれへの詩の応答への問いかけが、挿入されたものと考えることができよう。

最初の「デカルト的透視法」はここに収められた論のなかでももっとも古いものである。そして末尾のブルトン論は、ようやく今春、書き下ろされたもっとも新しいものである。言ってみれば、この間の隔たりにわたしが考えようとした表象と主体の問題のすべてがあると言ってよい。もとより、完全に歴史的であるためには、あまりにも欠けているものが多い。当初の構想のなかにあって、しかし実現されなかったもの、不十分にとどまったもののもあり、また、最初は考えられていなかったものが、状況のせいで、新たに付け加わったりもしている。網羅的なタブローにはほど遠いが、しかし「近代的な主体の表象装置」の地層調査（アルケオロジー）としていくつかのメルクマール的「出土品」は示せたのではないかと希望している。

以上からも明らかなように、この仕事は、わたし自身にとっては、ミシェル・フーコーとの関係が強いものである（その点では、『起源と根源』がデリダへのある種の応答であったのと対照的かもしれない）。しかし、それも当然であって、わたしが「表象」という言葉を学んだのは、なによりもフーコーの仕事を通じてであるからだ。あれは一九七八年の春だったか、来日したフーコーが東京のアテネ・フランセで短いトークの場をもったことがあって、そこでまだ大学院生だったわたしは拙いフランス語で、空間と主体（権力）とのあいだの関係について質問したことを想い出す。こちらが質問をし終わったときのかれのあの独特の笑顔がいまでも忘れられないが、あのときの空間と主体との関係についての問いを、こうして長い時間かかってわたしはようやく仕上げたのだと言ってみてもいいような気もする。

もうひとつ、本書の後半部での中心的ではないが、隠れた参照点は、ハイデガーの『存在と時間』である。『起源と根源』と本書の後半部を通して、わたしとしては『存在と時間』の真理と本来性の存在論に対抗して、イメージと物語をその二つの次元とする「表象」の哲学を擁護しようとしたつもりである。不純で、非固有的で、狂気じみた「表象」の擁護——それこそわたしのポジションにほかならない。

『起源と根源』に引き続いて、未來社の西谷能英社長には、お世話になった。初出の「デカルト的透視法」を読んですぐに、これを出発点にする本をつくろうと声をかけてくださったにもかかわらず、仕事は遅々として進まず、ずいぶんと忍耐を強いる結果になってしまった。しかしその間、大学行政ほかの雑務によって寸断されるこの問いの仕事をあたたかくずっと見守って随伴してくださったその深い理解と友情に心から感謝する。また、それぞれの論文の初出時の担当編集者のみなさんにもお礼を申し上げたいが、なかでも、「大地論序説」を連載した『ルプレザンタシオン』(筑摩書房)の編集者岩川哲司氏には、それをここに収録することをお許しいただいたことを含めて、深甚の感謝を捧げたい。

なお、今回は、戸田ツトム氏が装幀だけではなく、本文組みまでを含めてプロダクトとしての書物の全体をデザインしてくださった。筆者とも内容についての対話をしたうえでの行き届いた理解にもとづいてこのような素晴らしい仕上がりとなった。その意味では、この本は、戸田さん、西谷さん、わたしという三者の「共作」でもある。画期的な連携の仕事のきっかけになったことは、わたしにとっては面はゆいような光栄であり、ありがたいことだと感じ入っている。ありがとうございました。

小林　康夫

二〇〇三年五月三十日

初出一覧

I　表象装置と主体の光学

デカルト的透視法——表象装置としてのコギト　「現代思想」一九九〇年五月号、青土社

オルフェウス的投影——オペラの光学の誕生　「批評空間」第一期第2号（一九九一年七月）、福武書店

ヒステリー的投影——近代的プロジェクシオンの構造　「批評空間」第二期第1号（一九九五年）、太田出版

II　インファンスとしての身体

無の眼差しと光り輝く身体——フーコーのインファンス　蓮實重彦・渡邊守章編『ミシェル・フーコーの世紀』筑摩書房、一九九三年

インファンスの光学——エクリチュールの身体　ジャン=フランソワ・リオタール著（小林康夫ほか訳）『インファンス読解』未來社、一九九五年、訳者解説、初出タイトルは「インファンスの光学——倫理と美学のあいだで」

盲目の眼差し——フーコーの「マネ論」　小林康夫・松浦寿輝編『表象のディスクール1——表象 構造と出来事』、東京大学出版会、二〇〇〇年、初出タイトルは「フーコーのマネ論——無の眼差しと盲目の眼差し」

III　死の光学

盲目の光学——デュラスにおける〈見ることができないもの〉

1「苦悩」——戦争のエクリチュール　「ユリイカ」一九九九年七月号、青土社、初出タイトルは「愛、戦争——「苦悩」をめぐって」

2〈緑の眼〉——身体なき眼差し　マルグリット・デュラス著（小林康夫訳）『緑の眼』、河出書房新社、一九九八年、訳者解説、初出タイトルは「盲目の光学——眼の方へ（vers les yeux）」

墓の光学——デュシャンの〈完全犯罪〉　書き下ろし

IV　転回の詩学

大地論序説——詩・技術・死　「ルプレザンタシオン」001〜003,005号（一九九一年〜一九九三年）、筑摩書房、各章のタイトルは本書収録にあたって変更した。

V　物語の光学

物語の狂気／狂気の物語　野家啓一ほか著『物語——現代哲学の冒険8』一九九〇年、岩波書店、各章のタイトルは本書収録にあたって変更した。

VI　物語と実存

墜落と希望——ブルトン『ナジャ』における痙攣的実存　書き下ろし

［補論］墜ちていくルシファー——ブルトンとグノーシス　大貫隆ほか編『グノーシス　異端と近代』、岩波書店、二〇〇一年、初出タイトルは「シュールレアリスムとグノーシス主義」

著者略歴

小林康夫（こばやし・やすお）一九五〇年、東京都生まれ。東京大学教養学部卒業、同大学大学院博士課程、パリ第10大学大学院博士課程修了。現在、東京大学大学院総合文化研究科教授。専攻は、表象文化論、哲学、フランス文学。

著書＝『不可能なものへの権利』『無の透視法』（ともに書肆風の薔薇）、『起源と根源』『大学は緑の眼をもつ』（ともに未來社）、『光のオペラ』『身体と空間』（ともに筑摩書房）、『出来事としての文学』（作品社、のちに講談社学術文庫）、『モデルニテ3×3』（共著、思潮社）、『建築のポエティクス』（彰国社）、『青の美術史』（ポーラ文化研究所、のちに平凡社ライブラリー）ほか。

編著書＝『知の技法』『知の論理』『知のモラル』『新・知の技法』『表象のディスクール』（共編著、いずれも東京大学出版会）、『文学の言語行為論』（共編著、未來社）、『宗教への問い』（共編著、岩波書店）ほか。

訳書＝『ミシェル・フーコー思考集成』（共編訳、筑摩書房）、リオタール『ポスト・モダンの条件』、レヴィナス『他者のユマニスム』（ともに書肆風の薔薇）、デリダ『シボレート』（共訳、岩波書店）、デュラス『緑の眼』（河出書房新社）、リオタール『インファンス読解』（共訳、未來社）、ルクレール『子供が殺される』（共訳、誠信書房）、デリダ『名前を救う』（近刊、未來社）ほか。

表象の光学

発行　二〇〇三年七月一〇日　初版第一刷発行

定価　（本体二八〇〇円＋税）

著者　小林康夫

発行者　西谷能英

発行所　株式会社未來社

東京都文京区小石川三—七—二

振替〇〇一七〇—三—八七三八五

電話　03-3814-5521（代）

http://www.miraisha.co.jp/

info@miraisha.co.jp

印刷・製本　萩原印刷

ISBN 4-624-01164-3 C0010　